Martin Urban
Wer leichter glaubt, wird schwerer klug

W0191144

Zu diesem Buch

Der Mensch sieht, was er zu sehen erwartet. Neurologisch gesehen hat sich sein Gehirn seit der Steinzeit nicht verändert. Und es ist vor allem auf eines ausgerichtet: Homo sapiens das Überleben zu ermöglichen, indem es unvollständige Informationen ergänzt und das Unbekannte in bekannte Bilder einordnet. Für Unerklärliches gaben Religion und der Glaube simple Antworten. Doch die einfachen Bilder, mit denen sich der Mensch die Welt erklärt, werden der Wirklichkeit immer weniger gerecht – nein, sie werden sogar zur Fangleine dafür, sich manipulieren und überlisten zu lassen. Das heißt freilich nicht, dass Religion Unsinn und Werbung per se schlecht wären – man muss nur lernen, mit seinen Fähigkeiten richtig umzugehen. In seinem Buch zeigt uns Martin Urban anhand zahlreicher Beispiele aus Naturwissenschaft, Geisteswissenschaft und Religion, wie wir gleichzeitig das Zweifeln lernen und dennoch unseren Glauben bewahren können.

Martin Urban, geboren 1936 in Berlin, stammt aus einer Theologenfamilie. Er studierte Physik, Chemie und Mathematik und arbeitete anschließend auf dem Gebiet der Plasmaphysik. Ab 1965 war er bei der Süddeutschen Zeitung, wo er 1968 den Wissenschaftsteil aufbaute und ihn bis 2002 leitete. Ausgezeichnet wurde er unter anderem mit dem Theodor-Wolff-Preis für herausragende Leistungen auf dem Gebiet der Wissenschaftspublizistik. Martin Urban lebt als freier Autor in Gauting bei München.

Martin Urban

Wer leichter glaubt, wird schwerer klug

Wie man das Zweifeln lernen und den Glauben bewahren kann

Mit 35 Abbildungen

Piper München Zürich

Mehr über unsere Autoren und Bücher:
www.piper.de

Von Martin Urban liegen bei Piper im Taschenbuch vor:
Wie der Mensch sich orientiert
Warum der Mensch glaubt
Wer leichter glaubt, wird schwerer klug

Mix
Produktgruppe aus vorbildlich bewirtschafteten
Wäldern und anderen kontrollierten Herkünften
www.fsc.org Zert.-Nr. GFA-COC-001223
© 1996 Forest Stewardship Council

Ungekürzte Taschenbuchausgabe
Piper Verlag GmbH, München
Juni 2009
© 2007 Eichborn AG, Frankfurt am Main
Umschlag: Büro Hamburg. Anja Grimm, Stefanie Levers
Bildredaktion: Büro Hamburg. Alke Bücking, Sandra Schmidtke
Umschlagabbildung: Colin Anderson / Getty Images
Autorenfoto: Gabi Klein
Satz: Fotosatz Reinhard Amann, Aichstetten
Papier: Munken Print von Arctic Paper Munkedals AB, Schweden
Druck und Bindung: CPI – Clausen & Bosse, Leck
Printed in Germany   ISBN 978-3-492-25222-5

Inhalt

V. Offenbarung als Ideologie

VI. Der missbrauchte Glaube

VII. Warum der Glaube bedacht werden muss

Einleitung

Es gibt im Universum zwei Orte, wo die Zeit stillsteht, die Schwarzen Löcher und die Kirchen. Wo jedoch die Zeit stillsteht, erstirbt auch jede Frage. Ich habe aber Fragen, wie die meisten Menschen. Nun befinde ich mich glücklicherweise nicht im Zentrum eines Schwarzen Lochs und auch nicht im Zentrum einer Kirche, bin also weder von der Schwerkraft verschluckte pure Masse noch der Papst oder ein Bischof. Deshalb kann ich als ein Beobachter von außen meine Fragen stellen. Grundfragen des Lebens: Wo komme ich her, wo gehe ich hin? Was ist der Sinn all dessen? Von den Antworten, die ich habe finden können, handelt dieses Buch.

Um Antworten zu bekommen, wie sie mich interessieren – und ich bin sicher, nicht nur mich, sondern viele Menschen –, muss man etwas über die menschliche Natur wissen. Dass der Mensch leichtgläubig ist und deshalb verführbar, also leicht zu überlisten, wusste bereits die Schlange im Paradies. Das hat sich als Mythos in das kollektive Gedächtnis der Menschheit eingegraben. Aber warum ist dies so – und wozu ist es gut?

Der Mensch hat seine Geschichte des Lebens vom Einzeller bis zum Auftreten des sprechfähigen *Homo sapiens*, und damit dem Beginn der Kultur, trotz vielerlei Katastrophen überstanden. Andernfalls hätte seine Vorfahren irgendwann das Schicksal der Saurier ereilt. Im Gegensatz zu diesen waren unsere Urahnen fähig, sich an die sich ändernde Welt anzupassen, und konnten so *überleben*. Die Welt *verstehen* zu können war dafür keine Voraussetzung. Das heißt, es bot evolutionär keinen Vorteil. Es war aber für die kulturelle Entwicklung des *Homo sapiens* offenkundig nützlich, gewisse Zusammenhänge zu begreifen. So konnten sich die Wissenschaften entwickeln, und damit die Fähigkeiten, zu unterscheiden zwischen dem, was man weiß, und dem, was man glaubt, vielleicht auch dem, was man zu wissen glaubt.

Ich bin überzeugt davon, dass Denken, Glauben und Wissen zusammengehören. Deshalb, meine ich, kann man die gleichen Fragen einerseits an die Naturwissenschaftler und die Geisteswissenschaftler, andererseits aber auch an die Kirchen und ihre Repräsentanten stellen, als die Übermittler dessen, was der abendländische Mensch glaubt: Was wisst ihr, was denkt ihr, was glaubt ihr? Weil die Antworten nicht immer einleuchtend sind, frage ich weiter: Woher wisst ihr das, warum denkt ihr so, warum glaubt ihr das? Was passiert dabei in euerm Kopf? Wie sind eure Lehren entstanden? Sind nicht Zweifel angebracht, wenn man weiß, wie leicht der Verstand überlistet und der Glaube missbraucht werden kann? Dabei bezieht sich »Glaube« in diesem Buch keineswegs nur auf spirituelle Fragen. Der Verstand wird durch Werbung ebenso überlistet wie durch Erziehung, was weder gegen Werbung noch gegen Erziehung spricht, wohl aber für den Zweifel.

Es irritiert mich, wenn ich die alten Predigten meines Großvaters lese, eines evangelischen Pfarrers, und sie sich nicht wesentlich von denen heutiger Pfarrer unterscheiden. Die Zeit ist in der Kirche wahrhaftig stehen geblieben. Da wir aber heute wissen, was sich zum Beispiel der Apostel Paulus vor 2000 Jahren dabei gedacht hat, als er seine Briefe an die ersten christlichen Gemeinden schrieb, und nunmehr manches besser wissen, müssen wir es auch anders bedenken. Um ein Beispiel zu nennen, in einem Brief an die Gemeinde in Korinth (1) schreibt Paulus in der drastischen lutherischen Übersetzung: »... Lasset eure Weiber schweigen in der Gemeinde ... Wollen sie aber etwas lernen, so lasset sie daheim ihre Männer fragen. Es steht den Weibern übel an, in der Gemeinde zu reden.« Das ist keine Reminiszenz an die alte patriarchalische Gesellschaft, sondern Praxis bis heute, auch wenn die evangelischen Kirchen nach dem Zweiten Weltkrieg ihre »weiberfeindliche« Einstellung geändert haben. So praktiziert es die römisch-katholische Kirche nach wie vor weltweit, desgleichen tun die orthodoxen Kirchen. Die Zeit ist hier stehen geblieben.

Ich werde zeigen, dass zwischen dem, was Wissenschaftler, die Theologen eingeschlossen, herausgefunden haben, und dem, was die Kirchen lehren, Abgründe klaffen. Glaube und Aberglaube liegen nahe beieinander, wenn dem Zweifel nicht Raum gegeben wird. Wie die Pharisäer in Palästina zu Lebzeiten Jesu, fühlen sich heute die Repräsentanten aller Glaubensgemeinschaften mit wenigen rühmenswerten Ausnahmen in erster Linie für die Moral zuständig, und das ist nach ihrem Verständnis vor allem Sexualmoral: Abtreibung ist schlimmer als Krieg.

Alle Glaubengemeinschaften berufen sich auf göttliche Offenbarungen. Aber warum widersprechen sich die »Offenbarungen«? Drückt sich der Herrgott, auf den sie sich berufen, so unklar aus, weiß er gar selbst nicht, was er will? Oder wird »Offenbarung« und der darauf fußende Glaube als Ideologie missbraucht? Ich bin überzeugt, dass das Letztere zutrifft. Dieses Buch ist deshalb auch eine kritische Auseinandersetzung mit dem frommen Fundamentalismus, der in allen Glaubensgemeinschaften zunehmend an Gewicht gewinnt. Der Fundamentalismus ist zur Zeit die stärkste Bedrohung für den Frieden in der Welt.

Dieses Buch wendet sich an Menschen, die auch den Zweifel zulassen können, nicht an jene, die bereits alles zu wissen glauben, an Menschen, die auf der Suche sind.

I.

Aberglaube und Aberwissen

Die Sehnsucht boomt, die Kirche schrumpft

Heutzutage ist der so genannte mündige Bürger von Kindesbeinen an für alles selbst zuständig: Mit zehn Jahren spätestens muss er fit sein fürs Gymnasium, muss die Schule trotz des Unterrichtsausfalls bewältigen, einen Studien- oder Ausbildungsplatz bekommen, einen Arbeitsplatz sowieso, er muss sich am besten schon als Kind um seine Altersvorsorge kümmern, einschließlich der Bestattungskosten. Es gibt keine Sicherheit mehr. Ach ja, auch für seinen Glauben ist man selbst verantwortlich.

Nahezu zwei Jahrtausende lang war christlicher Glaube Kirchenglaube. Die Kirchen bestimmten die Ordnung des Lebens und gaben den Menschen Sicherheit im Leben und Sterben. Die Menschen mussten, wenn sie sich in diese Ordnung fügten, nicht einmal Angst vor dem Tod haben.

Das hat sich in Deutschland außerhalb immer kleiner werdender Rest-Biotope im ländlichen Raum völlig geändert, selbst wenn bestimmte Rituale wie die Taufe, die Hochzeit in der Kirche und vor allem die kirchliche Beerdigung immer noch breit in Anspruch genommen werden. Wir sind eine Gesellschaft von Alleinstehenden geworden.

Wenn aber zum Beispiel Sie allein auf sich gestellt sind, worauf verlassen Sie sich dann? Natürlich auf Ihre eigene Kraft, Herz und Verstand, auf ein bisschen Glück, auf das, was Sie positiv ausmacht. Wer von Ängsten geplagt ist, mit Schwäche, Leid und Enttäuschung fertig werden muss, dem insbesondere gibt glücklicherweise auch sein Glaube Halt. Dieser ist weitgehend nicht mehr der alte Kirchenglaube. Aber was sonst? Auch wer Sonntags nicht in die Kirche geht, außer vielleicht am Heiligen Abend, sucht oder baut sogar auf etwas, das über die Vernunft hinausgeht und ihm Halt gibt.

Die »Wiederkehr des Religiösen« sieht Trendforscher Norbert Bolz von der TU Berlin. Gleichzeitig ist es für Bolz »erschütternd, wie wenig selbst akademisch gebildete junge Menschen über das Christentum wissen« (2). Aber das ist eigentlich nichts Neues. »Es ist selten, dass ein Mensch weiß, was er eigentlich glaubt«, notierte der Kulturphilosoph Oswald Spengler bereits Anfang des 20. Jahrhunderts. Musste er auch nicht. Wenn er nur brav in die Kirche ging, wurde ihm dort schon das Nötige mitgeteilt. Schließlich weiß er ja im Allgemeinen auch nicht, was ihm fehlt, wenn er krank ist. Auch darum muss er sich nun selbst kümmern. Denn der Arzt ist der Letzte, der heute noch Zeit hat, das herauszubekommen.

»Ein gesunder Mensch wird nicht krank.« Das ist eine nur scheinbar paradoxe, zutreffende naturheilkundliche Erkenntnis. Richtig angewendet, könnte sie zu mehr Achtsamkeit den eigenen Bedürfnissen gegenüber führen. Wissenschaftlich belegt ist auch, dass es mit zunehmendem Alter immer mehr vom Lebenswillen abhängt, wie alt ein Mensch wird. Der Mensch ist viel freier, sein Leben zu gestalten, als er oft meint. Das Sprichwort »Was Hänschen nicht lernt, lernt Hans nimmermehr« ist falsch. Der Mensch muss und er kann auch sein Leben lang dazulernen – Leben lernen.

»Wie dumm von mir.« Situationen, in denen man sich das laut oder leise sagt, kommen immer wieder vor. Wer sich Dummheit eingesteht, geht freilich davon aus, dass er keineswegs dumm ist. Er ärgert sich allerdings darüber, dumm gehandelt zu haben. Und er hofft, dass ihm dies nicht noch einmal passiert. Es gibt tatsächlich nicht nur die Redensart, sondern auch die Erfahrung, »aus Schaden klug« zu werden. Manchmal dauert dies freilich etwas länger. Es gibt insbesondere den Leichtgläubigen, dem es im Leben arg schwerfällt, klug zu werden. Mit leichtgläubig meine ich den leicht Gläubigen, der das, was »schon immer« galt, nicht anzweifelt. Wie die Vorstellung »schon immer« entsteht, werde ich noch erklären.

Nicht nur die an spirituellen Fragen uninteressierten Frauen und Männer, sondern auch viele der ernsthaft nach Antworten Suchenden sind längst auf Distanz zu den Kirchen gegangen. Sie fühlen sich von den alt-ehrwürdigen Floskeln und Ritualen nicht mehr angesprochen. »Die Sehnsucht boomt, aber die Kirche schrumpft«, sagt der katholische Pastoraltheologe Paul M. Zulehner von der Universität Wien (3) und beschreibt damit den gegenwärtigen Zustand insbesondere in Deutschland. Selbst die Frauen, die treuesten der Frommen in allen Konfessionen, verlassen die Kirchen. »Der stille Auszug der Frauen aus der Kirche ist massiv. Nach den Jüngeren im Alter zwischen 30 und 50 Jahren sucht man oft vergeblich«, so die Augsburger Dominikanerin und promovierte Theologin Benedikta Hintersberger (4).

Das heißt, die Menschen hierzulande suchen zwar, aber sie finden nicht mehr so leicht Antworten, mit denen sie leben wollen. Denn die Antworten, mit denen Eltern und Großeltern sich zufrieden gaben, genügen ihnen nicht mehr. Sie verlassen leise ihre Kirchen, tun sich aber schwer als Ich-AGs in Glaubensfragen. Man müsste freilich andererseits auch sehr einfältig sein, um etwa dem Kölner Kardinal Joachim Meisner folgen zu können. Dieser predigte zum Beispiel am Silvesterabend 2006, dass es am katholischen Glaubensbekenntnis »nichts zu erklären und zu deutln« gebe. »Hier ist von einem Christen jedes Wort anzunehmen und zu glauben.« Da könne »man nicht das eine annehmen und das andere ablehnen, weil unser Hirn dafür zu klein ist« (5). Was meint der Kardinal wohl mit »zu klein«? Dass der Mensch zu dumm ist, um zweifeln zu dürfen? Zu dumm für die Kirche? Oder ist nicht doch eher die Dummheit des Kirchenpersonals das Problem? Die Neurowissenschaftler wissen übrigens, dass die schiere Größe des menschlichen Gehirns nicht seine Fähigkeiten bestimmt. Und die »Großkopferten«, das wissen jedenfalls die Bayern, sind nicht die besonders klugen Leute, sondern lediglich jene Zeitgenossen, die sich gerne auf dem publizistischen Boulevard-Strich tummeln. Es ist eine zutiefst humane Begabung, nach Erklärungen zu suchen und nicht blind zu glauben.

Der Verstand, der Glaube, die menschliche Freiheit gehören zum

Menschsein. Und doch hat dies alles auch seine Kehrseite: Der Verstand kann überlistet, der Glaube, wie gerade angedeutet, missbraucht werden. Wer zu leicht glaubt, kann auch zu leicht für dumm verkauft werden. Klug zu werden ist eine Lebensaufgabe, welche die Menschen höchst unterschiedlich lösen. Das zu erkennen, es lächelnd oder auch schmerzlich zu erfahren, entwertet weder den Verstand noch den Glauben. Es kann vielmehr hilfreich sein, sowohl die großartigen menschlichen Möglichkeiten zu erkennen als auch deren Grenzen. Beides versuche ich in diesem Buch zu vermitteln.

Glaube und Wissen

Jedes gesunde Kind ist wissensdurstig. Es schaut mit wachen Augen in die Welt. Wenn ihm die natürliche Neugierde nicht im Elternhaus oder in der Schule ausgetrieben, sondern diese vielmehr gefördert wird, bleibt der Mensch wissensdurstig bis ins hohe Alter. Auch zu glauben lernt man üblicherweise bereits als Kind. Und der Kinderglaube hält sich bei manchem bis ins hohe Alter. Warum das so ist, werde ich weiter unten erklären.

Glaube und Wissen haben dieselbe Wurzel. Der Mensch sucht Antwort auf die Frage aller Fragen: Warum? Etwas zu glauben oder etwas zu wissen gibt beides Gewissheit. Und beides ist das Ergebnis einer besonderen Fähigkeit des Menschen. Er hat nämlich gelernt, sich aus unvollständigen Informationen ein einigermaßen zutreffendes Bild seiner Welt zu machen. Glaubenssysteme entstehen wie Wissenssysteme, weil die Notwendigkeit, sich in der Welt zurechtzufinden, den Menschen dazu bringt, »Systeme« zu entwickeln.

Aus der Beobachtung, dass die Sonne zu Beginn des Frühlings wie des Herbstes augenscheinlich im Osten auf- und im Westen untergeht, hat der Mensch sein Koordinatensystem entwickelt, um sich in Raum und Zeit zurechtzufinden (6). Dieselben Beobachtungen haben aber auch zum Beispiel die Alten Ägypter dazu gebracht, ein hochkomplexes Glaubenssystem um den Sonnengott Re zu entwickeln, als dessen Symbol beziehungsweise Erscheinungsform die Sonne auf einer Barke Tag für Tag über den Himmel zieht. Solcherart Systeme gaben und geben

Ein Erbärmliche newe Zeitung.

Von dem erschrecklichen Wunderwerck / so sich im Thü-

ringer Lande / ober der Hoch und weltberühmbten Statt Erffurt in Wolcken
begeben und zugetragen hat.
Im Thon: Es ist gewißlich an der Zeit / rc.

Lichtbrechung lässt unter Umständen die Sonne gleich dreifach am Himmel scheinen.
Das Unerklärliche löst Ängste aus. Im Jahre 1617 berichtete ein Flugblatt von so einem
»erschrecklich n Wunderwerck« und verband es mit allerlei Spekulationen für die aber-
gläubischen Leser. Sammlung Dr. Helmut Urban

dem Menschen mehr Sicherheit. Es handelt sich dabei jedoch um Welt-*Bilder*. Es ist nicht die Welt, die er sich deutet. Den Sonnenschein kann heute jeder Beleuchter im Theater oder Film imitieren. Dennoch gehen wir wohl zu Recht davon aus, dass trotz aller Illusionen, die wir uns machen, eine reale Welt existiert. Die Konsequenz, »wenn alles *nur* eine Illusion wäre und nichts existierte«, formulierte Woody Allen einmal so: »Dann hätte ich für meinen Teppich definitiv zu viel bezahlt« (7).

Zunehmende Erkenntnis erlaubt uns, abwegigen Glauben als Aberglauben zu identifizieren. Das heißt, wir wissen es heute besser als die Menschen von gestern. Besseres Wissen ersetzt den damit als abwegig identifizierten Glauben, der nunmehr zum Aberglauben wird. Wir glauben heute nicht mehr an den Wettergott als Verursacher von Donner und Blitz, obwohl der Name Donnerstag immer noch an den germanischen Gewittergott Donar erinnert. Tatsächlich aber glauben immer noch viele Menschen an die Astrologie und damit zum Beispiel an den Einfluss des römischen Donnergottes Jupiter in Gestalt des größten Planeten im Sonnensystem. Die Astrologie ist ein System, das auf Analogieschlüssen beruht. Wenn einst im Zweistromland an Euphrat und Tigris zum Beispiel der Herrscher plötzlich starb, dann notierte man die Konstellation der Planeten zu diesem Zeitpunkt. Und diese galt fortan als todbringend. Eine medizinische Erklärung wusste man ja nicht zu geben. Solche »Unglück« oder auch »Glück« bringenden Konstellationen beschrieben die Himmelskundigen seinerzeit als Omen auf Tontafeln. Man hat sie in der Bibliothek des Assyrierkönigs Assurbanipal gefunden, der um 650 vor Christus herrschte.

Auch die Vorstellung, dass die Tierkreiszeichen – eine Himmelsprojektion der Alten Babylonier – Bedeutung für das menschliche Leben hätten, beruht auf einem Missverständnis. Die alten Gelehrten beobachteten sehr richtig, dass die Kraft der Leben spendenden Sonne über das Jahr hinweg, je nach dem Himmelshintergrund, vor dem sie steht, stark schwankt. »Die Babylonier schlossen daraus, dass die Sternzeichen die Kraft der Sonne veränderten – und gaben ihnen entsprechende Namen«, so der Astronom und Historiker Jürgen Hamel von der Universität Koblenz-Landau (8). Im Sommer, wenn die Sonne ihre größte Kraft entfalte, stehe sie in einem »starken, königlichen Tierkreiszeichen«. Das nannte man folgerichtig den »Löwen«. Im Frühjahr, wenn sich die Vegetation entfaltet und die Schafe auf der Weide wieder frisches Grün fressen können, steht die Sonne dagegen vor dem Frühlingszeichen »Widder«. Inzwischen finden sich die Tierkreiszeichen infolge der Drehung der Erdachse (Präzession) an völlig anderer Stelle als zu Zeiten der Benennung des Tierkreises. Die Tatsache dieser Verschiebung der Sternen-Orte im Laufe der Zeit nutzen heute Astronomen wie Bradley E. Schaefer von der Staatsuniversität von Louisiana in Baton Rouge. Er kann aufgrund der Vielzahl der Beschreibungen von Sterngruppen auf Keilschrifttafeln aus Mesopotamien sehr genau bestimmen, wann und wo die meisten Sternbilder erfunden worden sind. Schaefer hat den Zeitpunkt auf 80 Jahre genau und den Ort in Nord-Süd-Richtung auf 100 Kilometer präzise identifiziert: im Jahre 1130 vor Christus in Assyrien (9).

Das babylonische System der Tierkreiszeichen haben die Griechen um 400 vor Christus übernommen. Im Jahre 128 vor Christus entdeckte der griechische Astronom Hipparch die Präzessionsbewegung, welche das Himmelswelt-Bild durcheinander geraten lässt. Das ficht die heutigen Astrologen jedoch nicht an. Sie fantasieren vielmehr, ohne jeden Beleg, von »Kraftfeldern«, die sich an den Stellen befinden sollen, wo früher die Sternbilder standen. Wer heute annimmt, dass sein Übergewicht etwas mit dem Stand des Planeten Jupiter bei seiner Geburt zu tun hat, ist abergläubisch. Man weiß nämlich ziemlich gut, wie Übergewicht tatsächlich zustande kommt.

Was ist Aberglaube? Das soll in diesem Buch immer wieder beispielhaft verdeutlicht werden. Aberglauben erkennt man am leichtesten bei den anderen. Zum Beispiel wenn, wie vor wenigen Jahren in Berlin beobachtet, bei einem Fortbildungs-Kongress des *Roten Kreuzes* für Krankenschwestern ein »Lama Ole Nydahl« auftritt und erklärt, woran man merkt, dass man tot ist: »Fast alles bleibt, wie es war, nur dass dich jetzt niemand sieht. Wenn du also auf eine Party gehst und dich in einen Sessel setzt, und jemand kommt und setzt sich auf dich drauf, dann weißt du, dass du tot bist.« Der Sessel-Test ist bisher als kassenärztliche Leistung nicht anerkannt.

Offensichtlich gibt es auch das Pendant zum Aberglauben, abwegiges Wissen, sozusagen das Aberwissen. Irgendwann in der Altsteinzeit war die natürliche Entwicklung des menschlichen Großhirns beendet. *Homo sapiens* trat auf. Er hatte sprechen gelernt, und die vor allem dadurch provozierte kulturelle Revolution verhindert eine weitere biologische Evolution. Der Mensch ist ein höchst unvollkommenes Wesen geblieben, freilich mit der Fähigkeit, Vollkommenheit zu erahnen. Während die frommen christlichen Ideologen sich neuerdings einen »Intelligenten Designer« ausgedacht haben, der die Welt und letztlich den Menschen in bewundernswürdiger Vollkommenheit geschaffen haben soll, beschreiben die Naturwissenschaftler dessen Unvollkommenheiten, wie sie nun einmal als Ergebnis einer Evolution unvermeidbar waren. Der Paläobiologe Friedemann Schrenk vom Forschungsinstitut Senckenberg in Frankfurt a. M. zum Beispiel zieht das Fazit (10), das die Engländer längst zum Sprichwort gemacht haben: »Perfekt sind wir jedenfalls nicht.« Es gebe eine Reihe von Konstruktionsproblemen in unserem Körper, angefangen damit, dass wir uns verschlucken, weil Luft- und Speiseröhre über Kreuz laufen. »Die vielen Unzulänglichkeiten sind nur über die Evolution zu erklären«, so Schrenk. Vermutlich empfinden die meisten Frauen die monatliche Regelblutung auch nicht gerade als biologisch optimal. Und die Unvollkommenheit des menschlichen Kopfes schildert der gelernte britische Archäologe und Wissenschaftspublizist Ronald Wright auf moderne Weise so: »Wir benutzen Software des 21. Jahrhunderts auf einer Hardware, die zum letzten Mal vor 50 000 Jahren oder mehr aufgerüstet worden ist« (11).

Die Spuren menschlicher Existenz aus vergangenen Zeiten belegen, dass die Menschheit, seit die Gattung existiert, überall auf der Erde die gleichen Fehler gemacht hat und immer noch macht. Zum Beispiel: Nachdem die Jäger und Sammler der Altsteinzeit ihre Technik perfektioniert (und ihre Verwandten, die Neandertaler, vertrieben, wenn nicht gar umgebracht) hatten, konnten sie ganze Herden von Großwild erlegen. Sie hatten daran mehr zu beißen, als sie brauchten, und deshalb viel Zeit für Kunst und Religion. Bei Solutré in Frankreich, das einer reichen altsteinzeitlichen Kultur ihren Namen gab, fanden sich an einem Ort die Knochen von mehr als hunderttausend damals gemetzelten Wildpferden. Überall wo *Homo sapiens sapiens,* wie er sich heute selbst bewundernd nennt, noch vor dem Ende der letzten Eiszeit erschien, war alsbald das Großwild ausgerottet.

Eine Zeitlang herrschten mancherorts auf der Welt zunächst paradiesische Zustände. So nach dem Ende der letzten Eiszeit, vor rund 11 000 Jahren, im oberen Mesopotamien, der heutigen südlichen Türkei. Dort, am Fuße des Taurusgebirges, lebten damals riesige Tierherden. Die steinzeitlichen Jäger und Sammler mussten ihnen lediglich auflauern, etwa an einer Furt, wenn das Großwild den Euphrat überqueren wollte, und das Fleisch der in Massen getöteten Tiere anschließend einsalzen, dörren und in Depots lagern. Das war noch nicht alles: Auf den Hügeln des Karacadag wuchsen die Vorformen unseres heutigen Getreides wild auf riesigen, von Horizont zu Horizont reichenden Flächen. Die Menschen mussten nur die Herden von hunderttausend und mehr Gazellen und Wildeseln davon abhalten, mit ihnen das Wildgetreide zu teilen.

In dieser Gegend gräbt der deutsche Archäologe Klaus Schmidt seit einigen Jahren nahe der Stadt Urfa den monumentalen Göbekli Tepe (Nabelberg) aus, eine Sakralanlage, von den Jägern und Sammlern dieser paradiesischen Gegend vor 11 000 Jahren gebaut, 7000 Jahre bevor in Ägypten die Pyramiden von Gizeh entstanden, 8000 Jahre vor Stonehenge (12). Als die steinzeitlichen Jäger Jahrtausende später den Platz verlassen mussten, weil die Herden verschwanden und das Land austrocknete, ging ein Goldenes Zeitalter der Menschheitsgeschichte zu Ende. Aus den Jägern und Sammlern wurden Bauern, die auf kargem Land ihre Äcker bestellten, und Händler, die mit den Feldfrüchten die ersten Stadtmenschen ernährten. Es gibt mittlerweile viele Indizien dafür, dass sich kollektive Erinnerungen an Göbekli Tepe in dem 8000 Jahre später entstandenen biblischen Mythos vom Paradies finden, aus dem die Menschen, wie die Verfasser der Genesis es deuteten, durch eigene Schuld vertrieben wurden.

»Nur wer im Wohlstand lebt, lebt angenehm«, heißt es bei Bert Brecht, ein Motto, das schon in der Steinzeit galt. Unsere Ahnen waren dumme Jäger, so Wright, weil sie trotz ihrer so viel klügeren Köpfe die Regel nicht beachteten, die jeder Parasit natürlicherweise einhält: Rotte deinen Wirt nicht aus. Wir Menschen sind, so Wright, »vorhersehbare Geschöpfe, überall von ähnlichen Bedürfnissen, Lüsten, Hoffnungen und Torheiten getrieben.« Nachdem das Großwild erlegt war, wurden unsere Ahnen notgedrungen Bauern. Bis heute sind sie gewohnt, die Wälder abzuholzen und damit zugleich die lebenswichtige Ressource Frischwasser zu verlieren, die fruchtbaren Böden direkt oder indirekt zu zerstören und weiterzuziehen.

Go west war das Motto der weißen Siedler in Nordamerika. Es war ja scheinbar genug Platz da, um immer weiterwandern zu können, wenn es irgendwo zu eng wurde. Heute sieht man die Folgen der Zersiedelung. Es gibt in den USA keine vernünftige Infrastruktur. Man verhält sich im Prinzip noch immer so wie die Menschen in der Steinzeit.

So wie einst die riesengroßen Herden der Wildtiere in der Alten und dann in der Neuen Welt abgeschlachtet und damit ausgerottet wurden, werden in den letzten Jahrzehnten die Weltmeere leergefischt, werden die Urwälder gerodet. Als ob es immer genügend Sprit geben wird, werden weiter Autos gebaut, die keine Rücksicht darauf nehmen, dass die Vorräte alsbald knapp werden. Und trotz der bereits seit Jahrzehnten erkennbaren Vorzeichen einer nahenden globalen Klimakatastrophe geschieht nahezu nichts, um diese aufzuhalten. Es ist übrigens bezeichnend, dass die größten Umweltzerstörer die Nachkommen jener Europäer sind, die ihre persönlichen Probleme nach prähistorischem Vorbild lösten: durch das Weiterwandern. »Nach uns die Sintflut« – ein Motto, das bereits im 18. Jahrhundert zum Sprichwort wurde. Offenkundig ist weder der einzelne Mensch noch die Gesellschaft fähig zu rationalem, hier also auf Nachhaltigkeit setzendem Verhalten. Die Gesetze des Marktes sind schon gar nicht geeignet, den Menschen angemessenes Handeln beizubringen – allen Ideologien der neoliberalen Ökonomen und ihrer Lautsprecher unter den Wirtschaftsjournalisten zum Trotz. Das ist pures Aberwissen!

Seit der Steinzeit hat sich nichts geändert. »Wir benehmen sich immer so«, lästerte einst der österreichische Kabarettist Helmut Qualtinger. Der Mensch klügelt sich die Welt schön, die er nachhaltig selbst zerstört. Er redet sich ein, der technische Fortschritt könne ihn trotzdem folgenlos seinen Begierden frönen lassen. »Die Welt bleibt reich«, behauptet der österreichische Sachbuchautor Anton Zischka seit 1952. Mitte der 1960er Jahre, als es sicher schien, dass der Mensch auf dem Mond landen und heil wieder zurückkehren könnte, waren manche Forscher der US-Weltraumbehörde Nasa und eine kleine Gruppe von »Weltraumjournalisten«, wie sie sich damals nannten, geradezu besoffen von dem Gedanken, den Kosmos zu »erobern« und damit neuen Platz für den Menschen zu gewinnen, dem die Erde zu eng werde.

Zum Mond und weiter hieß eine Dokumentation von Rüdiger Proske im Deutschen Fernsehen und ebenso das Buch zum Film (13). Ein Hans Clamann plante damals im Zentrum für Raummedizin der US-Luftwaffe in San Antonio, Texas, allen Ernstes Gemüseanbau auf dem Mond. Der »führende Weltraumexperte Amerikas« (Proske), der aus Deutschland stammende Erich Krafft-Ericke, machte für die Nasa einen »Fahrplan ins Weltall« mit einer Landung der Menschen auf dem Mars ab 1982, fand aber den Flug zum Jupiter noch interessanter: »Nach meinen Untersuchungen ist es erheblich wahrscheinlicher, daß es auf dem Jupiter Leben gibt als auf der Erde. Und bei uns gibt es, soweit ich sehe, eben Leben. Ich glaube, daß Jupiter außer der Erde der einzige Planet unseres Sonnensystems ist, auf dem wir wirklich hochentwickeltes Leben finden können.« Nach der Landung auf dem Mond, die bekanntlich 1969 geglückt ist, so prognostizierte Rüdiger Proske bereits 1965, »beginnt eine neue Epoche der Menschheit. Ihr geschichtlicher Ort wird nicht mehr die Erde sein, sondern unser Sonnensystem.«

Aberwissen! Der britische Astrophysiker Stephen Hawking hat im Sommer 2006 bei einer Veranstaltung in Hongkong erneut die Idee ins Spiel gebracht, dass die Menschheit anderswo im Weltraum Zuflucht finden könne. Einige Monate später malte er den Gedanken aus: Mit neuartigen Antrieben, die auf einer Materie-Antimaterie-Reaktion beruhten, müsse man Raumfahrzeuge auf nahezu Lichtgeschwindigkeit beschleunigen, um die Menschheit entsprechend weit ins Universum hinein zu evakuieren. Denn früher oder später werde ein Asteroid oder ein Atomkrieg ohnedies das Leben auf der Erde auslöschen (14). Den Wunder-Antrieb hat sich der Astrophysiker aus der Science-Fiction-Fernsehserie »Raumschiff Enterprise« abgeschaut. In Hongkong bekam er auf seine Schnapsidee unter anderem auch diese Antwort: »Wenn es so einfach wäre, in eine andere Welt umzuziehen, nachdem wir eine perfekte Welt zerstört haben, wer sagt, dass wir die nicht auch noch kaputt kriegen?« (15).

Seit der Steinzeit hat sich nichts geändert, sagte ich. Wohl aber bis zur Steinzeit, und hierin liegt doch ein Grund zur Hoffnung. Kein anderes Lebewesen ist nämlich so hilfsbereit wie *Homo sapiens*. Und das ist, wie erst neuerdings wissenschaftlich nachgewiesen wurde, ein entscheidender Vorteil in der Evolution. »Wir sind Weltmeister der Kooperation«, so der Mathematiker Martin Nowak von der Harvard-Universität. Er kann erklären, warum die Solidarität zwischen Personen, die in keiner Beziehung zueinander stehen, also nicht, wie die ebenfalls perfekt miteinander kooperierenden Bienen oder Ameisen, miteinander verwandt sind, zu einem Erfolgsmodell der Evolution wurde. Affen können zwar auch kooperieren, in der Art: Lause du mich, dann lause ich dich. Aber, so Nowak: »Affen können sich nicht über Dritte unterhalten« (16). Dazu fehlen ihnen die kognitiven und sprachlichen Möglichkeiten. Und deshalb gibt es auch keine Organisation unter den Schimpansen, sagen wir im Frankfurter Zoo, die der bedrohten Art in anderen Ländern hilft. Ich werde weiter unten erklären, dass Menschsein erst die Folge der Fähigkeit zur Kommunikation ist.

Wie Aberwissen entsteht

Doch zurück zu dem, was falsch läuft, was die weise Gattung *Homo* dumm ausschauen lässt. Aberwissen ist die Folge eines Mankos. Der Mensch ist nämlich gewohnt, linear zu denken, das heißt, zu erwarten, es gehe immer so weiter, und die Zukunft als geradlinige Extrapolation der Gegenwart anzusehen. Etwa so:

Ein Mann stürzt vom Dach eines Hochhauses. Er hört von unten die Entsetzensschreie der Passanten. »*Ich verstehe nicht, warum die sich aufregen*«, *sagt er, mittlerweile auf der Höhe des ersten Stockwerks angekommen,* »*bis jetzt ist doch alles gut gegangen.*«

Tatsächlich hat sich die Umwelt für die Ahnen des Menschen im Verhältnis zu ihrer Lebenserwartung über lange Zeiträume nicht oder jeweils nur unmerklich geändert. Und wenn es Katastrophen gab, waren sie die bemerkenswerte Ausnahme, an die sich die Menschheit bis heute als an einen Mythos erinnert, wie etwa den von der Sintflut. Jahrtausendelang haben unsere Vorfahren, zum Beispiel in Südfrankreich, dieselben Höhlen bewohnt. Die Zeit blieb sozusagen stehen. Wer heute bereits nach wenigen Jahren etwa an den Ort seiner Kindheit zurückkehrt, kann ihn dagegen oft nicht mehr wiedererkennen. Die permanente Veränderung ist die Konstante unserer Zeit; Veränderung, welche die Menschen nicht durchschauen, auch wenn sie meinen, dies zu können.

Denn die Welt wird von nichtlinearen Prozessen bestimmt, was die große Entdeckung des 20. Jahrhunderts war. Lineares Denken heißt »weiter so«; es bedeutet, zu meinen, man könne »einen Turm bauen, dessen Spitze bis an den Himmel reiche«, indem man Ziegelsteine brennt, einen auf den anderen stellt und sie mit Erdharz als Mörtel verbindet. So steht es in dem biblischen Mythos vom »Turmbau zu Babel« im Buch Genesis des Alten Testaments (17). Ein Unternehmen, das bereits an der mangelnden Kommunikationsfähigkeit der Bauleute gescheitert ist, der sprichwörtlichen »babylonischen Sprachverwirrung«. Im Alltagsleben, das heißt dem Augenschein nach, gelten freilich weitgehend die Gesetze der klassischen Physik, wonach etwa ein Lichtstrahl der Sonne die Erde geradeswegs erreicht. Tatsächlich können wir heute mit genauen Experimenten zeigen, dass der Lichtstrahl nicht geradlinig läuft, sondern durch die Schwerkraft gekrümmt wird.

Wenn man Stein auf Stein setzt, wird man irgendwann einmal geradeswegs den Himmel erreichen. So spekulierten die sagenhaften Bauleute am Turm zu Babel. Das musste schiefgehen.

Biologen beobachten, dass selbst die Tiere ihre Erfahrungen so extrapolieren, als sei der Lauf der Welt linear, auch wenn diese Selbstverständlichkeit manchmal zu etwas kühnen Interpretationen verleitet. »Affen denken an die Zukunft«, so wusste die Wissenschaftsredaktion der *Süddeutschen Zeitung* zu melden (18). Tatsächlich haben Wissenschaftler des Max-Planck-Instituts für evolutionäre Anthropologie im Experiment mit Orang-Utans und Bonobos festgestellt, dass sich diese Primaten Werkzeuge, die die mit ihnen experimentierenden Forscher im Angebot hatten, und welche die Tiere als für ihre Zwecke nützlich erkannt hatten, aufheben, um sie bei passender Gelegenheit wieder zu benutzen. Das ist eine durchaus vernünftige Einstellung, gelernt aus Erfahrung. Über analoge Fähigkeiten verfügen übrigens auch Vögel. Aber daraus zu schließen, die Tiere könnten weitergehende Folgen ihres Tuns voraussehen und gewissermaßen in die Zukunft schauen, ist abwegig. Auch der Mensch kann die Folgen seines Tuns nicht genau voraussehen, weil die Welt so komplex ist – und was die Affen angeht: das Horten von Werkzeugen allein macht die Zukunft der vom Aussterben bedrohten Menschenaffen nicht sicherer. Das Horten von Atombomben durch die Menschen allerdings auch nicht.

Nichtlineare Prozesse ließen sich nur dann präzise durchschauen, wenn man ihren Anfangszustand ganz genau kennen würde, was physikalisch unmöglich ist. Solche Prozesse bestimmen zum Beispiel den Verlauf der Witterung und das Klima auf der Welt. Sie verlaufen nicht »geradlinig«, sondern »chaotisch«, weshalb sie bestenfalls annäherungsweise vorauszusehen sind. Auch der Prozess des Sterbens, an dessen Ende der Tod steht, ist nicht linear. Der Tod kommt plötzlich, niemand ist zuvor schon ein bisschen tot, selbst wenn er todkrank sein mag. Es gibt nur die zwei Zustände: lebendig oder tot.

Extrem nichtlineare Vorgänge bestimmen erstaunlicherweise auch unser Denken und Fühlen, also die interne Dynamik des menschlichen Gehirns. Obwohl solche Prozesse sogar unser Vorstellungsvermögen bedingen – können wir uns nicht vorstellen, was dabei in unserem Kopf passiert. Im Gegenteil, wir haben intuitiv Bilder über die Organisation unseres Gehirns entwickelt, »die mit der naturwissenschaftlichen Beschreibung dieses Organs nicht übereinstimmen«, so der Frankfurter Gehirnforscher Wolf Singer (19). Ein erstaunliches Phänomen, das Singer so erklärt: »Dieses Unvermögen unseres Vorstellungsvermögens liegt vermutlich daran, dass unsere kognitiven Leistungen evolutionär an eine Welt angepasst wurden, in der es keinen Vorteil bedeutete, sich mit nichtlinearen, hochdimensionalen Prozessen zu beschäftigen.« Zwar beobachten wir Vorgänge, die unseren Vorstellungen von Kausalität oder Linearität zu widersprechen scheinen, »doch es bereitet uns Schwierigkeiten, die dahinter verborgenen Gesetzmäßigkeiten intuitiv zu erfassen«. Ein besseres Vorstellungsvermögen, so meint Singer, hätte in der Evolution nur dann einen Vorteil gebracht, wenn sich daraus auch zutreffende Voraussagen ableiten ließen. Das aber ist bei hoch nichtlinearen dynamischen Systemen im Allgemeinen nicht möglich. Wohl aber hat die Natur im Verlauf der Evolution des Gehirns irgendwie die Erfahrung gemacht, dass sie nichtlineare Systeme besonders gut dazu nutzen kann, Informationen zu verarbeiten. »Nur haben wir offenbar kein Gefühl für die Prozesse, die in unserem Hirn ablaufen und all die wunderbaren Leistungen vollbringen. Wir sehen nur das Ergebnis, und das ist wieder vorwiegend linear« (Singer).

Und so scheitert unser Verstand immer wieder daran, dass er sich zu schlichte Bilder von der komplizierten Welt macht. Er kann nämlich gar nicht anders. Das Leben hat sich so entwickelt, dass die einzelnen Arten nur den für sie lebenswichtigen Ausschnitt der Welt zur Kenntnis nehmen können. Eine Zecke oder eine Stechmücke zum Beispiel sind derart mit Sinnesorganen und Werkzeugen ausgestattet, dass sie andere Arten nach dem Kriterium: Warmblüter, ja oder nein? eindeutig identifizieren und mit ihren jeweiligen Spezialwerkzeugen die Blutgefäße der Warmblüter anzapfen können. Für eine Honigbiene ist es andererseits lebenswichtig, nektartragende Blüten zu finden, deren Entdeckung nur möglich ist, weil das Insektenauge die im Ultraviolettlicht der Sonne aufscheinenden Farben sieht. Weltsichten, die dem Menschen nicht zugänglich sind. Ich werde darauf noch zurückkommen.

Auch das menschliche Gehirn, wie es sich im Verlaufe der Evolution bis zum Auftreten des *Homo sapiens sapiens* entwickelt hat, ist mit seinen kognitiven Fähigkeiten nicht darauf angelegt, die Welt zu verstehen. Sie mussten unsere Ahnen lediglich in die Lage versetzen, in Konkurrenz mit anderen Lebewesen zu überleben, also von den Raubtieren im selben Biotop nicht gefressen zu werden, obwohl diese ungleich stärker und mit schärferen Sinnesorganen ausgestattet waren. Dies waren durchaus bedeutende Leistungen. So mussten die Frühmenschen rasch die Intentionen ihrer Fressfeinde deuten können, und dies, obwohl wegen ihrer relativ schwachen Sinne die Informationen, die diese Menschen hatten, höchst unvollständig waren. Sie konnten die Nähe eines Feindes nicht riechen, umgekehrt aber konnten die Raubtiere die Anwesenheit der Zweibeiner aus großer Entfernung riechen, hören oder erspähen. Trotz allem mussten unsere Ahnen sich ein möglichst zutreffendes Bild von ihrer Welt machen, das heißt, ihnen drohenden Gefahren richtig deuten. Das ist ihnen offensichtlich gelungen, denn der Mensch hat überlebt, im Gegensatz etwa zum Höhlenbären.

Diese Überlegungen bestätigen neuerdings auch zoologische Untersuchungen. Susanne Shultz von der University of Liverpool studierte das Jagdverhalten von Raubtieren wie Jaguaren, Leoparden oder Pumas in Afrika und Südamerika. Die Wissenschaftlerin stellte fest, dass die Räuber mehr Tiere mit kleinem als solche mit größerem Gehirn erbeuteten. Anders als beim Vergleich der Kopfgröße *heutiger* Menschen ist beim Studium weiter und weniger weit entwickelter Tierarten die Größe des Gehirns ein Hinweis auf dessen Leistungsfähigkeit. Dümmere Tiere würden zuerst gefressen, wie Shultz anno 2006 berichtete. Freilich erklärt das nicht, warum bis heute so viele »dumme« Tiere überlebt haben. Sicher dann, wenn sie Verluste durch besondere Fruchtbarkeit ausgleichen können. Man denke etwa an Mückenschwärme. Jedenfalls aber haben die Menschen, auch nachdem sie von den Bäumen geklettert waren und gelernt hatten, auf zwei Beinen zu laufen, in gefährlicher Umwelt überlebt.

Wenn wir uns Heutige selbst anschauen, können wir freilich, wie schon angedeutet, nicht behaupten, dass wir uns als Art in unserer Umwelt weise verhalten. Fehlentscheidungen haben damit zu tun, dass dem Menschen trotz seiner kulturellen Hochform kein besserer kognitiver Apparat zur Verfügung steht als seinen Vorfahren in der Steinzeit. Zusätzlich hat er selbst die schon natürlicherweise extrem komplexe Welt durch sein Tun noch weiter kompliziert, so dass er mit den Bildern, die er sich im Kopf von der Welt macht, diese Welt gleich gar nicht durchschauen kann. Vor allem fällt es ihm schwer, zu erkennen, dass so viele seiner Entscheidungen »aus dem Bauch heraus« entstehen, er selbst diese aber als Ergebnis klugen Abwägens wahrnimmt.

Ein Beispiel: 80 Prozent aller Firmengründer glauben daran, sich am Markt behaupten zu können – aber tatsächlich sind 75 Prozent nach fünf Jahren wieder vom Markt verschwunden. So die Erfahrung des Psychologen von der Princeton-Universität und Wirtschafts-Nobelpreisträgers des Jahres 2002, Daniel Kahneman, in den USA. Kahneman hält diesen Optimismus bei der angeborenen Unfähigkeit des Menschen, komplexe Entwicklungen durchschauen zu können, für gleichfalls angeboren: »Ohne diesen angeborenen Optimismus gäbe es das Unternehmertum und die wirtschaftliche Dynamik wohl kaum in diesem Maße«, zitiert ihn der *Spiegel* (20). Fragt sich natürlich, wohin »die wirtschaftliche Dynamik« uns am Ende führen wird. Das Ausmaß seiner Risikobereitschaft ist dem Menschen anscheinend angeboren. Das geht jedenfalls aus vergleichenden Untersuchungen von Familienmitgliedern hervor, wie sie Armin Falk, Ökonom an der Universität Bonn, vorgenommen hat (21).

Folgen von Aberwissen

»Gebt mir einen festen Punkt, und ich hebe die Welt aus den Angeln.« Das soll der Grieche Archimedes im 3. Jahrhundert vor Christus gesagt haben, nachdem er die Hebelgesetze (»Kraft mal Kraftarm gleich Last mal Lastarm«) entdeckt hatte. Gelegentlich findet tatsächlich ein Naturforscher einen solchen Hebelpunkt, dessen Identifizierung zu fundamentaler Erkenntnis führt. Der amerikanische Physiker Albert Michelson machte im Jahr 1881 ein Experiment, als dessen Ergebnis feststeht, dass das Universum nicht mit einem »Äther« erfüllt ist, wie man bis dahin glaubte. Seine Beobachtung, dass die Lichtgeschwindigkeit konstant ist, stand im Widerspruch zu den damaligen Erkenntnissen der Physik. Albert Einstein konnte mit seiner Speziellen Relativitätstheorie Anfang des 20. Jahrhunderts das Weltbild der Physiker so erweitern, dass damit auch die Beobachtungen Michelsons erklärlich sind. Werner Heisenberg hat weitere zwei Jahrzehnte später das Naturgesetz der Quantenmechanik entdeckt, wonach in atomaren Dimensionen ein Unschärfeprinzip gilt: Ort und Impuls eines Teilchens können nicht beide zugleich mit beliebiger Genauigkeit bestimmt werden. Anders gesagt: Der Anfangszustand eines solchen Teilchens bleibt immer so

Beim Hineinklettern in die volle Badewanne schwappt das Wasser über. Archimedes erkannte darin ein fundamentales Naturgesetz. Es ermöglichte ihm, zu beweisen, dass die Krone seines Königs nicht aus reinem Gold geschmiedet, sondern mit Silber legiert war.

unbestimmt, dass sich dessen Bewegung nicht exakt vorausberechnen lässt, oder noch anders gesagt: In der Welt der Quantenmechanik gibt es nicht den »neutralen« Beobachter. Dieser nimmt mit der Beobachtung immer auch Einfluss auf das Geschehen.

Als »eine der höchsten Leistungen in der Geschichte des menschlichen Geistes« wurde auf einer gemeinsamen Sitzung der *Royal Society* und der *Royal Astronomical Society* im Jahre 1919 in London Albert Einsteins Allgemeine Relativitätstheorie gerühmt, nachdem eine Expedition britischer Astronomen in Südamerika während einer Sonnenfinsternis bestätigt hatte, was unvorstellbar schien, Einstein aber drei Jahre zuvor vorausgesagt hatte: Ein Lichtstrahl wird durch die Schwerkraft von seiner geraden Bahn abgelenkt. Ich habe das oben schon angesprochen. Die Studentin Ilse Rosenthal-Schneider fragte Einstein, nachdem er soeben das Telegramm mit dem Messergebnis der Astronomen erhalten hatte, was er denn getan hätte, wenn seine Voraussage nicht durch die Beobachtung bestätigt worden wäre. »Das hätte mir leid getan für den lieben Gott – die Theorie *ist* korrekt«, antwortete Einstein (22).

Der Mensch ist also fähig zu fundamentalen Erkenntnissen trotz seiner eigenen Unvollkommenheit. Eine Tatsache, die man nicht genug bewundern kann. Trotz des Anscheins, in einer linearen Welt zu leben, ist der menschliche Geist in der Lage, die hoch nichtlinearen Prozesse, die die Welt bedingen, zu verstehen, obwohl sie über sein eigenes Vorstellungsvermögen weit hinausgehen. Anscheinend besteht jedoch ein großer Unterschied zwischen dem richtigen Erkennen und dem adäquaten Handeln. Bereits der Apostel Paulus klagte vor 2000 Jahren in einem Brief an die Römer (23): »Wollen habe ich wohl, aber das Gute vollbringen kann ich nicht. Denn das Gute, das ich will, das tue ich nicht; sondern das Böse, das ich nicht will, das tue ich.« Menschen können offenkundig sehr viel leichter ihr Fehlverhalten erkennen und richtig deuten als dieses Verhalten ändern. Man bedenke nur die Diskrepanz zwischen den Erkenntnissen und Warnungen der Ökologen oder der Klimaforscher – und dem unveränderten Handeln der Politiker. Das heißt, im Handeln benimmt sich der Mensch im Wesentlichen wie seine Ahnen in der Altsteinzeit. Er weiß zwar, dass sein Verstand überlistet und sein Glaube missbraucht werden kann. Aber er bleibt denn doch leicht zu überlisten und glaubt unbeirrbar an die schlichten Bilder, die er sich von der Welt macht.

Man kann eben nicht sagen, dass die Menschheit generell reifer durch zunehmende Erkenntnis wird. Denn es ist eine Folge der konservativen Funktionsweise des menschlichen Gehirns – ich werde darauf in anderem Zusammenhang genauer zu sprechen kommen – dass *Homo sapiens sapiens* eingeschliffene Denkweisen nur ungern aufgibt. Und seine Alltagsbeobachtung ist nun einmal die der linearen Zusammenhänge. Ich will hier zusätzlich mit ein paar Beispielen erläutern, was ich unter diesem linearen Denken verstehe, und welche Folgen das daraus entstehende »Aberwissen« haben kann.

Nachdem der schottische Mikrobiologe Alexander Fleming in den 1940er Jahren das erste »Antibiotikum«, nämlich das Penicillin, entdeckt hatte, das bakterielle Krankheitserreger tötet, glaubte man, die Wunderwaffe gegen Infektionen in der Hand zu haben. Doch alsbald entwickelten alle Keime natürliche Abwehrfähigkeiten gegen Antibiotika, sogenannte Resistenzen. Das System der Krankheitserreger und ihrer natürlichen Feinde ist eben nicht linear, sondern komplex. Alles Leben besteht aus unterschiedlich komplexen Regelsystemen. Wenn der Mensch weniger isst, steuert der Körper um und kommt mit weniger Nahrung aus – andernfalls hätte die Menschheit im Verlaufe der Evolution keine Hungerzeit überlebt. Folge: Keine Diät wirkt dauerhaft.

In unserer Zeit erleben wir das weitgehend vergebliche Bemühen der Biowissenschaftler, Menschen gentherapeutisch von Erbkrankheiten zu heilen. Auch hier ist das Problem die unendlich schwer durchschaubare hochkomplexe Struktur des lebenden Organismus, der mit Kombinationen von Genen und deren Aktivierung oder Nicht-Aktivierung das menschheitliche Erbe verwaltet und unbeschädigt an die nächste Generation weitergeben kann. Deshalb sollte man den von kommerziell interessierter Seite lancierten Prognosen gründlich misstrauen und sie unter die Rubrik »Aberwissen« stellen. Wegen der Komplexität haben sich Spezialwissenschaften für Teilbereiche gebildet, in der Medizin etwa die Genetik. Spezialisten aber studieren definitionsgemäß nicht Zusammenhänge. Sie sind dafür auch kaum ausgebildet.

Das gilt ganz allgemein: Der Kraftfahrzeugmechaniker von heute ist nicht in der Lage, die Elektronik an Bord eines Autos so gut zu verstehen, dass er sie selbst reparieren kann. Denn auch das System Auto ist mittlerweile entsprechend komplex geworden. Und wer Probleme mit seinem Computer hat, weiß, wie fast hoffnungslos das Bemühen ist, einen Experten zu finden, der Systemstörungen in absehbarer Zeit adäquat beseitigt. Zu glauben, man könne diese und ähnliche Probleme schnell und einfach lösen, ist Aberglaube, beziehungsweise in diesem Zusammenhang, wo es um ein zu schlichtes Wissen geht, nenne ich es Aberwissen. Nicht anders ist es mit den Reformen gewachsener Sozialsysteme. Auch hier ist der »gesunde Menschenverstand« der Politiker offensichtlich überfordert und von Interessengruppen aller Art leicht zu überlisten.

Typisch für die Wirtschaftspolitik unserer Zeit ist, dass Firmen fusionieren oder andere Unternehmen schlucken, was freundlicher formuliert sie »übernehmen« heißt. Die Folge: Jede zweite Übernahme oder Fusion vernichtet Unternehmenswert; nur in jedem dritten Fall wird ein erheblicher Wertzuwachs verbucht. Das geht aus einem Bericht der Wirtschaftsprüfungsgesellschaft Ernst & Young hervor, der 2006 veröffentlicht wurde (24). Er basiert auf der Untersuchung von 189 Transaktionen von börsennotierten Firmen in den vergangenen 14 Jahren sowie einer Befragung von 147 Unternehmen und 53 so genannten Stakeholdern und Interessengruppen wie Banker und Analysten. »Bis jetzt haben viele Manager noch nicht gelernt aus den Erfahrungen der Vergangenheit«, so Joachim Spill von Ernst & Young. Das dürfte sich auch nicht ändern, denn die Wertevernichter handeln nicht rational. Sie kaufen nicht selten »aus purer Gier nach Größe«. Sie glauben, dass »Fehler immer nur die anderen machen – was für Selbstüberschätzung spricht«. Selbst eine so simple Überlegung wie die folgende wird vorab nicht angestellt: Die meisten Topleute in den Firmen sind völlig ausgelastet. Kommt nun eine Fusion oder Übernahme hinzu, dann sind diese Personen »überarbeitet und überlastet« und damit nur eingeschränkt fähig, die damit verbundenen Aufgaben zusätzlich zu bewältigen. Auch das hat man bei Ernst & Young festgestellt.

Wer möchte nicht gerne ein kompliziertes Problem einfach mit einem Basta! lösen, wie es der deutsche Bundeskanzler Gerhard Schröder versuchte, oder indem er den »Gordischen Knoten« durchschlägt? So soll es Alexander der Große anno 333 vor Christus gemacht haben. In der Hauptstadt der Phryger in Kleinasien, Gordion, stand im Jupitertempel der Heilige Wagen des legendären Namensgebers der Stadt, des Königs Gordios, mit einem angeblich von diesem selbst kunstvoll verschlungenen und unentwirrbaren Knoten. Nach einem Orakel sollte der, dem es gelänge, diesen Knoten zu lösen, die Herrschaft über Asien erringen. Alexander durchschlug den Knoten mit dem Schwert – denn »es kommt nicht darauf an, wie er gelöst werde«. Der Grieche konnte ein Weltreich gründen, aber es hat ihn nicht überlebt.

II.

Listenreich und zu überlisten

Für klug verkauft

Der Mensch ist für Schmeicheleien sehr empfänglich, was auch die Werbung zu nutzen weiß. So sieht sich der Bezieher von Zeitungen und Zeitschriften neuerdings regelmäßig mit dem Hinweis konfrontiert: »Ihre Meinung ist uns wichtig« oder schon seit langem mit der Bestätigung, die richtige Zeitung zu lesen, denn »dahinter steckt immer(!) ein kluger Kopf«. Medienmarkt-Kunden wird suggeriert: »Ich bin doch nicht blöd« oder: »Lasst euch nicht verarschen«. Warum funktioniert das? Offenbar, weil unser Gehirn so angelegt ist und die Schmeichelei als Belohnung für verdienstvolles Handeln versteht.

Damit ist der Mensch auch anfällig dafür, überlistet zu werden. Zum Beispiel so: Ein bestimmtes Areal im Kopf, das *anteriore Cingulum* (der »Vordere Gürtel«), ein Nervenfaserzug, ist immer dann besonders gut durchblutet, das heißt aktiv, wenn impulsives Verhalten unterdrückt werden soll. Das heißt, wenn es gilt, vernünftig und nicht spontan zu handeln, also auch den Zweifel zuzulassen. Eben das gefällt keinem Verkäufer. Er möchte seine Kundschaft auch zu Spontaneinkäufen ermuntern. Das bedeutet, er müsste dafür sorgen, dass das *anteriore Cingulum* des Kunden seine Aktivität stark verringert. Genau das passiert auch, wenn im Experiment eine Situation im Supermarkt simuliert wird: Bekannte Produkte werden angeboten, und gelegentlich leuchtet über dem

Preis ein gelb-rotes Rabattschild auf, in diesem Versuch allerdings *nicht* immer beim günstigsten Preis. Die Testpersonen von Christian Elger, Direktor des Life&Brain-Centers der Universität Bonn, greifen auch zum überteuerten Produkt, wenn das Rabatt-Schild aufleuchtet (25) – und die Warnsirene im Gehirn, das *anteriore Cingulum*, schlägt nicht an.

Allein in Deutschland werden im Jahr nach Schätzungen rund 30 Milliarden Euro für Werbung ausgegeben. Das meiste davon erfolglos. Denn die Menschen benötigen zum Glück nur wenig von dem, was ihnen Werbung anbietet. Verständlich, dass diejenigen, die etwas anzubieten haben, nach präziseren Methoden suchen, ihre Ware an den Mann, die Frau oder das Kind zu bringen. Da macht ihnen auch die Gehirnforschung Hoffnungen. Zum Beispiel, weil man mit bildgebenden Verfahren wie der »Funktionellen Magnetresonanztomografie (fMRT)« erkennen kann, was einen Menschen »anmacht«. Man weiß, dass eine Kernstruktur im basalen Vorderhirn, der *Nucleus accumbens*, im »Belohnungssystem« des Gehirns – übrigens auch bei der Entstehung von Sucht – eine wichtige Rolle spielt.

Wenn man einem autobegeisterten Menschen im Kernspintomographen Bilder von Sportwagen zeigt, spricht sein *Nucleus accumbens* an. Mit weniger Aufwand kann man dasselbe freilich bereits am Gesichtsausdruck von Menschen erkennen, denen man mit Hilfe von Bildern Emotionen vermittelt. Das ist allerdings überhaupt kein Beleg dafür, dass dann auch gekauft wird. Weil der *Rolls Royce* im Straßenbild eher selten erscheint, drehen sich Autofans nach ihm um. Wenn sie alle auch einen *Rolls Royce* kaufen würden, wäre er nicht mehr selten, und niemand würde sich nach ihm umdrehen.

Wer gute Erfahrungen macht, gar solche, die mit positiven Emotionen verbunden sind, merkt es sich, wenn diese Erfahrungen mit einer Marke verbunden sind. Auch dies ist eine Lehre aus der Neurowissenschaft, Abteilung Gedächtnisforschung. Insofern ist es klug, Markenware zu produzieren, mit der der Konsument solche positiven Erfahrungen machen kann. Mit der Werbung kann man es freilich auch bei durchaus empfehlenswerten Produkten übertreiben. Sexdarstellungen erregen Aufmerksamkeit, wie jedermann weiß. Das wird, wie ebenfalls bekannt, in Werbekampagnen genutzt. Aber: »Wenn die Aufmerksamkeitsbindung durch die Kampagne zu gut funktioniert, haben die Leute keine Kapazität mehr frei, sich mit dem Produkt zu beschäftigen«, so der Werbepsychologe an der Universität Münster, Martin Scarabis (26).

Nun reagiert man im Allgemeinen wenig emotional, wenn man eine Milchtüte erblickt oder eine Packung Kaffeefilter. Neurowissenschaftler, die ihr Geld mit Marketing verdienen, empfehlen deshalb für »schwache Marken« über den »Umweg der Ratio« zu werben (27). Das heißt, hier wird buchstäblich »für klug verkauft«: durch Hinweise auf einen besonders günstigen Preis oder auf einen Trick wie die Wiederverschließbarkeit der Milchtüte .

Natürlich nutzt die Werbung auf vielfältige Weise die Möglichkeiten der Sprache, eines Kommunikationsmittels, das sich permanent verändert. Das deutsche Magazin *Promotion Business* stellte im September 2006 fest: »In den meisten Fällen ist die Sprache in der Werbung gar nicht darauf ausgerichtet, wortgenau verstanden zu werden.« Das ist wohl auch besser so, denn, so zitiert das Magazin den Medienforscher Jo Groebel (Deutsches Digitales Institut, Berlin), nach Untersuchungen in den USA waren dort vor 40 Jahren die 18-Jährigen »verbal signifikant intelligenter, visuell aber signifikant weniger intelligent«. Nun sei es jedoch genau umgekehrt, und vermutlich ist das in Deutschland nicht anders als in Amerika. Das heißt, immer mehr jungen Leuten fehlen die Worte oder das Verständnis dafür. Trotzdem wird in Deutschland zum Beispiel für das Luxusauto *Jaguar* mit dem englischen Adjektiv *gorgeous* (prachtvoll, herrlich) geworben. Nicht jeder *Jaguar*-Freund wird wissen, was *gorgeous* heißt. Aber, so *Promotion Business*, »die eher elitäre Wortwahl unterstützt das Image der Exklusivität, an dem auch die Käufer teilhaben«. Ob das wohl stimmt? Nach einer Untersuchung, die der *Spiegel* im Herbst 2006 zitierte (28), wird der Werbespruch »Life by Gorgeous« (Leben auf prächtig) gerade mal von acht Prozent der Deutschen verstanden – wohingegen manche ihn sich auch mit »Leben in Georgien« übersetzen. Andererseits verstehen auch nur 23 Prozent den Burger-King-Slogan »Have it your way« (Nimm es auf deine Art), aber mehr als die Hälfte findet ihn irgendwie gut. Es wäre freilich überraschend, wenn irgendjemand den Verzehr von Burger-King-Bouletten »auf seine Art« als exklusives gastronomisches Erlebnis verstehen würde. Vielleicht ist das alles nur Ausdruck der Einfallslosigkeit der »kreativen« Sprüche-Macher.

»Dinge jibs, die jibs jarnich«, sagt der Berliner. Von den Neurowissenschaftlern erfahren wir, dass der »freie Wille« ein Konstrukt sei. Das hindert freilich nicht daran, im Jahre 2006 in Deutschland für den Volvo C 30 als »ein Produkt des freien Willens« zu werben – was immer damit gemeint sein mag.

Der Begriff *Slogan* kommt nicht, wie man vermuten würde, aus dem Englischen, sondern aus dem Gälischen, einer keltischen Sprachvariante, wie sie noch in Irland gesprochen wird. Der Begriff setzt sich zusammen aus *Sluagh* (Schlacht) und *ghairm* (Ruf) also »Schlachtruf«. Die Werbeleute veranstalten denn auch Feldzüge, so heißt die Übersetzung von Kampagnen. Sie kämpfen um Kunden und gegen die Konkurrenz. Die Unternehmen *Slogans.de* und *Trend Büro Hamburg* haben 3812 Werbeslogans untersucht, die im neuen Jahrtausend bis zum 30. Juni 2006 in Deutschland neu eingeführt wurden. Um zu verstehen, wie der Verstand überlistet werden soll, mag es nützlich sein, sich mit den Schlachtrufen unserer Zeit zu beschäftigen und dabei Veränderungen nachzuspüren. »Einfachheit wird zum Megaversprechen«, so formulieren es die Autoren der Studie, Alexander Hahn, Inga Wermuth und Oliver Perzborn. Das heißt, etwas schlichter ausgedrückt, das Wort »einfach« steht seit dem Jahre 2003 ständig unter den ersten zehn Begriffen in den Werbeslogans. In einer komplizierten Welt werden auch hier Hoffnungen geweckt. »Einfach näher« heißt es bei *T-Mobile*. Die Sprache selbst wird einfacher, die Slogans werden kürzer. Aus »Hoffentlich Allianzversichert«, wie es seit 1957 hieß, wurde im Jahre 2003 ein »Hoffentlich Allianz«. Das suggeriert Präzision, wird aber tatsächlich nichtssagender.

Über die Hälfte der Werbesprüche besteht aus maximal drei Worten. Bei der *Deutschen Telekom* heißt es dann »Hallo Zukunft!« Für das *BMW*-Motorrad *K 1200 R* wird gar nur noch mit »Respect« geworben, zudem in englischer Schreibweise, für den *Peugeot 207* mit »Intensiver«. Klugheit suggeriert *Alete* seinen Kunden beim Einkauf von Baby-Nahrung mit dem Drei-Worte-Satz »Mama weiß warum«. Das Unternehmen *Jet* lobt seine Klientel mit anderen Worten ganz ähnlich: »Schlauer ist das«. Sehr selten geht aus einem Werbespruch hervor, was damit gemeint ist. Oder wer tippt bei »Neu.Besser.Glücklicher« auf *Whiskas*, ein Katzenfutter? Eine sinnvolle Aussage in drei Worten wie

»Unschlagbar bei Flecken« (*Sil Oxi Perfect Spray*) ist eher die Ausnahme. Als Tendenz glauben die Autoren der Studie etwas zu erkennen, was sie »Demokratisierung des Luxus« nennen. Viele Menschen in Deutschland leben in wirtschaftlich angespannten Verhältnissen. Andererseits sollen sie trotzdem zum Konsum auch von Gütern verlockt werden, die nicht eben billig sind. Das heißt, man versucht, dem potentiellen Kunden zu suggerieren, dennoch nicht auf Genuss verzichten zu müssen: »Luxus, Exklusivität und Status werden massenkompatibel« – was ein Widerspruch in sich ist. Zugleich exklusiv und für jedermann erreichbar zu sein, das geht nicht. Insofern schmeicheln zwar »Exklusivangebote« im Werbefernsehen, sind aber natürlich alles andere als exklusiv.

Alles Theater

Bereits Tiere haben Sinn für Inszenierungen. Sie haben Rituale entwickelt, die ihre Artgenossen sofort erkennen lassen, wer der Boss – und wer der oder das Letzte ist. Auch den Menschen geht es darum, anderen die eigene Bedeutung und Attraktivität anzuzeigen. »Die erste Pflicht im Leben ist es, eine Pose einzunehmen. Was die zweite Pflicht ist, hat bisher noch niemand herausgefunden.« Das meinte der irisch-britische Schriftsteller Oscar Wilde Ende des 19. Jahrhunderts. Und das tat er denn auch. Er und seine Mitstreiter sahen seinerzeit im Ästhetischen den höchsten aller Werte. Heutzutage dürfen dagegen auch immer wieder neue Gipfel der Geschmacklosigkeit erklommen werden. Show bleibt Show. Die entsprechenden Inszenierungen sind vermutlich deshalb so simpel, weil die Natur sie bereits erfunden hat, lange bevor der erste Mensch auf der Bühne des Lebens erschienen ist. Jede Inszenierung bedarf der Zuschauer. Deren Anerkennung ist die wohl unwiderstehlichste aller Drogen. Prominent ist, wem es gelingt, die Aufmerksamkeit möglichst vieler »Zuschauer« zu gewinnen – gleich, ob das Zuschauen beim Lesen in einem Boulevard-Blatt oder via Film oder Fernsehen zustande kommt.

Mit Hilfe von Prominenz wiederum kann man Aufmerksamkeit auf alle möglichen weiteren Ziele lenken, zum Beispiel das Ziel, öffentlich

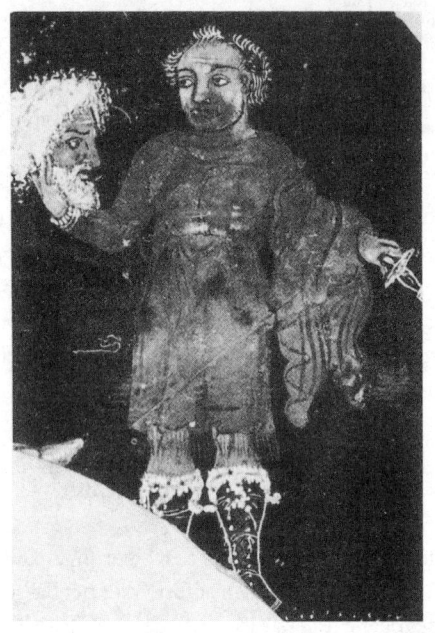

Bereits in der Antike wussten sich die Schauspieler so zu präsentieren, wie sie gesehen werden wollten. Dieser Mime aus dem 4. vorchristlichen Jahrhundert wird mit seiner Maske zum blonden Heroen.

Spenden für einen »wohltätigen Zweck« einzusammeln. Neudeutsch nennt man eine solche Wohltätigkeitsveranstaltung ein Charity-Event. Das ist ein gutes Geschäft für alle Beteiligten – außer natürlich die Spender selbst und den Staat, auf den sich die Kosten, zumindest teilweise, leicht abwälzen lassen. Da aber die Spender sich beim Spenden ein gutes Gefühl verschaffen, ein Gutmensch-Gefühl, sind auch sie Mitgewinner der Spenden-Gala.

Im modernen Geschäftsleben geht es eigentlich nur darum, die natürliche Grunddisposition zu nutzen und mit immer neuen Regieeinfällen den Menschen zu verführen – übrigens durchaus auch dazu, glücklich zu sein. Ein erheblicher Teil der Menschheit, die es sich leisten kann, geht gerne einkaufen, zum Beispiel Klamotten. Für die Werbung kann sogar das zu einer Glaubensfrage gemacht werden. Hieß es doch in einer Anzeige in der *Schwäbischen Zeitung* Anfang 2007: »Gott sieht mich, Kommunionskleidung, Fachfrau gibt Tipps ...«

Wie wichtig für Frauen die Kleidung sein kann, zeigt eine Umfrage des Konzerns *Unilever* in zehn Städten der USA unter 1000 Amerikanerinnen. Die Mehrheit von ihnen würde demnach 15 Monate lang auf Sex verzichten, wenn sie dafür einen Schrank voll neuer Kleidung bekäme (29). Das sagten die Frauen zumindest. Doch Halt! Die Umfrage lässt nicht die Lust am Kaufen erkennen, sondern nur die Lust am Haben, die demnach größer ist als die intensivste Lust, die der erwachsene Mensch gemeinhin verspürt. Beim Einkaufen selbst, »da geht es um mehr als nur um die Hose oder das Shirt«, sagt Bruno Sälzer, der Chef des Modekonzerns Hugo Boss (30): »Da geht es eben auch um die Inszenierung im Laden, um die Beleuchtung, die Einrichtung, die Musik. Wir sind inzwischen gut darin geworden, ein Lebensgefühl zu verkaufen. In unserer Kampfklasse ist Mode schließlich keine Spielerei mehr.« Mit der Verwendung des Begriffs »Kampfklasse« verrät der Boss von Boss vermutlich unfreiwillig etwas über sein eigenes Lebensgefühl.

Natürlich ist es überhaupt kein Ausdruck von Individualität, sondern zeugt, wie schon angedeutet, lediglich von der Geschäftstüchtigkeit der Hersteller, wenn »exklusive« Markenartikel von allen gekauft und getragen werden. Offensichtlich und erstaunlicherweise stört das die KäuferInnen ebenso wenig, wie die Tatsache die Pfauenhenne stört, dass jeder männliche Pfau auf dieselbe Art sein Rad schlägt und keinem etwas anderes einfällt, um einer Henne zu gefallen. Auf die Journalistenfrage: »In den Innenstädten läuft heute fast jede zweite Frau mit einem Louis-Vuitton-Handtäschchen herum. Was ist daran individuell?« antwortete Sälzer: »Diese Frauen glauben offenbar, sich damit abheben zu können.« Womit wir wieder beim Glauben wären.

Das gilt sogar für das Vokabular der Regisseure. Der Verleger Hubert Burda folgt nach eigenen Angaben dem Motto von Andy Warhol: *brand yourself*, das heißt wörtlich »brandmarke dich selbst«, im Sinne von: Mache dich selbst zum Markenzeichen. Burda: »Was ich vor allem möchte, ist, dass die Manager und jede Chefredakteurin und jeder Chefredakteur ihre Titel auch in der Öffentlichkeit leben und zu dessen Inszenierung beitragen ... Es ist nötig, das Neue im Sinne eines ›Evangelisten‹ vorzuleben« (30). Ich werde später darauf eingehen, welche Konsequenzen es hat, wenn Politiker die Macht dazu haben, ihre »eigene Wirklichkeit« zu schaffen, und die Welt daran glauben muss.

Wider den eigenen Rhythmus

Der Mensch ist extrem anpassungsfähig. Er kann in der Arktis ebenso überleben wie in der Wüste. Er kann auch wider die eigene Natur leben, wenn die Verhältnisse ihn dazu zwingen oder er sich dazu verführen lässt.

Jeder Mensch hat seinen eigenen Lebensrhythmus, bedächtig oder fix, überlegt oder getrieben. Anfang des vorigen Jahrhunderts zeigte Charlie Chaplin meisterhaft in seinem Film *Moderne Zeiten*, was passiert, wenn einem Menschen – hier durch das Fließband – ein ihm fremder Rhythmus aufgezwungen wird. Seither wurde die Fließbandarbeit stark modifiziert und an die Bedürfnisse der Arbeiter angepasst. Die Möglichkeiten der Automatisierung erleichterten den Prozess.

Mittlerweile ist der Mensch jedoch dank moderner Technik auf andere Weise ein Getriebener – und fühlt sich dabei obendrein noch als Herr über die Technik. Wir leben in einer Kultur, in der jedermann praktisch permanent erreichbar ist und jederzeit in allem was er tut unterbrochen werden kann; durch das Klingeln des Handys, durch den Hinweis auf eine neu hereingekommene Nachricht auf dem Bildschirm. Der *Spiegel* hat im Oktober 2006 das Verhalten von Bundeskanzlerin Angela Merkel so beschrieben: »Das Lagezentrum schickt ihr alle drei bis fünf Minuten eine Nachricht. Kürzlich im Bundestag legte sie das Handy in die Schublade vor sich, als wollte sie der Nachrichtenflut entkommen. Sie hielt das eine Viertelstunde aus, dann guckte sie nach.«

Dabei hatte erst in den 1980er Jahren der an der Universität von Chicago lehrende ungarische Psychologe Mihaly Csikszentmihalyi entdeckt und benannt, was vor allem im Berufsalltag die Hauptquelle von Glück ist: *Flow* (das Fließen), der Zustand, der sich einstellt, wenn das, was man tut, reibungslos abläuft, man selbstvergessen in sein Tun versunken ist, darin ganz und gar aufgeht und dabei weder unter- noch überfordert ist. Dies verschafft ein Glücksgefühl, ein Gefühl, dass die Dinge leicht und wie von selbst geschehen.

Tatsächlich kann sich nach neueren Studien der durchschnittliche Büroarbeiter elf Minuten lang mit einem Thema beschäftigen, ehe er unterbrochen wird (31). Nach Studien von Gloria Mark von der University of California aus dem Jahr 2004 wendet sich der Büroangestellte, einmal unterbrochen, dann zunächst mindestens zwei anderen Aufgaben zu, ehe er zu seiner ursprünglichen Arbeit zurückkehrt – etwa 25 Minuten später. Nicht nur, dass er andauernd unterbrochen wird, er unterbricht sich auch selbst fortwährend, auch wenn das Telefon nicht läutet und ihn keine neue E-Mail ablenkt. »Um im zwischenmenschlichen Bereich immer häufiger und schneller an- und abschalten zu können, müssen wir einen Grad an Anpassungsfähigkeit erreichen, wie er niemals zuvor von den Menschen verlangt worden ist.« Das schrieb bereits im Jahre 1970 der damals sehr bekannte amerikanische Gesellschaftsfuturologe Alvin Toffler (32). Damals gab es noch kein Handy und kein Internet.

Inzwischen hat sich die Entwicklung rasant fortgesetzt. Und dem beruflichen entspricht auch das Freizeitverhalten. Die Fernbedienung am TV-Gerät erleichtert das Zappen, den raschen Wechsel von einem Programm zum andern. Die Unterbrechung – »bleiben Sie dran« – ist das Kennzeichen des kommerziellen Fernsehens. Der rasche Bildwechsel charakterisiert das Fernsehen. Die Häppchen-Kultur ist typisch für die Boulevard-Medien: In jeweils wenigen Zeilen muss alles gesagt sein. Das heißt zusammengefasst: Mittlerweile können wir gar nicht anders, als uns »freiwillig« dem durch technische Möglichkeiten bestimmten Rhythmus anzupassen. Das Glück des *Flow* geht dabei, kaum erst beschrieben, wieder verloren.

Vom Wegschauen

Wenn jemand um der Pointe willen behauptet, er kenne einen Dritten »nur vom Wegsschauen«, dann ist das natürlich nicht freundlich gemeint. Aber dahinter steckt eine wichtige Fähigkeit. »Alle erfolgreichen Menschen haben gelernt zu reduzieren. Gelernt, sich auf das Wesentliche zu konzentrieren, das bedeutet auch, bestimmte Einflüsse abzuschalten. Denn damit finden wir dann Zeit für die Dinge, die wir neu und anders machen wollen. Wir müssen lernen, einfach abzudrehen.« Dies ist zwar selbstverständlich, wenn auch, wie beschrieben, oft schwer möglich. Das sagt aber ausgerechnet Wolfgang Hünnekens, Mitinhaber der Kommunikationsagentur *Publicis Berlin*, der drittgrößten Agentur Deutschlands und Nummer 1 in Europa (33). Ein Ablenker von Beruf also. Hünnekens verweist auf einen bemerkenswerten Wandel unseres Bewertungssystems. Wir klagen heute darüber, via Handy permanent erreichbar zu sein. Gleichzeitig aber ergibt sich daraus eine zuvor ungeahnte Möglichkeit zu spontanen Verabredungen ohne lange Vorausplanung. Diese größere Spontaneität galt immer schon als wünschenswert, »jetzt sind alle spontan, und wir finden definitiv festlegen wieder gut. Da haben sich Werte verschoben, nur durch ein Mobiltelefon«, so Hünnekens.

Im Theater und Kino oder im Krankenhaus sind wir zum Abschalten, jedenfalls des Handys, gezwungen. Es gilt freilich immer mehr auch die Devise: Anschalten um abzuschalten. Ein sehr großer Prozentsatz vor allem der Jugendlichen läuft mit dem Knopf im Ohr und dem Walkman oder einem MP3-Player in der Tasche durch die Welt. Die Musik verlangt meist kein großes Konzentrationsvermögen. Sie bringt vielmehr in eine meditative Stimmung. Die Litanei in der Kirche oder bei Prozessionen bewirkt Ähnliches. Es ist gewiss kein Zufall, dass der aufklärerische Schritt des Zweiten Vatikanischen Konzils vor gut vierzig Jahren, die Messe nicht mehr in unverständlichem Kirchenlatein, sondern in der jeweils den Gläubigen verständlichen Sprache abzuhalten, zunehmend in Frage gestellt wird. Zunächst war es nur eine kleine Schar um den Erzbischof Marcel Lefebvre, der 1988 exkommuniziert wurde. Mittlerweile haben die Antireformer Auftrieb, weil mit Joseph Ratzinger ein Theologe zum Papst gemacht wurde, der den Verlust des »Geistes der Liturgie« beklagt (34), seit diese verständlich wurde. Es sei gut, wenn die Messe wieder in lateinischer Sprache gehalten werde, empfahl denn auch Benedikt XVI. im Frühjahr 2007 (35) ganz offiziell. Aus der Kunst, verständnisvoll zuhören zu können, würde mit der lateinischen Liturgie freilich das von diesem Papst sonst so beklagte zeitgeistige Sich-in-Stimmung-Bringen.

Die List des Odysseus

Der sagenhafte Sisyphos, der antike Gegenbeweis für das moderne Motto »Leistung muss sich lohnen«, hat in jungen Jahren aus purer Not den Druck mit beweglichen Lettern erfunden, 2200 Jahre vor Johannes

Gutenberg. Damals war Sisyphos ein griechischer Rinderzüchter, dessen Herden zwischen dem Parnass und dem Isthmos weideten. Auch ein gewisser Autolykos hielt dort sein Vieh. Wundersamerweise wurden die Herden des Sisyphos immer kleiner und die des Autolykos immer größer. Autolykos – übersetzt »Selbst ist der Wolf« – war ein Sohn des Hermes, des Gottes der Diebe und der Kaufleute. Das erklärt bereits alles: Sein Vater hatte ihn die Verschleierungstaktik gelehrt – eine Kunst, die in Griechenland bis heute blüht. Man denke nur daran, wie sich die griechische Regierung unserer Zeit entgegen den Spielregeln in die Euro-Gemeinschaft geschwindelt hat. Vater Hermes also zeigte seinem Sohn, wie man die Dinge unsichtbar werden lässt.

Nicht von ungefähr nannte Homer im 8. vorchristlichen Jahrhundert Sisyphos in seiner *Ilias* den Schlauesten aller Menschen. Er konnte sogar den Tod fesseln. Die Götter merkten dies erst, als keine Spenden mehr eingingen. Es starb ja niemand mehr, für den die Hinterbliebenen

Der listenreiche Odysseus ließ sich, an den Schiffsmast gebunden, von den Sirenen zwar umgurren, nicht aber zu Dummheiten verleiten. Darstellung um 280 v. Chr.

Opfergaben hätten bringen müssen. Die Spendenaffäre ist dem Sisyphos nicht gut bekommen. Er muss seither in der Unterwelt immer wieder denselben Gesteinsbrocken auf einen Berg rollen, der ihm dann zurück vor die Füße fällt.

Das Problem mit dem Autolykos konnte der junge Sisyphos lösen. Er hatte die geniale Idee, in die Hufe seiner Rinder aus Blei gegossene Buchstaben lose einzufügen. Als nun Autolykos die Tiere heimlich entfernte, formten die herausfallenden Buchstaben in den Spuren der Rinder den Satz: »Autolykos stahl mich«. Autolykos war nachhaltig beeindruckt. Er ließ vor lauter Begeisterung Sisyphos mit seiner Tochter Antikleia schlafen, noch bevor er diese dann hochschwanger anderweitig verheiratete. Und so wurde Sisyphos der biologische Vater des Odysseus, welcher der Allergescheiteste der Menschen werden sollte. Und damit komme ich zu meinem Thema.

Odysseus nämlich wusste etwas über die Verführbarkeit des Menschen, die eigene eingeschlossen. Damals saßen auf den Klippen einer unbewohnten Insel vor der Küste Italiens die Sirenen, Wesen mit dem Körper eins Vogels und dem Kopf eines Mädchens. Sie sangen so betörend, dass sie die vorbeifahrenden Seeleute zu sich auf das Eiland lockten, wo diese dann verhungerten. Odysseus, der dort entlang musste, verstopfte seinen Seeleuten die Ohren mit Wachs (dem *Ohropax* der Antike) und ließ sich, selbst ganz Ohr für die Sirenengesänge, an den Mast seines Schiffes binden. Der Sohn des Sisyphos wusste etwas davon, wie der Verstand überlistet wird. Nur Dank seiner List konnten die Griechen Troja erobern.

Die Stadt war durch Mauern gut geschützt, mit bloßer Gewalt uneinnehmbar. Einst hatte ein vom Himmel gefallenes Gottesbild, das Palladion, das Einverständnis der Götter signalisiert, die Stadt zu gründen. Und solange das der Göttin Athene geweihte Bild in der Stadt war, galt diese als uneinnehmbar. Man hatte sogar mehrere besonders große Kopien neben dem Original aufgestellt, um einen potentiellen Dieb zu verwirren. Odysseus und sein Gefährte, die sich als Bettler verkleidet in die Stadt schlichen, fanden schließlich das echte Palladion, das kleinste nämlich, und entkamen damit. Doch das war erst der Anfang und die Voraussetzung für das Gelingen der List des Odysseus. Dieser ließ dann ein gigantisches hölzernes Pferd bauen, in dessen Hohlraum sich eine kleine Mannschaft ausgewählter Krieger verstecken konnte. Dieses Pferd, versehen mit der Inschrift »Die Griechen der Athene zum Dank«, stellten die Belagerer vor das Haupttor Trojas und verschwanden.

Was tun damit? Der Gedanke an eine Kriegslist lag ja nahe. Die Seherin Kassandra warnte davor, das Pferd in die Stadt zu holen und als Heiligtum zu verehren. Doch tragischerweise konnte Kassandra die Zukunft zwar stets richtig voraussehen, aber niemals Glauben finden, anders als zum Beispiel US-Präsident George W. Bush, der die Folgen seines kriegerischen Handelns völlig falsch voraussah, dem aber jedenfalls seine Wähler alles glaubten. Der trojanische Priester Laokoon warnte ebenfalls vor dem zweifelhaften Geschenk der Danaer, wie die Griechen damals genannt wurden – womit aus dem *Trojanischen Pferd* zugleich das sprichwörtliche *Danaergeschenk* wurde. Zwei Schlangen überwältigten daraufhin Laokoon und seine Söhne. Die Götter waren auf Seiten der Griechen. Doch die Trojaner merkten es nicht. Sie freuten sich und feierten, nachdem sie das Weihegeschenk für ihre und der Griechen Göttin Athene, die zugleich auch die Pferdegöttin Hippia war, in die Stadt hinein gewuchtet hatten. Das Danaergeschenk war so groß, dass, wie von Odysseus erwartet, der Türsturz eines Tores entfernt werden musste, um das Ungetüm in die Stadt zu schaffen. Als die Trojaner am Ende mehr oder minder betrunken eingeschlafen waren, kletterten Odysseus und die Seinen aus dem Bauch des Pferdes, öffneten das nun leicht zu bewegende Stadttor und ließen das im Dunkeln zurückgekehrte Heer der Griechen in die Stadt. Troja ging unter, weil die Trojaner sich entgegen allen Warnungen so verhielten, wie Odysseus es vorausgesehen hatte. Anno 2007 sagte der PR-Mann und frühere Sprecher von *Volkswagen*, Klaus Kocks, gegenüber *Spiegel-Online*: »Wer Homer und die Bibel nicht gelesen hat, wird kein guter PR-Berater«.

Die Kunst zu überlisten

Wenn der Schwache den Starken überlistet, also der Hirtenjunge David gegen den Riesen Goliath gewinnt, wie es die Bibel schildert, oder der sterbliche Mensch gar Tod und Teufel besiegt, wie es die Märchen der Gebrüder Grimm beschreiben, dann bewundern wir das.

Der zierliche Hirtenjunge David vermag
den Riesen Goliath mit einer Steinschleuder zu
bezwingen. Er hatte die bessere Strategie. Darstellung
um das Jahr 1000.

Ebenso wenn die Gerechtigkeit wiederhergestellt wird, weil ein Robin Hood als »Rächer der Enterbten« auftritt. List ist die Waffe des Kleinen gegen den Großen. Nur mit List kann der kleine Charlie Chaplin in der bösen Welt bestehen. Gerade weil das im richtigen Leben so selten geschieht, schafft sich der Mensch in seiner Fantasie solche Helden.

Von der Schadenfreude darüber, dass auch die Großen und Mächtigen, die Schönen und die Reichen nur Menschen, also zu überlisten sind, (wenn auch meist folgenlos), leben Boulevard-Medien nicht schlecht. Ebenso von der Darstellung des Abartigen, woran sich besonders die Artigen ergötzen. Und natürlich können alle diejenigen, deren Leben arm an Erlebnissen ist, an fremdem Leben schmarotzend teilhaben, indem sie sich quasi vor dem Schlüsselloch aufstellen. Nach altem Glauben in slawischen Ländern entsteigen Verstorbene des Nachts ihrem Grabe, um als Vampire Lebenden das Blut auszusaugen und somit wieder Lebenskraft zu gewinnen. Der Echte Vampir und, am weitesten verbreitet, der Gemeine Vampir dagegen gehören zu den Fledermäusen, die sich tatsächlich vom Blut von Säugetieren oder Vögeln ernähren. Ich werde die vampirischen Verhaltensweisen des Menschen weiter unten noch neurologisch deuten.

Die böse Welt zu überlisten gelingt den Menschen selten, zuweilen aber offenbar tatsächlich den Tieren. Die große Tsunami-Welle, die am 2. Weihnachtstag 2004 die Küsten der Anrainer des Indischen Ozeans überrollte, überflutete auch den Yala Nationalpark, das größte Wildreservat Sri Lankas. Nachdem die Welle, die bis zu drei Kilometer weit in den Park eingedrungen war, wieder verebbt war, fand man die Leichen von Hunderten Menschen, Angestellten und Besuchern des Nationalparks, aber keine toten Tiere. In dem Nationalpark leben in großer Zahl Elefanten und Leoparden, Krokodile, Wasserbüffel, Affen, Wildschweine und viele andere Wildtiere. »Es gibt keine toten Elefanten, nicht einmal einen toten Hasen oder ein totes Kaninchen«, berichtete der Vizedirektor der Naturschutzbehörde Sri Lankas, H. D. Ratnayake, der Nachrichtenagentur Reuters. Einige Parkwächter retteten sich auf Bäume. Aber kein einziger Affe war dort noch zu sehen. Die Tiere brachten sich rechtzeitig in Sicherheit. Das heißt, sie spürten die drohende Gefahr. Anders die Menschen. Mancher Tourist holte sogar noch rasch seinen Fotoapparat, um das Naturschauspiel zu fotografieren, was er dann nicht überlebte. Offenbar gab es vor dem Hereinbrechen der großen Naturkatastrophe Signale, welche die Tiere wahrnahmen und die sie zur Flucht veranlassten; Signale, welche die Menschen nicht erkennen, wohl aber anscheinend die Affen, unsere nächsten Verwandten.

Möglicherweise ging es unseren Ahnen noch anders. *Homo sapiens* muss sich heute ganz auf seinen Verstand, seine Erfahrungen und sein Wissen verlassen: Die zehnjährige Tilly aus Großbritannien hatte, so erzählte sie später dem Massenblatt *Sun*, im Erdkundeunterricht etwas über Tsunamis gelernt. In den Weihnachtsferien am Maikhao-Strand von Phuket im Süden Thailands verstand sie beizeiten die Vorzeichen der Flutwelle und machte ihre Mutter darauf aufmerksam. Daraufhin wurde der Strand vor ihrem und dem Nachbarhotel geräumt, etwa hundert Menschen überlebten deshalb.

Die Fischer von Kota Kuala Muda an der malayischen Westküste erlebten vor der großen Flut Seltsames. Sie fingen »zehnmal so viele Fische wie sonst«, erzählte Razek Jamaluddin, »wir dachten, es sei ein Segen«. Am 26. Dezember wurde es immer dramatischer, die Fische sprangen von allein an Land und das Wasser zog sich hundert Meter zurück. Da erkannten die Fischer, dass dies böse enden würde. Sie schlugen rechtzeitig Alarm, so dass die 4000 Menschen aus den Dörfern von Kota Kuala Muda von der Küste in die höher gelegenen Gebäude flüchten und sich retten konnten (36).

III.

Grundbedingungen der Verführbarkeit

Blind für das Unerwartete

Der Mensch hat die Fähigkeit, sich auf das zu konzentrieren, was ihm jeweils wesentlich ist. Dass dies eine besondere Fähigkeit ist, bemerkt man erst dort, wo sie fehlt, wo Unkonzentriertheit das Leben und Arbeiten erschwert. Nachdem der bayerische Ministerpräsident Edmund Stoiber am 18. Januar 2007 vor laufenden Kameras seinen Rückzug aus der Politik angekündigt hatte, was gewiss seine ganze Konzentration erforderlich machte, stolperte er prompt beim Abgang über einen Stuhl. Eine sehr menschliche Fehlleistung. Wer sich auf etwas konzentriert, ist wenig achtsam gegenüber dem, was um ihn herum geschieht. Trickdiebe zum Beispiel nutzen das aus.

Jeder Stress engt das Wahrnehmungsfeld ein. Offensichtlich kann man aber durch Meditation sein Konzentrationsvermögen verbessern. Das geistliche Oberhaupt der tibetischen Buddhisten, der Dalai Lama, fördert seit geraumer Zeit die Erforschung der Prozesse, die sich im Kopf eines Meditierenden abspielen. So haben Neurowissenschaftler die einzigartige Möglichkeit, mit Mönchen zusammenzuarbeiten, die mehr als zehntausend Stunden Meditationserfahrung haben.

Aus unserer abendländischen Lebenserfahrung wissen wir, dass wir schreckhaft sind. Es gibt wohl niemanden, der nicht zusammenzuckt, wenn neben ihm unerwartet ein Knallkörper explodiert: Wenige Zehntelsekunden nach dem Knall ziehen sich, vom Hirnstamm gesteuert, bestimmte Muskeln im Gesicht zusammen, kurz danach entspannen sie sich wieder; Reflexe, die sich nicht unterdrücken lassen – so glaubte man jedenfalls bisher. Paul Ekman arbeitet an der Universität von Kalifornien in San Francisco mit meditationserfahrenen tibetischen Mönchen. Wenn sie tief in sich versunken sind, reagieren sie nicht auf irgendwelchen Lärm. Einen Lama bat Ekman, er möge versuchen, seine ohnedies bemerkenswert schwache Reaktion während des Meditierens, das – an sich unwillkürliche – Zusammenzucken nach einem lauten Geräusch, bewusst zu unterdrücken. Ergebnis: Selbst ein Knall so laut wie ein Pistolenschuss ließ den Mönch nicht mehr erkennbar erschrecken. Das heißt, es gelingt diesem Mönch, eine eigentlich automatische Reaktion seines Gehirns willentlich zu unterdrücken (37). Solche Beobachtungen lassen staunen über die menschlichen Möglichkeiten. Meditation verändert das Gehirn erkennbar und hat nachweisbar heilsame Wirkung auf den Menschen. Allerdings ist solcherart Meditation das Gegenteil der hierzulande schicken »neuen Wellness-Spiritualität, die im Weihnachtsgeschäft ihre säkulare Entsprechung findet«, wie die *Wirtschaftswoche* im Herbst 2006 formulierte.

In diesem Buch geht es jedoch nicht primär um fernöstliche Weisheit, sondern um unsere westlichen Alltagserfahrungen. Sie lehren uns, dass die meisten Menschen sich erschreckend leicht täuschen lassen und Unachtsamkeit dem natürlicherweise nicht zu Erwartenden gegenüber geradezu die Regel ist.

Ein Mann fragt einen Passanten auf der Straße nach dem Weg. Während dieser noch überlegt, laufen zwei Leute mit einer Tür zwischen den beiden vorbei, wobei die Tür die Sicht des Passanten für kurze Zeit verdeckt. In diesem Augenblick tauschen der Mann, der nach dem Weg gefragt hat, und einer der Türträger die Plätze. Anschließend hört sich der neue Mann die Erklärung des Weges an, als sei nichts gewesen. Acht von 15 so getesteten Passanten hatten, während sie darauf konzentriert waren, den Weg zu beschreiben, den Rollentausch überhaupt nicht bemerkt, selbst wenn die beiden Fragenden unterschiedlich aussahen und verschieden gekleidet waren. Das Experiment haben Ende der 1990er Jahre die beiden US-Psychologen Daniel J. Simons und Daniel Levin gemacht. Sie wollten damit dokumentieren, was man »Veränderungs-blindheit« (englisch *change blindness*) nennt.

Veränderungsblindheit ist eine durchaus sinnvolle Unfähigkeit. Sie ist nämlich die Voraussetzung dafür, sich auf einen Sachverhalt konzen-trieren zu können und nicht permanent abgelenkt zu werden. Aller-dings sind wir »nicht nur blind für Veränderungen, wir sind auch blind für diese Veränderungsblindheit« (38). Das lässt sich ebenfalls in psy-chologischen Tests nachweisen. Und das kann gefährlich sein. Denn in der biologischen Evolution des Menschen war nicht vorgesehen, dass *Homo sapiens* einst am Steuer eines Autos sitzen und sich gleichzeitig auf ein Handy-Gespräch einlassen werde.

Daniel J. Simons und sein Kollege Christopher F. Chabris machten noch ein anderes Experiment: Sie zeigten Versuchspersonen das Video-band eines Basketballspiels zweier Teams mit je drei Spielern. Die Zu-schauer wurden instruiert, sie sollten sich auf das Ballspiel konzentrie-ren. Nach knapp einer Minute erschien im Getümmel plötzlich ein Mensch im Gorilla-Kostüm, trommelte sich auf die Brust und ver-schwand langsam wieder aus dem Bild. Fast die Hälfte der Testpersonen (46 Prozent) bemerkte das Ereignis *nicht*, ein Phänomen, dass man »Blindheit durch Unaufmerksamkeit« *(Inattentional Blindness)* nennt. Die US-amerikanischen Neurowissenschaftler Vilayanur Ramachan-dran und Diane Rogers-Ramachandran erklären das Phänomen so: »Da unser Gehirn auf Kohärenz erpicht ist, versucht es unentwegt, aus den aufgenommenen Informationen sinnvolle Zusammenhänge zu kon-struieren. Passt etwas nicht in den erwarteten Ablauf, oder hat es nicht mit der gerade zu lösenden Aufgabe zu tun, tilgen unsere grauen Zellen diese Fakten aus dem Bewusstsein. Egal, wie offensichtlich sie sein mö-gen« (39).

Im Jahre 2005 wiederum beobachteten Psychologen eines Teams von Petter Johansson von der Universität Lund in Schweden eine weitere Merkwürdigkeit (40): Sie zeigten 120 Versuchsteilnehmern, darunter 70 Frauen, je zwei Portraits und ließen sie entscheiden, welches der beiden Gesichter sie attraktiver fanden. Dann schoben sie ihnen das ausgewählte Foto mit der Rückseite nach unten zu und baten die Ver-suchsteilnehmer, das Bild aufzunehmen und ihre jeweilige Wahl zu be-gründen. In einigen Fällen gaben sie den Probanden mit Hilfe eines Taschenspielertricks das verworfene, für diese unattraktivere Foto. Lediglich in 13 Prozent der Fälle bemerkten die Versuchspersonen die Täuschung. Und selbst unter verschärften Bedingungen, wenn sich die beiden zu beurteilenden Bilder ausgesprochen unähnlich waren und die Versuchspersonen sich beliebig viel Zeit für ihre Entscheidung nehmen konnten, bemerkten nur 27 Prozent die Täuschung. Mehr noch: Die Begründungen für die manipulierten Entscheidungen unterschieden sich kaum von denen für die nichtmanipulierten. Die getäuschten Versuchsteilnehmer verwendeten zwar häufiger Formulierungen wie »Äh, ja, warum habe ich die gewählt?« Ihre Erklärungen waren dann aber nicht minder detailliert und wirkten nicht weniger überzeugend als die Begründungen der nicht getäuschten Bildbetrachter für ihre Wahl. »Wahlblindheit« *(Choice blindness)* nennen die Psychologen dieses Phänomen.

Der Mensch sieht (nicht), was er (nicht) zu sehen erwartet, könnte man dazu sagen. Und im letzteren Fall: Um eine Meinung zu begründen, muss es nicht unbedingt die eigene sein. Man muss nur den Erklärungen der Politiker an einem Wahlabend lauschen um zu erkennen, dass dazu keine Taschenspielertricks notwendig sind.

Schicksal für Leichtgläubige

Leichtgläubigkeit ist eine Begabung, die im Allgemeinen nicht eben positiv angesehen wird. Anders ist dies, wenn das Denken leichtfällt. Umgekehrt wir derjenige eher akzeptiert, dem das Glauben, als der, dem das Denken schwerfällt. Man tut ihnen gewiss nicht unrecht, wenn man annimmt, dass am Sonntag in der Kirche eher die Leichtgläubigen zu finden sind. Vermutlich sind aber auch unter den glücklichen Menschen eher die Leichtgläubigen anzutreffen als unter den weniger glücklichen. Wahrscheinlich, weil Leichtgläubigkeit oft auch mit Gutmütigkeit zusammenhängt und Gutmütigkeit mit Gutherzigkeit. *Also lasst euch nicht hängen*, wie der Kabarettist Urban Priol im Januar 2007 im ZDF als *Vermächtnis von Saddam Hussein* verkündete. Es wäre freilich ein Irrtum, zu glauben, nur Leichtgläubige seien leicht zu täuschen. Das gilt zwar, wie der Begriff andeutet, für Fragen des Glaubens. Der Mensch ist aber strukturell täuschbar, unabhängig davon, ob er ein kluger Kopf ist oder ein Dummkopf.

Der amerikanische Psychologe Daniel Wegner von der Harvard Universität hat Versuchspersonen vor einen Spiegel gestellt, alle in weiße Roben gekleidet, mit weißen Handschuhen. Anschließend hat er ihnen Arme und Hände mit einem Umhang verdeckt. Hinter jeden Probanden stellte er eine zweite Person, die durch Schlitze unter den Achseln im Umhang des Vordermanns hindurchgreifen konnte und die gleichen Handschuhe trug. Diese zweite Person unternahm auf Anweisung einer für alle hörbaren Tonbandstimme bestimmte Bewegungen mit den eigenen Armen und Händen. Die vor dem Spiegel stehenden Versuchspersonen hatten, obwohl sie ihre Arme und Hände still hielten, während des Experiments häufig den Eindruck, dass sie selbst die Arme bewegten. Der Forensische Psychiater Hans-Ludwig Kröber von der Freien Universität Berlin interpretiert dieses und ähnliche Experimente Wegners so (41): »Am ehesten ... sind wir zu täuschen, wenn das, was wir in etwa intendierten, zeitnah zum Aufkommen des entsprechenden Wunsches geschieht – aber in Wahrheit von anderen durchgeführt wird.« Folgenschwere Konsequenz, jedenfalls nach den Erfahrungen des Gerichtspsychiaters: »Auf Grund eben dieses Irrtums halten sich auch manche Männer für Väter, die es biologisch betrachtet gar nicht sind.«

Was die Experimente Wegners zeigen ist die Voraussetzung für den Erfolg von Fernsehsendungen wie »Verstehen Sie Spaß?« oder Slapsticks nach dem Schema kleine Ursache, große Wirkung. Man nimmt etwa eine Kaffeedose aus dem Regal eines Supermarktes, und das ganze Regal bricht zusammen, reißt womöglich weitere mit. Die Ursache für die Irritation ist, dass wesentliche Teile unseres Handelns völlig automatisch ablaufen. Kröber: »Warum können wir getäuscht werden? Weil wir keinen unmittelbaren introspektiven Zugang zu den Prozessen haben, auf denen unser Handeln beruht: Wir wissen kaum, wie wir es genau machen, wenn wir eine Treppe hinuntersteigen, wir wissen nicht, wie wir es anstellen, dass Sprache aus unserem Mund kommt, und wir wissen nicht (und kontrollieren es auch nicht), wie wir eine Absicht in eine Handlung umsetzen. Vielmehr rufen wir bestimmte automatisierte Programme ab – oft unbewusst, manchmal aufgrund einer bewussten Entscheidung.«

Wir wissen nicht, was wir genau machen, wenn wir eine Treppe hinuntersteigen.
Wir rufen lediglich ein automatisiertes Programm ab. Foto Lydia Seidl

Mitunter wissen wir sogar, dass wir uns irren, und können es doch nicht ändern. Das ist etwa bei optischen Täuschungen so. Zwei Linien erscheinen uns in einem bestimmten Kontext immer noch unterschiedlich lang, obwohl wir ausgemessen haben, dass sie gleich lang sind. Warum ist das so? Diejenigen Verbände von Nervenzellen, die im visuellen System räumliche Tiefe, Entfernung und Größe verarbeiten, erledigen dies automatisch. Unser Wissen vermag diesen Automatismus nicht auszuschalten. »Das Sehen ist nach dem ›Bottom-up‹-Prinzip organisiert – von unten nach oben – und diese Mechanismen stehen weit unten im Wahrnehmungsvorgang. Höhere kognitive Prozesse können hier nichts mehr ausrichten«, so die Neurowissenschaftler Vilayanur und Diane Ramachandran (42).

Manches im Leben hängt davon ab, ob wir zur richtigen Zeit am richtigen Ort oder zur falschen Zeit am falschen Ort sind. Wir verstehen nicht, was uns da geschieht, und deshalb interpretieren wir es nach ur-

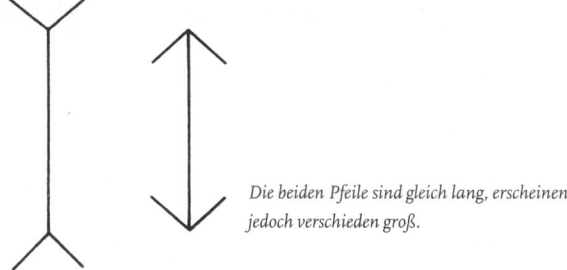

Die beiden Pfeile sind gleich lang, erscheinen jedoch verschieden groß.

alter Weise als Schicksal. »Viele Menschen können von diesem Wort nicht lassen. Recht haben sie«, so der *Spiegel*-Feuilletonist Matthias Schreiber in seiner Titelgeschichte zu Sylvester 2006. Er glaubt, es feiere in unserer Zeit »das Wort ›Schicksal‹ eine erstaunliche Wiederkehr«. Vor allem in unübersichtlichen Zeiten ist dies, wie ich meine, der Versuch des Menschen, der kein Sinnesorgan für den Zufall hat, Ordnung zu erkennen oder zu finden.

Die Buchstaben, die das Wort HELL bilden, erscheinen geneigt, sind es aber nicht. Gegen den Eindruck kommt auch der Verstand nicht an.

Alles zu wissen heißt nichts zu verstehen

Man nennt sie *Savants*, die Wissenden. Etwa hundert Menschen welt-weit, die meisten sind Männer. Zum Beispiel Kim Peek aus Salt Lake City. Er liest schnell und gründlich. Um seine Leistung zu ermessen, ge-nügt es, sich eben mal vorzustellen, wie viel Zeit Sie benötigen, eine Seite dieses Buchs zu lesen: Drei, vier, fünf Minuten? Und wie lange und wie genau merken Sie sich den Inhalt? Kim Peek liest eine Doppel-seite parallel in acht Sekunden – und kann dann den Inhalt auswendig; den Inhalt von mittlerweile etwa 9000 Büchern! Die ARD hat Kim und andere »Gedächtnis-Giganten« in einer dreiteiligen Folge *Expedition ins Gehirn* im März 2006 vorgestellt (43). Freilich, »bedenken« kann Kim sein Wissen kaum, und auch nur sich anzuziehen gelingt dem Mann ebensowenig wie sich die Zähne zu putzen. Selbst als erwachse-ner Mensch von über 50 Jahren (Jahrgang 1951) lebt er zu Hause bei sei-nem Vater, der ihn versorgt. Als Kim neun Monate alt war, sagte der Kin-derarzt seinen Eltern, dass ihr Sohn geistig schwer behindert sei. Mit 16 Monaten fing der Junge dann an zu lesen. Mit viereinhalb Jahren konnte er die ersten acht Bände eines Lexikons auswendig, zufällig waren es die Index-Bände, erzählt sein Vater. Kim Peek war übrigens Vorbild für den *Rain Man*. Der Held dieses Films wird von Dustin Hoffman gespielt. Durch den *Rain Man*, der sein Leben allerdings in keiner Weise wider-spiegelt, ist Peek zum »Entertainer« geworden, der ein staunendes Pu-blikum mit seinem Wissen verblüfft. Das hat sein Selbstbewusstsein enorm gestärkt. Peek hat mit seinen öffentlichen Auftritten eine Auf-gabe in seinem Leben gefunden. Außer Buchwissen verfügt er auch über ein phänomenales Erinnerungsvermögen für Musik.

   Kims Gedächtnis übertrifft alles, was Neurowissenschaftler je beob-achtet haben. Allerdings: »Unsere Gedächtnisleistungen sind im Prin-zip unbegrenzt«, sagt der Bremer Hirnforscher Gerhard Roth: Die Großhirnrinde als Sitz des bewusstseinsfähigen Gedächtnisses hat mit hundert Milliarden Nervenzellen eine halbe Trillion Kontaktpunkte zwi-schen den Nervenzellen, genannt Synapsen. Jede Synapse kann über-dies etwa zehn verschiedene Aktivitätsstufen annehmen. Roth war wis-senschaftlicher Berater der *Expedition ins Gehirn*.

   Kim Peek hat einen markanten Hirndefekt: Ihm fehlt der »Balken«, das *Corpus callosum*, das die beiden Hemisphären des Großhirns verbindet. Wenn man bei erwachsenen Menschen den Balken durchtrennt, in der Hoffnung, Epileptikern damit zu helfen, dann weiß die eine Hirnhälfte nicht, was die andere tut. Aus der Beobachtung dieser *Split-Brain*-Patienten haben die Neurowissenschaftler sehr viel über die Funktionsweise des gesunden menschlichen Gehirns erfahren. »Es scheint, als bildeten sich bei einigen ohne Balken geborenen Menschen zum Ausgleich andere Verbindungen, also andere Kommunikationskanäle zwischen den beiden Hirnhälften aus. Und vielleicht kann es dann geschehen, dass beide Hirnhälften nun in gewisser Hinsicht wie eine einzige Riesenhemisphäre arbeiten.« So vermuten die US-Forscher Darold A. Treffert und Daniel D. Christensen, die sich seit Jahrzehnten mit Savants beschäftigen (44). Bei Peek zeigen sich auch Fehlbildungen in der linken Hirnhälfte. Das komme, so die beiden Forscher, bei vielen Savants vor. »Das Phänomen ist insofern bemerkenswert, als es sich dabei meistens um Männer handelt – so wie auch Legasthenie, Stottern, spätes Sprechenlernen oder Autismus Jungen viel öfter heimsuchen als Mädchen. Die Geschlechtslastigkeit wird mit linksseitigen Hirnfunktionsstörungen in Verbindung gebracht, die vielleicht auf zu viel Testosteron in der vorgeburtlichen Entwicklung zurückgehen.« Jungen erzeugen als Ungeborene im Mutterleib mehr von diesem Geschlechtshormon als Mädchen. Im Übermaß kann das Hormon junges Hirngewebe schädigen. Viele Savants können kein Gesicht erkennen. Gut die Hälfte von ihnen sind Autisten, Kim Peek allerdings nicht.

Aus gutem Grund merken wir uns nicht alles, was wir sehen. Das Gehirn hat vielmehr so etwas wie Filter eingebaut. Denn es muss das Gesehene interpretieren, muss aus Fakten ein Weltbild schaffen. Sehr viel Informationsmüll wird deshalb einfach ausgeblendet. Es gibt allerdings Wissenschaftler, die meinen, auch das gesunde menschliche Gehirn zu Höchstleistungen bringen zu können. »Jeder ist ein Savant«, glaubt Niels Birbaumer, Neurobiologe an der Universität Tübingen. »Wir müssen den Rain Man in uns nur trainieren« (45).

Alle Savants haben ein phänomenales Gedächtnis. Der Brite Stephen Wiltshire ist mit dem Hubschrauber 45 Minuten lang über die Stadt Rom geflogen. Anschließend zeichnete er für die *Expedition ins Gehirn* in drei Tagen aus der Erinnerung ein fünf Meter langes, detailgetreues

Panoramabild der Ewigen Stadt. Selbst die Anzahl der Fenster in den einzelnen Häusern hatte er sich richtig gemerkt.

Die meisten Savants haben eine besondere Vorliebe dafür, mit Zahlen zu spielen: etwa Multiplikationen fünfstelliger Zahlen blitzschnell vorzunehmen oder Wurzeln zu ziehen. Rüdiger Gamm hatte, wie Petra Höfer und Freddie Röckenhaus, die Autoren und Produzenten der *Expedition ins Gehirn*, recherchiert haben, auf der Realschule Welzheim in der 5. Klasse in Mathematik eine glatte fünf. Wenn er aber im Kopf etwa den Wert von 67 hoch 33 ausrechnen soll, dann rattert er das Ergebnis, eine Zahl mit 61 Ziffern, nur so herunter, desgleichen wenn er 62 durch 167 teilt, eine Zahl mit 166 Ziffern nach der Null; er macht 20 bis 30 Rechenschritte in der Sekunde und liest sie gewissermaßen von einem Band ab, das vor seinem geistigen Auge abläuft; so beschreibt er selbst es. Rüdiger Gamm ist erst im Alter von 20 Jahren auf sein Talent aufmerksam geworden. Er gehört nicht zu den Savants, die punktuell eine extreme Begabung haben, sich im Alltagsleben aber nicht zurechtfinden. Gamm hat seine Begabung zu seinem Beruf gemacht. Er arbeitet als Mentaltrainer für Konzentration und Gedächtnis. Der Neurowissenschaftler Thorsten Fehr, der an den Universitäten von Magdeburg und Bremen tätig ist, untersucht, was bei Rüdiger Gamm im Kopf passiert, während er seine Rechenoperationen vornimmt. Das fällt Gamm sichtbar leicht, und entsprechend wenig strengt sich sein Gehirn bei normalen Aufgaben an. Bei umfangreichen Arbeiten dagegen nutzt Gamm Gehirnbereiche als Zwischenspeicher, die sonst nicht diesem Zweck dienen, sondern dazu, blitzschnell Gesichter erkennen zu können.

Nur selten gelingt es einem Savant, wenn er zugleich auch ein Autist ist, jene grundlegenden Fähigkeiten zu entwickeln, die ihn lebenstüchtig machen, und ein selbständiger Mensch zu werden. Zum Beispiel gelang dies Temple Grandin, Professorin für Viehzucht an der Universität von Colorado in den USA. Die Frau denkt in dreidimensionalen Bildern und hat mit unendlicher Mühe Sprechen gelernt. Ihre besondere Fähigkeit: Grandin kann mitfühlen, was Tiere fühlen, zum Beispiel Kühe. Daraus hat sie einen Beruf gemacht. Zwei Drittel aller Viehzuchtanlagen in den USA beruhen auf Entwürfen von Temple Grandin. Kein gewöhnlicher Mensch kann so genau wie sie erkennen, ob eine Anlage für die Viehhaltung richtig konzipiert ist, auf welche Details es zu achten gilt, damit das Rind nicht erschrickt, was bereits durch ein achtlos weggeworfenes farbiges Bonbonpapier verursacht werden kann. Menschliche Gesichter dagegen sind Grandin ein Rätsel, sie kann darin nichts lesen, kennt Menschen gegenüber auch keine Gefühle wie Liebe, mag keine Berührung mit ihnen.

Michael Fitzgerald vom Trinity College in Dublin ist überzeugt, dass eine Reihe von Genies in der Geschichte der Menschheit zumindest ansatzweise etwas von einem Savant hatten: eine herausragende »Inselbegabung« bei großen Problemen im sozialen Bereich. Fitzgerald nennt so unterschiedliche Persönlichkeiten wie Isaac Newton, Wolfgang Amadeus Mozart, Ludwig van Beethoven, Sigmund Freud und Alfred Hitchcock. Möglicherweise hatte auch der schon erwähnte geniale griechische Naturforscher Archimedes (circa 287 bis etwa 212 vor Christus) etwas Autistisches an sich. Ohne seine Erfindungen – angeblich sogar große Linsen, welche das Sonnenlicht bündelten und die Segel feindlicher Schiffe in Brand setzten – hätten die Römer nicht vier Jahre gebraucht, um das von ihnen belagerte Syrakus auf Sizilien zu erobern. Archimedes berechnete den zu seiner Zeit genauesten Wert von Pi, dem Verhältnis von Umfang zu Durchmesser eines Kreises. Als anno 212 vor Christus die Römer plündernd in die Stadt Syrakus eindrangen, hatte der Anführer des römischen Heeres ausdrücklich den Befehl gegeben, Archimedes lebend gefangen zu nehmen und würdig zu behandeln. Dieser hockte im Freien, war gerade in ein mathematisches Problem vertieft und hatte allerlei geometrische Figuren vor sich in den Sand gezeichnet. Hochkonzentriert, vielleicht auch gestresst vom Lärm der Soldaten und – wie die folgende Szene nahe legt – vielleicht tatsächlich auch etwas autistisch, hatte der große Gelehrte den Blick für das Leben verloren. Es trat in Gestalt eines römischen Soldaten auf Archimedes zu und befahl diesem mitzukommen. Dieser winkte in Verkennung seiner Lage nur ab und sagte: »Störe meine Kreise nicht« – wohl voller Sorge, der Soldat könne über den Sand gehen. Dieser fühlte sich veralbert und tötete den großen Gelehrten einfach. Das muss dem Soldaten wohl einigen Ärger eingebracht haben, weshalb es nicht ganz unwahrscheinlich ist, dass die letzten Worte von Archimedes authentisch sein könnten. Jedenfalls hielt der Oberbefehlshaber der Römer eine Trauerfeier für den Gelehrten ab.

Autisten seien nahezu perfekt an das Computerzeitalter angepasst, meint Simon Baron-Cohn von der Universität Cambridge in Großbritannien, der diese Menschen untersucht. Allerdings, so der Bremer Hirnforscher Gerhard Roth, »handelt es sich um Fähigkeiten, die jeder Scanner und jeder bessere Taschenrechner besitzt.« (46)

Wir Normalmenschen sehen, was wir erwarten. Deshalb übersieht ein Autor, wenn er sich ganz auf den Inhalt seines Textes konzentriert, leicht seine eigenen Schreibfehler, *Inattentional Blindness* auch hier. Allan Snyder von der Universität Sydney lässt vor der Fernsehkamera eine gesunde Probandin von einem Blatt lauter bekannte Sprichwörter vorlesen. Gelegentlich sind in den Text absichtlich kleine Fehler eingearbeitet worden, etwa statt »Lachen ist die beste Medizin« heißt es »Lachen ist ist die beste Medizin«. Die Versuchsperson, Alice, liest die Texte dennoch unbewusst fehlerfrei. Wenn Snyder jedoch kurze magnetische Impulse auf ihre linke Gehirnhälfte schickt, man nennt das *Transkranielle Magnetstimulation* (TMS), dann liest die Probandin automatisch jeden Fehler wie das »ist ist« buchstabengenau mit, freilich nur eine kurze Zeit lang nach der TMS-Behandlung. Durch die Magnetfeldimpulse wird nach den elektro-magnetischen Gesetzen das Gehirn elektrisch stimuliert. Mit solcher Art kurzzeitiger Stimulation hat Robyn Young von der Flinders University in Adelaide (Australien) bei Studenten savant-artige Begabungen wie die Fähigkeit, perfekt zu zeichnen, provoziert. Diese Fähigkeiten hielten allerdings nur so lange an, wie das Gehirn elektromagnetisch stimuliert wurde (47).

»Leichte Schläge auf den Hinterkopf erhöhen die Intelligenz«, lautet ein Spruch aus einer Zeit, da man glaubte, Kinder mit Schlägen erziehen zu dürfen. In Virginia in den USA lebt Orlando Serrell als Hausmeister einer Supermarktkette. Am 17. 8. 1979 traf den Zehnjährigen ein Baseball am Kopf. Seither kann, so recherchierten Höfer und Röckenhaus, der Mann für jeden beliebigen Tag seit dem Unfall, den man bei ihm abfragt, und mit einiger Übung nach und nach auch für die Zeit davor, sagen, um welchen Wochentag es sich handelt und was er jeweils abends gemacht hat. Er soll sich in seiner Erinnerung an das Wetter jedes beliebigen Tages seit 1979 noch nie geirrt haben. In den USA sind noch weitere Fälle bekannt, wie sich nach einer Gehirnverletzung, etwa durch einen Schuss, plötzlich zuvor nicht vorhandene Begabungen zeigen (47).

In Liverpool in England lebt Tommy McHugh, ein Mann, der einst wegen extremer Aggressivität als Gewalttäter immer wieder mit dem Gesetz in Konflikt geriet. Dann bekam er einen Schlaganfall, Blutungen im Gehirn. Und die Aggressivität war »schlagartig« völlig verschwunden. Vom Krankenlager stand ein hoch sensibler Mann auf, der, wie Höfer und Röckenhaus zeigen konnten, seither in Versen spricht und höchst kreativ fantastische Bilder malt. Solche extremen Erfahrungen eines Menschen machen es schwer, Antwort auf die Frage »Wer bin ich?« zu finden. »Eine Marionette des Gehirns?«, so fragt sich verzweifelt Tommy McHugh – und wer könnte ihm hier antworten? Wäre es umgekehrt gewesen und ein sensibler Maler wäre *nach* einem Schlaganfall zu einem Gewalttäter geworden, dann würden wir sagen: Der Mann ist krank. So aber sind wir ratlos, obwohl doch die Neurowissenschaften uns immer mehr Zusammenhänge verstehen lassen.

Systematisch unverstanden

Wenn man als Deutscher hört, dass an Weihnachten in New York Temperaturen von 32 Grad gemessen wurden, denkt man spontan an große Hitze. Man muss freilich beachten, dass die Amerikaner ein anderes Mess-System verwenden als die Deutschen. 32 Grad Fahrenheit entsprechen 0 Grad Celsius – und sind der Jahreszeit angemessen.

Eine Folge der Tatsache, dass wir uns Bilder von der Welt machen, ist, wie schon kurz angesprochen, dass wir Systeme entwickeln, um uns in der Welt besser zurechtzufinden. Schon die biblische Schöpfungsgeschichte drückt das aus: Am Anfang, bevor Gott eingriff, herrschte auf der Erde »Tohuwabohu«. Ordnung zu schaffen, und das ist der Sinn von Systemen, ist ein schöpferischer Prozess. Nicht unbedingt dagegen die Aufgabe, die Systeme zu verwalten. Ohne ein allgemein gültiges Rechtssystem zum Beispiel gäbe es nur das »Recht« des Stärkeren. Doch alle Systeme, die der Mensch sich macht, können die Welt nicht sozusagen eins zu eins abbilden, sie sind immer unvollständig. Deshalb kann auch das beste Rechtssystem Unrecht nicht verhindern – Recht und Gerechtigkeit sind eben nicht dasselbe.

Besonders schwer fällt es offenkundig, anzuerkennen, dass ein System nicht die Wirklichkeit beschreibt, sondern bestenfalls eine Annäherung darstellt. Deshalb gelingt es zum Beispiel dem Arzt oft nur mit größter Mühe, eine individuelle Erkrankung mit dem Leistungskatalog der jeweiligen Krankenkasse in Übereinstimmung zu bringen. Deshalb kann, um ein ganz anderes Beispiel zu erwähnen, der Vorsitzende der Deutschen Bischofskonferenz, Kardinal Karl Lehmann, unter Hinweis auf die verschiedenen Religionsgemeinschaften im Lande die Frage stellen: »Haben wir denselben Gott?« (48). Das römisch-katholische Glaubenssystem beschreibt »Gott« anders als etwa das der evangelisch-lutherischen Protestanten. Das, was Christen wie Moslems in ihren Glaubenssystemen versuchen, sind, wie ich in diesem Buch zu zeigen versuche, nur unterschiedliche »Abbildungsversuche« des EINEN, nicht verschiedene Götter, zu denen sie beten. Eine schwerwiegende Verwechselung. Davon wird hier noch viel die Rede sein.

Jedes von Menschen geschaffene System entwickelt ein Eigenleben. Es kommt zu Wechselwirkungen mit anderen Systemen, auch solchen chaotischer (also nicht linearer) Art – kurzum, das Ganze wird unreformierbar. Mit der Problematik von »Reformen« machen wir in Deutschland in den letzten Jahren unsere ganz eigenen Erfahrungen. Das hat neben den unerwarteten Wechselwirkungen mit anderen Systemen auch damit zu tun, dass es dem Menschen schwerfällt, einmal gewonnene Überzeugungen aufzugeben. Das gilt ebenso für jegliche Art Ordnung, an die man sich gewöhnt hat. Seit es die Bundesrepublik Deutschland gibt, wird zum Beispiel Wahlkampf gemacht, in dem man auf die Angst der Menschen vor Veränderungen setzt, angefangen mit Konrad Adenauers Motto: »Keine Experimente«.

Unser reformresistentes Schulsystem, genauer gesagt: das jeweilige System der verschiedenen, auf ihre »Bildungshoheit« pochenden Bundesländer, baut darauf, den jungen Menschen Fakten zu vermitteln, die sich abfragen lassen, und sei es in TV-Sendungen wie: *Wer wird Millionär?* Zusammenhänge zu verstehen, insbesondere auch Ideologien (das heißt übersetzt »Bilderlehren«) zu durchschauen, ist in Deutschland nicht primäres Unterrichtsziel. An einer Verwechselung der verschiedenen »Ebenen«, der verschiedenen Systeme, kann man sich nur freuen, weil man dabei seinen Humor nicht verliert. Pädagogen im Freistaat Bayern haben, hierfür beispielhaft, Erkenntnisse aus Schulaufsätzen der 2. Grundschulklasse gesammelt:

Meine Schwester ist sehr krank. Sie nimmt jeden Tag eine Pille. Aber sie tut es heimlich, damit sich meine Eltern keine Sorgen machen.

Mit der Verwechselung der Systeme meine ich hier: die Pille kennt das siebenjährige Kind als Heilmittel, also als Teil des »Systems« des Gesunden, der krank werden und damit Sorgen verursachen kann. Das »System« von Empfängnis und Empfängnisverhütung und »die Pille« als Kontrazeptivum kennt es dagegen zumindest nicht aus eigener Erfahrung. Auch die weiteren Beispiele aus den Schulaufsätzen beruhen auf solcher Verwechselung:

Nachdem die Menschen aufgehört haben, Affen zu sein, wurden sie Ägypter.

Die Erde dreht sich 365 Tage lang jedes Jahr. Alle vier Jahre braucht sie dazu einen Tag länger, und das ausgerechnet immer im Februar. Warum weiß ich nicht. Vielleicht weil es im Februar immer so kalt ist und es deswegen ein bisschen schwerer geht.

Unter der Woche wohnt Gott im Himmel. Nur Sonntag kommt er in die Kirche.

Bereits Kinder können mit der Sprache ungemein kreativ umgehen, wenn man sie lässt. Dann kommen solche schönen Bilder heraus:

Ein Pfirsich ist wie ein Apfel mit Teppich drauf.

Ein Kreis ist ein rundes Quadrat.

Und weil gleich von Assoziationen die Rede sein wird, hier noch eine besondere:

Wir gingen mit unserer Lehrerin im Park spazieren. Gegenüber dem Park war ein Haus, wo die Mütter ihre Kinder gebären. Eine Gebärmutter schaute aus dem Fenster und winkte uns zu.

Intuition und Expertise

Der Mensch hat die Gabe der Intuition, das heißt, er ist fähig, ungewöhnliche Assoziationen zu bilden und so die gewohnten Pfade des Denkens und Handelns zu verlassen. Nur so kann er klug werden und damit weniger leicht verführbar. Voraussetzung dafür ist fundiertes Wissen und großes Können. Ein Witz drückt das Gegenteil aus:

Frage: »*Können Sie Klavier spielen?*« *Antwort:* »*Ich weiß nicht, ich hab' es noch nicht probiert.*«

Wir alle wissen sehr wohl, Klavierspielen kann nur, wer es intensiv geübt hat.

Ein Fahnder am Airport in Los Angeles lässt unter Hunderten von Passagieren, die gerade gelandet sind, ausgerechnet eine völlig unauffällige Frau genauer untersuchen. Und tatsächlich, in ihrem Koffer finden sich Banknoten im Wert von fast hunderttausend Dollar. Dem Fahnder genügte ein kurzer Blick um die Frau zu durchschauen. Gerd Gigerenzer, Direktor am Max-Planck-Institut für Bildungsforschung in Berlin, hat den Mann interviewt, weil er verstehen will, was Intuition heißt. Wie ist es möglich, sich rasch richtig zu entscheiden, wenn keine Zeit vorhanden ist für sorgfältige Beobachtungen und deren Reflexion? Für einen kurzen Moment hatten sich auf dem Flughafen die Blicke des Kuriers und des Fahnders gekreuzt. Blitzartig wurde dem Fahnder klar, die Frau hatte nach einem wie ihm Ausschau gehalten. »Das hatte der Polizist wahrgenommen«, so Gigerenzer (49). Ein Laie würde das nicht sehen, denn dazu gehört große Erfahrung. Intuition und Expertise gehören zusammen.

Albert Einstein konnte seine Relativitätstheorien nur entwickeln, weil er das mathematische Handwerk beherrschte. Noch heute gibt es immer wieder Menschen, die wollen Einstein widerlegen und beherrschen sozusagen nicht einmal das Einmaleins. Die Weltgeschichte ist voller Welt-Deutungen von Leuten, die keine Welt-Kenntnis haben oder die die Welt mit dem Wissen vergangener Zeiten deuten, das längst überholt ist.

Spielen mit dem Unbewussten

Verführung setzt auf unbewusste Botschaften. Auch unwissentlich sehr kurzzeitig wahrgenommene Bilder werden von unserem Gehirn verarbeitet. Seit den 1970er Jahren interessieren sich Psychologen dafür, wie empfänglich der Mensch für unterschwellige, *subliminale* Wahrnehmungen ist. Die Werbung würde solches Wissen liebend gerne ausnutzen. Phil Merikle und Kollegen von der Universität Waterloo in Kanada machten 1995 folgendes Experiment: Versuchspersonen sahen auf dem Bildschirm eine Folge roter und grüner Vierecke und mussten möglichst schnell die jeweilige Farbe benennen. Jedem Bild ging ein bewusst wahrnehmbarer Hinweis in Form des in neutraler Farbe geschriebenen Wortes »rot« oder »grün« voraus. Wenn der Hinweis und das tatsächliche Ereignis übereinstimmten, dem Hinweis »grün« also das grüne Viereck folgte, antworteten die Probanden deutlich rascher als wenn auf den Hinweis »rot« das grüne Viereck folgte. Die Versuchsperson musste in letzterem Fall nämlich die Information »rot« bewusst zugunsten der tatsächlich gesehenen Farbe »grün« unterdrücken, was eine merkliche Zeit in Anspruch nahm.

In einem zweiten Teil des Experiments wurde die Anzahl der Nicht-Übereinstimmungen von Hinweis und Farbe des Vierecks auf 75 Prozent erhöht. Die Probanden änderten daraufhin automatisch ihre Strategie. Sie stellten sich darauf ein, immer das Gegenteil zu antworten, also auf die Botschaft »rot« rasch »grün« zu sagen, was ja in drei Vierteln der Fälle auch zutraf. Sie reagierten also im nicht-kongruenten Fall schneller als im kongruenten. Das passierte allerdings nur, wenn die Probanden den Hinweis vor Erscheinen des Bildes bewusst erfassen konnten. Wurde die Information dagegen nur so kurzzeitig auf den Bildschirm geschickt, dass die Versuchsperson sie nicht bewusst wahrnehmen konnte, dann wurde die Antwort nur dann schneller gegeben, wenn sie passte, der unbewusst wahrnehmbare Hinweis »rot« also etwa mit dem nachfolgend tatsächlich erscheinenden roten Viereck übereinstimmte.

»Wie dieses Beispiel illustriert, sind wir nur dann fähig, eine neue Strategie zu entwickeln und automatische Vorgänge zu unterdrücken, wenn uns die betreffenden Informationen in bewusster Form zur Verfügung stehen.« So kommentieren der Neurologe Lionel Naccache und der Kognitionswissenschaftler Stanislas Dehaene vom Gehirnforschungszentrum *Service Hospitalier Frédéric Joliot* in Orsay, Frankreich den Befund (50). Diese Beispiele zeigen, dass unser Gehirn auch über natürliche Sperren dagegen verfügt, für dumm verkauft zu werden.

Absichten erkennen

Wer einen anderen Menschen beeinflussen will, muss ihn ziemlich genau kennen. Und umgekehrt: Wer sich nicht beeinflussen lassen möchte, muss sich selbst ziemlich genau kennen, das heißt, er muss reflektieren können. Seit kurzem wissen wir, warum das alles zusammengehört. Unser Gehirn ist auf die Gehirne unserer Mitmenschen angewiesen. 1991 entdeckte ein Team um den italienischen Neurobiologen Giacomo Rizzolatti in Parma, dass bereits Affen in der Lage sind, die Intention einer Handlung zu erkennen, die sie nicht selbst vornehmen. Bestimmte Nervenzellen im Gehirn, die man Spiegelneuronen nennt, sind nicht nur aktiv, wenn ein Affe selbst bestimmte Bewegungen macht, sondern auch, wenn er die Bewegungen eines anderen beobachtet, also etwa das Ergreifen einer Nuss oder eines Apfels. Anscheinend imitiert auch der Mensch im Kopf die von ihm beobachtete Aktivität einer handelnden Person.

Forscher am Max-Planck-Institut für Kognitions- und Neurowissenschaft in München haben zusammen mit Kollegen in England sowie den USA mit zwei Menschen experimentiert; den einzigen bekannten Patienten, die infolge einer Erkrankung die Fähigkeit verloren haben, ihren eigenen Körper wahrzunehmen. Die beiden schauten sich Filme an, in denen Versuchspersonen gebeten wurden, unterschiedlich schwere Kisten hochzuheben. Die zwei Patienten sollten die Schwere der Kisten aus dem Bewegungsablauf bei den Versuchspersonen einschätzen – was sie ohne weiteres konnten. Sie wussten, eine langsamere Bewegung bedeutet, dass die Last schwerer ist, als wenn sie rasch bewegt werden kann.

In einigen Fällen wurden nun die Versuchspersonen, die die Kisten zu transportieren hatten, über deren Gewicht getäuscht. Man sagte ihnen, die Last sei 18 Kilogramm schwer, es waren aber nur 3 Kilogramm. Entsprechend anders verliefen die Hebebewegungen. Das konnten gesunde Kontrollpersonen im Film auch sofort erkennen. Den beiden Patienten dagegen fiel dies sehr schwer. Umgekehrt mussten in einem weiteren Versuch die Patienten ohne Körpergefühl selbst Kisten heben, solche, deren Gewicht ihnen richtig, und solche, deren Gewicht ihnen falsch mitgeteilt worden war. Das wiederum schauten sich gesunde Kontrollpersonen an. Sie sollten durchschauen, wie schwergewichtig die Kisten waren, die die Patienten gerade gehoben hatten. Dabei versagten sie völlig. Denn die beiden Patienten konnten ihre Bewegung, weil sie keine Eigenwahrnehmung haben, beim Aufheben der Kisten nicht an ihre Erwartungen anpassen. Muster, die im Gehirn aktiviert werden, wenn gesunde Menschen die Bewegungen einer anderen Person beobachten, enthalten auch Informationen über die Funktionsweise ihres eigenen Körpers. Schlussfolgerung der Forscher: Was wir selbst können, verstehen wir auch bei anderen. Und umgekehrt: Was wir selbst nicht können, verstehen wir auch bei anderen nicht. Rückmeldungen unseres eigenen Körpers tragen offenbar zu unserem intuitiven Wissen über die Absichten unseres Gegenübers bei. Auf diese Weise können wir nicht nur Handlungsfolgen vorhersehen, sondern uns sogar in andere Personen hineinversetzen. Das ist die Basis für Mitgefühl und damit die Basis sozialer Beziehungen (51). Das ist freilich auch die Basis für den Menschen in seiner Eigenschaft als Vampir, der davon lebt, sich in der Fantasie am Leben anderer zu ergötzen oder daran begeistert Anstoß zu nehmen. Eine bestimmte Art von Journalisten und die Konsumenten ihrer Produkte zählen dazu. Vampire scheuen bekanntlich das Licht, deshalb sollen sie hier auch nicht weiter beleuchtet werden.

Christian Keysers, Hirnforscher an der Universität Groningen und vormals Mitarbeiter Rizzolattis in Parma, ist sich sicher, dass Spiegelfunktionen »auch beim Verarbeiten und Erkennen von Emotionen eine wichtige Rolle« spielen (52). Keysers hatte in Parma mit Patienten gearbeitet, die aufgrund einer spezifischen Gehirnschädigung nach einem Schlaganfall kein Ekelgefühl haben. Sie seien auch nicht fähig, zu erkennen, wenn ihr Gegenüber oder eine Person im Film vor Ekel das Gesicht verzieht. Allerdings sind Mitgefühl und die Fähigkeit des Menschen, sich in andere Menschen hineinzuversetzen (Empathie), anscheinend nicht auf das begrenzt, was beim Affen den Spiegelneuronen entspricht. Giacomo Rizzolatti hat gemeinsam mit Leonardo Fogassi und Vittorio Gallese im Frühjahr 2007 zusammenfassend dargestellt, was nunmehr Stand des Wissens über die Spiegelzellen ist, nachdem mittlerweile auch zahlreiche Experimente an Menschen vorgenommen wurden (9): »Menschen erfassen beobachtetes Verhalten wahrscheinlich nicht eingleisig, sondern sie können das Gesehene sowohl kognitiv als auch über Spiegelneuronen verarbeiten, also auf verschiedenen Ebenen.« Der Spiegelmechanismus könne zwei grundlegende Erscheinungen der Kommunikation erklären: die innere Übereinstimmung zweier Menschen sowie direktes gegenseitiges Verstehen. »Innere Übereinstimmung meint, dass Sender und Empfänger einer Botschaft dieselbe Bedeutung beimessen. Direktes Verstehen benötigt weiter keine Vorabsprachen, auch nicht in Form irgendwelcher Zeichen.«

Überraschenderweise deuten jüngste Experimente an, dass sogar Mäuse zu Mitgefühl fähig sind. Solche Versuche hat der kanadische Psychologe Jeffrey Mogil zusammen mit Kollegen gemacht (53): Sie injizierten Mäusen eine schmerzerzeugende Chemikalie und beobachteten, dass die Tiere stärker reagierten, wenn eine ihnen vertraute Maus auch Schmerzen litt – nicht aber, wenn ein Nagetier litt, mit dem sie zuvor wenig Kontakt hatten. Das Mitgefühl einer Maus ging so weit, dass sie nach einer hoch dosierten Injektion weniger Schmerz anzeigte, wenn eine andere ihr vertraute Maus zuvor eine geringer dosierte Spritze bekommen hatte und weniger Schmerzen litt. In solchen Experimenten scheinen sich Naturwissenschaften und Sozialwissenschaften miteinander zu verbinden. Rizzolatti und Kollegen beschreiben das Nachahmungstalent der Tiere als »dürftig«. Erst beim Menschen gewinne es »enorme Bedeutung« (9).

Neurowissenschaftler kommen aus alledem zu der, wie sie selbst es sehen, revolutionären Einsicht, »dass die Kommunikation und Interaktion das Gehirn formen ... Das Ich entsteht aus dieser Interaktion.« So beschreibt es der Bremer Neurobiologe Gerhard Roth im Gespräch mit dem Frankfurter Sozialpsychologen Harald Welzer (54). Für Roth bestätigt die neurobiologische Forschung damit die Erkenntnisse Sigmund Freuds. »Ernst genommen«, so Welzer, »bedeutet das nochmals eine gewaltige Kränkung des Ichs und die Abkehr vom idealistischen Selbstbild der Moderne. Das Ich ist nicht nur nicht Herr im eigenen Haus, wie

Freud gesagt hat, sondern es gibt dieses eigene Haus gar nicht.« Irgendwie geahnt haben muss das bereits im 19. Jahrhundert der Dichter Wilhelm Busch. Er beschreibt ein Haus, in dem es spukt. Der Besitzer zündet es kurzerhand an und baut sich andernorts ein neues. Es hilft nichts, der Spuk geht weiter.

Der Kobold ist mit umgezogen / Und macht Spektakel und Rumor / Viel ärger noch, als wie zuvor. / Ha, rief der Mann, wer bist du, sprich! / Der Kobold lacht: Ich bin dein Ich.

Das »eigentlich Seelische entwickelt sich erst in der Interaktion«, so Roth, und Welzer ergänzt: »Vielleicht *ist* die Seele sogar *in* der Interaktion.« Wenn das zutrifft, dann hängen Innenansicht und Außenansicht, subjektive und objektive Sicht der Menschen, sehr viel enger miteinander zusammen als bisher angenommen. Das wäre dann eine Kränkung insbesondere für die Geisteswissenschaftler, die sich für das Subjektive allein zuständig fühlen. Ich komme weiter unten auf diese Überlegungen noch einmal zurück.

Der Verstand ist nicht der Herr im Haus

Donald Rumsfeld, bis zum Herbst 2006 Verteidigungsminister der USA und Architekt des Kriegs gegen den Irak, hat einmal gesagt (55): »Ich stehe zu dem, was ich gestern gesagt habe. Ich weiß zwar nicht, was ich gesagt habe, aber ich weiß, was ich denke, und ich denke, genau das habe ich gesagt.« Das ist natürlich Unfug, und Journalisten fanden es nur deshalb beachtenswert, weil der Verteidigungsminister der Weltmacht solchen Unsinn sagte.

Vernunft und Verstand bestimmen nicht das menschliche Handeln, wofür insbesondere der amerikanische Ex-Verteidigungsminister ein lebender Beweis ist. Ganz allgemein gilt: Dem bewussten Formulieren eines Wunsches, der bewussten Handlung, geht immer ein unbewusster Prozess voraus. Dieser lässt sich indirekt erschließen, indem man die darauf hinweisenden Erregungszustände im Kopf analysiert. Das limbische System, das die menschliche Gefühlswelt steuert, trifft die erste und letzte Entscheidung, nicht etwa die Großhirnrinde, der Sitz des Verstandes. Dieser hat nach dem Wissen der Neurobiologen nur beratende Funktion. Wolf Singer formuliert es so: »Bewusste und unbewusste Abwägungsprozesse erfolgen parallel, gehorchen unterschiedlichen Regeln und müssen nicht kongruent sein.«

Der Verstand ist gefragt, wenn es gilt, abzuwägen oder zu planen. Dabei kommt das Gefühl auf, in den Entscheidungen frei zu sein. »Es gibt Zentren im Gehirn, die aktiv sein müssen, damit man etwas will und sich frei fühlt. Dort laufen Planungs- und Abwägungsprozesse zusammen. Reizt man solche Zentren im Experiment, fühlt sich der Mensch frei. Das Gehirn hat gelernt: Wenn dieses Zentrum aktiv ist, sind dem viele Abwägungsprozesse vorausgegangen«, so Gerhard Roth (56). Es ist also nur eine »gefühlte Freiheit«. Neurowissenschaftler ließen Versuchspersonen zwischen einer Reihe von Alternativen eine Entscheidung treffen. Während dieses Entscheidungsprozesses schaute ihnen der Versuchsleiter (mit Hilfe bildgebender Verfahren) ins arbeitende Gehirn. Dabei stellt sich heraus, dass der Versuchsleiter, bis zu 15 Sekunden bevor die Versuchsperson sich bewusst entschieden hat, bereits weiß, wie diese Entscheidung ausfallen wird (57).

Tatsächlich geben unbewusste Prozesse den Ausschlag für jegliches Handeln. Diese gründen allerdings auf der Summe aller Erfahrungen, die der Mensch in seinem Leben bereits gemacht hat, insbesondere auch auf seiner Erziehung, allgemein seiner Sozialisation. Weil es im Gehirn keine Verbindung zwischen den Zentren des Unbewussten und dem Bewusstsein gibt, kann der Mensch dies nicht direkt wahrnehmen; im Gegenteil, er hält sich für frei. Weil aber unser Gefühl am Verstand vorbei ansprechbar ist, sind wir Menschen verführbar – im Guten wie im Bösen. »Der erste Schritt besteht darin, unsere Beeinflussbarkeit überhaupt zu erkennen und zu akzeptieren – dies aber widerspricht unserer natürlichen ›Unbeeinflussbarkeitsillusion‹«, so die Sozialpsychologin Lydia Lange vom Max-Planck-Institut für Bildungsforschung (58). Unsere »instinktiv wohlwollende Interpretation«, andere Menschen seien bestrebt, unsere Bedürfnisse zu erfüllen, könne »ähnlich verheerend wirken wie die Vorstellung, alle wollten nur unser Böses«, so Lange. Von der Verführbarkeit des Menschen handelt dieses Buch. Und vom Missbrauch seines Glaubens.

Die Liebe des Tamagotchi

Der Mensch ist leicht verführbar. Denn sein Verstand ist, wie gesagt, nicht der Herr im Haus. Er wird vielmehr von unbewussten Antrieben bestimmt, deren Wirken er nicht spüren und deshalb nur mit großer Mühe durchschauen kann. Zur biologischen Ausstattung des Menschen gehört, dass er auf sein Gegenüber reagiert; auf Gesten der Zuneigung oder Abneigung zum Beispiel. Dieses Gegenüber kann ein Mensch sein oder ein Tier – ja sogar eine Maschine, die eigene Gefühle nur simuliert. Seit 1996 sind sogenannte Tamagotchis auf dem Markt, elektronisches Spielzeug mit einem virtuellen Küken auf dem Bildschirm, das gewissermaßen wie ein Haustier versorgt werden muss. Wenn es vernachlässigt wird, »stirbt« es. Seit 1998 gibt es auch »Furbys«, kleine behaarte Spielzeugtierchen, die mit den Augen rollen, eine Fantasiesprache namens Furbish sprechen und ebenfalls ihre Bedürfnisse haben, die befriedigt werden müssen.

Es geht mir hier nicht primär um Kinderspielzeug. Vielmehr will ich zeigen, dass eine Entwicklung begonnen hat, die zu einer Perversion des Gefühlslebens führen kann. Wie oben beschrieben, sind wir Menschen auf Kommunikation und Interaktion mit anderen Menschen, jedenfalls mit Lebewesen angewiesen, wenn wir seelisch nicht »verhungern« wollen. »Interaktive« Apparate können das nicht ersetzen. Doch eben dies wird versucht.

»Wir werden Maschinen konstruieren, die immer besser in der Lage sind, unsere ›emotionalen Knöpfe‹, zu drücken«, prognostiziert die Psychologin Sherry Turkle vom Massachusetts Institute of Technology (MIT) in Boston (59). Und sie staunt darüber, dass wir »so eine leichte Beute sind«. In den USA werden bereits Pflegeroboter entwickelt, welche alten Menschen die fehlende emotionale Zuwendung ersetzen sollen.

Rasch entscheiden

Die Ahnen des Menschen mussten oft blitzschnell entscheiden, ob sie einem Freund oder einem Feind begegnet waren. Darüber in Ruhe nachzudenken, dazu war keine Zeit, das hätte tödlich sein können.

Auch heute noch gibt es im Alltag viele Situationen, in denen man sofort reagieren muss, etwa im Straßenverkehr. Da entscheidet nicht unser Verstand, sondern das Gefühlszentrum im Gehirn, die Amygdala, auch Mandelkern genannt. Die Entscheidung trifft die Amygdala innerhalb von Millisekunden ganz automatisch. Sie ist eine Art Gefahrendetektor, die von jeder potenziellen Bedrohung aktiviert wird. Am *National Institute of Mental Health* in Bethesda (Maryland, USA) haben Wissenschaftler untersucht, auf welche Signale der Mandelkern am stärksten reagiert. Das ist nicht etwa der Anblick von Spinnen oder Schlangen oder irgendetwas Ekelerregendem. Am heftigsten reagiert die Amygdala auf ein böses Gesicht (60). Das ist übrigens auch bei Hunden so. Wenn ein Fremder einem Hund streng in die Augen schaut, dann wird dieser aggressiv.

Einem anderen Menschen ins Gesicht zu schauen verlangt offenkundig die volle Aufmerksamkeit. Psychologen der schottischen Universität Stirling haben fünfjährige Kinder Rechenaufgaben lösen lassen. Dabei mussten die einen während des Rechnens einem Menschen ins Gesicht schauen, die anderen durften dabei aus dem Fenster sehen. Letztere gaben häufiger die richtige Antwort. Wenn Erwachsene eine Rechenaufgabe lösen und dabei ein Gesicht fixieren sollten, gerieten sie bereits, allein weil sie in ein Gesicht schauen mussten, ordentlich ins Schwitzen; Männer am stärksten, wenn sie beim Rechnen einer Frau ins Antlitz sehen mussten (61). In ein Gesicht zu schauen ist also etwas ganz anderes, als sonst irgendwohin zu blicken. Vielleicht darf der Chefbuchhalter unter lauter Männern deshalb natürlicherweise keine Chefin sein?

Gesunde Menschen können, anders als etwa Autisten, Gesichter besonders schnell identifizieren; es genügen oft Sekundenbruchteile. Den Freund vom Feind zu unterscheiden war schon für die Urmenschen lebenswichtig. Aber wie macht das unser Kopf? Offensichtlich gibt es Vor-Bilder. Denn Mitglieder uns fremder Ethnien können wir bei weitem schlechter identifizieren als solche uns bekannter Kulturkreise. Die Neurowissenschaftler Martin A. Giese (Tübingen) und David A. Leopold haben in umfangreichen Studien untersucht, wie wir Gesichter erkennen (9). Sie haben aus vielen Gesichtern eines Kulturkreises ein Durchschnittsgesicht konstruiert und dabei festgestellt, dass wir uns offenbar

Mitglieder fremder Ethnien können wir schlecht identifizieren. Dieses Flugblatt aus dem
30-jährigen Krieg zeigt die »wunderseltsamen« Gestalten, die mit dem schwedischen König
Gustav Adolf den Protestanten in Deutschland zur Hilfe kamen.
Sammlung Dr. Helmut Urban

die Abweichungen von einem Durchschnittsantlitz merken. Das erklärt, warum normalerweise Karikaturen eines Gesichts sicherer und schneller erkannt werden als die Originalgesichter. Hier werden diese Abweichung besonders markant gezeichnet. Andererseits erklärt sich mit dieser Theorie auch, warum wir Europäer Angehörige anderer Ethnien, also etwa Chinesen oder Afrikaner, normalerweise sehr viel schwerer voneinander unterscheiden können. »Da wir mit ihnen kaum in Kontakt kommen, haben wir vermutlich kein entsprechendes Durchschnittsgesicht gelernt«, so Giese und Leopold.

Manche Entscheidungen treffen wir rasch »aus dem Bauch heraus«. Allerdings: »Bauchgefühle finden im Kopf statt«, wie der Tübinger Psychologe Paul Enck betont (62). Er untersucht die Wechselbeziehungen zwischen dem Nervensystem des Darms und des Gehirns. Der Kopf, so Enck, »nimmt nur Störungen wahr und leitet Notfallmaßnahmen ein«. Unsere Ahnen mussten, wie schon gesagt, rasch entscheiden, ob sie, von einem Feind bedroht, fliehen oder kämpfen sollten. Das verursachte erheblichen Stress – und der Körper bereitete sich darauf entsprechend vor. Noch heute ist es nicht nur eine Redensart, wenn es heißt, jemand »macht sich vor Angst in die Hose«. Das ist eine archaische Reaktionsweise. Der Verdauungsprozess verbraucht nämlich sehr viel Energie. »Angstdurchfall kann auch als Energiesparprozess gesehen werden. Die Energie wird den Muskeln für die Flucht zur Verfügung gestellt«, so erklärt es Paul Enck.

Die Angst vor dem Feind ist oft ein guter Ratgeber, die Flucht die richtige Reaktion. Denn Heldenmut ist nicht selten nur Mangel an Vorstellungsvermögen, eine Störung im Gehirn, wie der Bremer Neurobiologe Gerhard Roth weiß.

Vor der Schlacht, so wird aus alter Zeit berichtet, tritt ein hocherregter Offizier vor die Truppe: »*Soldaten, jetzt geht es Mann gegen Mann!*« *Ein Infanterist tritt zu ihm:* »*Bitte zeigen Sie mir doch, welches mein Mann ist, damit ich mich eventuell mit ihm gütlich einige.*«

Die Antwort des Offiziers ist nicht überliefert, die Bitte des Infanteristen allerdings hat diesem nicht die Amygdala, sondern der abwägende Verstand eingegeben. Im Krieg spielt dieser, wie wir auch heute noch erfahren, eine eher untergeordnete Rolle.

Gewisse Ängste sind offenbar angeboren. Zum Beispiel die Angst vor dem Abgrund: Eine stabile, durchsichtige Glasplatte liegt über zwei Tischen, die im Abstand von etwa einem Meter voneinander stehen. Wenn man nun auf einen der Tische ein Kleinkind setzt und hinter dem anderen die Mutter steht und das Kind ruft, dann ist die Angst des Kindes vor dem durchscheinenden Abgrund unter der Glasplatte größer als die Mutterbindung. Ähnliche Experimente hat man mit Tieren, von Küken über Ratten, Hunde, Katzen, Ziegen bis zu Affen gemacht. Wenn man sie auf eine Glasscheibe setzt, unter der sich auf der einen Seite eine flache, auf der anderen eine steil abfallende Stufe befindet, dann nähern sich alle Tiere der »Steilwand« nur außerordentlich zögerlich. Bereits drei Tage alte Säuglinge reagieren ängstlich, wenn man sie über die steil abfallende Stufe legt.

Möglicherweise hängt es mit der angeborenen Angst vor dem Abgrund zusammen, dass so viele Menschen Angst vor dem Fliegen haben, dieselben Menschen aber bedenkenlos mit dem Auto fahren. Dabei ist nach Daten des *National Safety Council* der USA die Wahrscheinlichkeit, bei einem Unfall im Auto zu sterben, bezogen auf den Kilometer Fahrstrecke, 37-mal höher als im Flugzeug. Die oft zitierte Aussage ist zutreffend: Der riskanteste Teil eines Fluges ist die Fahrt im Auto zum Flughafen.

Neuerdings interessieren sich auch Ökonomen dafür, was im Gehirn der Menschen vorgeht, die sich mit all ihren Ängsten und Hoffnungen an der Börse engagieren. Der Psychologe Daniel Kahneman von der Princeton-Universität in den USA hat für seine Arbeiten 2002 den Nobelpreis für Wirtschaft erhalten. Auch wenn es bekanntlich den Typus des Zockers gibt, gilt: »Ein ganz charakteristisches Verhalten des Menschen ist seine Scheu vor Risiken«, so Kahneman (63). Das lässt sich wiederum im Experiment gut zeigen: Wenn Probanden vor der Alternative stehen, entweder einen sicheren Gewinn von 900 Euro zu erzielen oder einen von 1000 Euro mit einer Wahrscheinlichkeit von 90 Prozent, entscheiden sich die meisten für den sicheren Gewinn. Die Angst vor dem Verlust ist nach Kahneman doppelt so groß wie die Freude über einen Gewinn. Es kann aber auch ganz anders gehen: Im Experiment können Probanden wählen zwischen dem sicheren Verlust von 900 Euro und alternativ einer Wahrscheinlichkeit von 90 Prozent, 1000 Euro zu verlieren. Hier entscheiden sich die Probanden meist aus

Angst vor Verlust, alles zu riskieren, und für die geringe Wahrscheinlichkeit von zehn Prozent, einen Verlust abzuwenden. Sie glauben wohl, 900 oder 1000 Euro zu verlieren mache keinen großen Unterschied mehr aus.

Der Ökonom Reinhard Selten von der Universität Bonn, Wirtschafts-Nobelpreisträger des Jahres 1994, hat experimentelle Untersuchungen vorgenommen, um den Umgang der Menschen, zum Beispiel der Ärzte, mit dem Geld besser zu verstehen. Er stellte dies fest: »In den Lehrbüchern heißt es bisher, der Mensch handle streng rational, wenn es ums Geld geht. Diesen voll rationalen Menschen gibt es aber nicht, weder in der Arztpraxis noch sonst wo. Unser Alltag wäre viel zu komplex, wenn wir bei jeder wirtschaftlichen Entscheidung alle Kosten und Nutzen abwägen müssten. Intuition und Erfahrung spielen eine weit größere Rolle, als die Theorie das einräumt.«

Und was die Angst betrifft, Angst lässt sich leicht erlernen. Das ist bereits im Tierreich zu beobachten. Wenn eine Affenmutter beim Anblick einer Spinne ängstlich reagiert, überträgt sich diese Angst auch auf ihren Nachwuchs – und zwar dauerhaft. Forscher glauben einen biologischen Hinweis dafür zu haben, dass manche Ängste sich so ungemein rasch konditionieren, also verfestigen lassen: Zwischen den sensorischen Arealen im Thalamus, dem »Tor zum Bewusstsein« im Gehirn, und den emotionalen Zentren in der Amygdala gibt es direkte Nervenleitungen. So könnte sich die Angst verfestigen ohne den zeitaufwändigen Weg über die Großhirnrinde zu nehmen, ohne also dass wir die Situation erfassen und kategorisieren (64).

Dass ein bellender Hund ein kleines Kind erschrecken kann, ist ganz normal. Eher ungewöhnlich ist freilich, dass das daraufhin schreiende Kind die Hühner in einem Stall zu Tode erschreckt. Eben dies passierte in der chinesischen Provinz Jiangsu. Der vier Jahre alte Junge war bei seinem Vater, als dieser Gasflaschen auslieferte. Auf einem Bauernhof geschah es dann: Das Kind stand vor dem Fenster eines Hühnerstalls und schrie aus Angst vor dem kläffenden Hund derart laut, dass sich 400 Hühner im Stall vor Entsetzen gegenseitig zu Tode trampelten. Der Fall kam vor Gericht. Der Vater des schreienden Jungen musste dem Bauern für seine toten Hühner umgerechnet 180 Euro Entschädigung zahlen (65).

Warum das Kind ähnlich wie die Hühner ausgerastet ist, lässt sich nur vermuten. Aber auch für Erwachsene gilt, dass unbewusste Vorgänge im Gehirn schneller als bewusste, gewissermaßen routinemäßig ablaufen. Die Psychologen Fritz Strack und Beate Seibt von der Universität Würzburg betonen als Ergebnis des neurologischen Befundes: »Unsere Emotionen folgen also offensichtlich nicht unserem Wissensstand«.

Der Mensch schätzt aufgrund seiner Gehirnstruktur Gefahren oft falsch ein. Das nutzen unter anderem Politiker hemmungslos aus. Die Angst der Menschen in den USA vor terroristischer Bedrohung einerseits und die Bedenkenlosigkeit bei der Verschwendung der endlichen Erdöl-Ressourcen andererseits sind Beispiele dafür.

Die Welt ist nicht so, wie wir sie sehen

Fledermäuse können sich, wie man weiß, selbst im Dunkeln fantastisch gut orientieren. Sie schaffen sich mit Hilfe von Echo-Ortung im Ultraschallbereich ein sehr präzises »Hörbild« von der Welt. Diese Fledermaus-Welt ist uns Menschen verschlossen. Die Welt der Bienen ist, wie schon angedeutet, dadurch gekennzeichnet, dass diese auch Ultraviolettlicht sehen. Im Verlaufe der Evolution haben sich die Blütenpflanzen darauf eingestellt und Muster entwickelt, die kein Mensch sieht, wohl aber eben eine Biene. Nicht nur den Bienen und den Ameisen hat sich ein Fenster zum Ultraviolettlicht geöffnet, auch Vögel, Eidechsen, Schildkröten und Fische können im UV-Bereich sehen und identifizieren überhaupt die Farben viel nuancenreicher als der Mensch.

Der Himmel *ist* nicht blau, die Wiese nicht grün, die Erde nicht braun. Das scheint uns nur so. Farben zu sehen ist das Ergebnis eines Verarbeitungsprozesses im Gehirn. Diese in der Evolution früh entwickelte Begabung ist bereits den ersten Säugetieren abhandengekommen. Sie waren ursprünglich überwiegend nachtaktiv, benötigten also diese Fähigkeit nicht fürs Überleben. Später, als sie ihre Umwelt auch bei Tageslicht identifizieren mussten, vor etwa 40 Millionen Jahren, entwickelten sie auf etwas andere Weise ihren Farbensinn – aber ungleich weniger gut als die älteren Arten. »Vögel sehen die Welt bunter«, weiß der Entwicklungsbiologe Timothy H. Goldsmith von der Yale-Universität in den USA. Er hat diese erst seit wenigen Jahrzehnten genauer bekannten Zusammenhänge untersucht. Das war experimentell sehr schwierig, denn »eine visuelle Welt jenseits der unseren übersteigt unsere Fassungskraft« (66).

Die Qualität der Bilder von der Welt, die von den Netzhäuten der menschlichen Augen aufgefangen werden, ist erbärmlich schlecht. Diese Bilder sind voller Abbildungsfehler. Überdies bewegt sich das Auge beim Fixieren eines Gegenstands 20- bis 150-mal je Sekunde hin und her, wobei sich entsprechend das Bild auf der Netzhaut permanent hin- und herschiebt. Dennoch »sehen« wir die Welt mit unseren gesunden Augen scharf und ungestört. Dies auch dann, wenn der Kopf oder ein Gegenstand sich bewegt. Störbilder innerhalb des Auges, wie die Schatten der Blutkapillaren der Netzhaut, die das Auge sieht, bemerken wir überhaupt nicht. Wir sehen die Farben der Welt unabhängig davon, wie sie je nach Sonnenstand physikalisch erscheinen. »Der Sehvorgang ist keine Abbildung der Außenwelt, sondern ein Konstrukt des Gehirns auf der Grundlage der eintreffenden Informationen«, so der Jenaer Tierpsychologe Heinz Penzlin (67). Vögel etwa haben von gewissen Nachtfaltern, die sie fressen, als »Beuteschema« das Bild »Dreieck« im Kopf. Wenn der Flügelrand der Falter gemustert ist und damit die Außenlinie des Dreiecks unterbrochen, entdeckt ihn der Vogel nicht. Das zeigen Experimente mit Schmetterlings-Attrappen (68).

Manchmal weiß man nicht, was man mehr bestaunen muss, die Fähigkeiten des gesunden Gehirns oder die des behinderten. Der Türke Es ref Armag an ist von Geburt an blind. Doch er malt Bilder auf einer speziellen Unterlage, die Striche fühlbar hervortreten lässt. Der kanadische Psychologe John Kennedy hat den 51-Jährigen an die Universität von Toronto eingeladen. Der Psychologe stellte einen Ball, einen Kegel und einen Würfel auf einen Tisch und bat Armag an, die Gegenstände zu zeichnen: »Erst malte er sie zweidimensional, wie ich es von blinden Menschen kannte – doch als ich ihn bat, einmal in Gedanken die Position zu wechseln und sich um die Gegenstände herum zu denken, die er betastet hatte, wurde ich zum historischen Zeugen: Ich sah, wie zum zweiten Mal in der Geschichte seit der Frührenaissance die perspektivische Malerei erfunden wurde. Ich bin fast von Stuhl gefallen«, so Kennedy (69). Daraufhin haben Forscher der Harvard-Universität die phänomenalen Fähigkeiten Armag ans untersucht. Was sie mit Hilfe bildgebender Verfahren feststellen konnten, ist dies: Immer wenn Armag an ein Bild malt, ist sein visueller Kortex aktiv, der Teil des Gehirns, der arbeitet, wenn ein Sehender etwas betrachtet. Die Welt ist nicht so, wie wir sie sehen – und gleichzeitig kann sogar ein Blinder dank der fantastischen Fähigkeiten seines Gehirns etwas von der Welt des Sichtbaren wahrnehmen.

Akustische Illusionen

Wir hören nicht, was wir hören, sondern was unser Gehirn uns hören lässt. Was in unser Ohr eindringt, sind feinste Luftschwingungen, die am Ende zarte Härchen der Hörsinneszellen verbiegen um dabei Nervenreize auszulösen. Dabei genügt bereits eine Verbiegung um wenige milliardstel Millimeter – weniger als der Durchmesser eines Wasserstoffatoms – um eine akustische Reaktion im Gehirn hervorzurufen. Die Tonmischung passiert dann im Kopf. Aus minimalen Differenzen dessen, was ins linke oder ins rechte Ohr eindringt, können wir identifizieren, woher der Schall kommt, ob eine Stimme leise klingt, weil leise gesprochen wird oder weil sie aus großer Entfernung nur noch leise zu uns dringt. Wir können aus einem Stimmengewirr, etwa bei einer Party, eine einzelne Stimme heraushören. Diese Möglichkeiten waren bereits für unsere Ahnen lebenswichtig, wenn es galt, drohende Gefahren rechtzeitig zu orten.

Weil nun das Entscheidende im Kopf passiert, lässt sich der Kopf auch leicht austricksen mit Hilfe technischer Möglichkeiten, auf die er sich im Laufe der Evolution nicht einstellen konnte. Zum Beispiel: Wir hören einen reinen, gleichmäßig schwingenden Ton. Wenn man den Ton zwischendurch für einige hundertstel Sekunden unterbricht und durch Rauschen ersetzt, hat der Hörer dennoch den Eindruck, den Ton kontinuierlich weiter zu hören. Wenn der reine Ton dagegen während eines ihn kurzzeitig überlagernden Rauschens zunächst fortgesetzt wird und dann Ton und Rauschen gleichzeitig abbrechen, dann »hört« man das Ende des Tons fälschlich bereits in dem Moment, wenn das zusätzliche Rauschen einsetzt (70). Oder ein anderes Experiment: Der gleiche Ton kommt aus zwei unterschiedlich weit entfernten Lautsprechern. Der Ton aus dem näheren Lautsprecher erreicht das Ohr um eine Winzigkeit früher als der aus dem entfernteren. Nach unserem Höreindruck ist der näher stehende Lautsprecher die alleinige Tonquelle selbst dann, wenn der Ton aus dem entfernteren viel lauter ist. Natürlicherweise erwarten wir die Tonquelle dort, von woher der Ton tatsächlich ausgeht, und identifizieren das daran, dass uns dieser Ton zuerst erreicht. Wir ignorieren die etwas später ins Ohr gelangenden Echos oder Reflexionen des Schalls von den Wänden. Mit dieser Lebenserfahrung nehmen wir auch den Ton aus dem näher stehenden Lautsprecher allein wahr, im Kopf wird die entferntere Quelle ähnlich wie ein Echo nicht beachtet. Diese und weitere Fähigkeiten des Gehirns, zu ergänzen oder auszublenden, nutzen die Konstrukteure von Kopfhörern, um ein dreidimensionales Hörbild zu erzeugen, und die Musikproduzenten, um Musik auf *Compact Discs* zu »komprimieren«, also Informationen wegzulassen und trotzdem den Gesamteindruck zu erhalten.

Das Theater lebt von der Fähigkeit, Illusionen zu verkaufen. Weil im Allgemeinen der Sehsinn den Hörsinn dominiert, erliegen wir den Illusionen der »Bauchredner«: Die Puppe mit ihren sichtbaren Mundbewegungen überzeugt mehr als die Stimme des Redners selbst, der sich bemüht, dabei den Mund möglichst wenig zu bewegen. Ablenkmanöver des Zauberkünstlers schaffen Illusionen, dieselbe Kunst, von einem Taschendieb angewendet, lässt den Betroffenen am Ende dumm ausschauen.

Vorurteile

Zurück zu unserer Neigung, uns rasch ein Bild zu machen. Die Fähigkeit, ein Gegenüber richtig zu taxieren, kann manchmal auch heute über Leben und Tod entscheiden. Dabei muss sich der Kopf auf rasch identifizierbare Signale verlassen. Andernfalls wäre eine schnelle Entscheidung nicht möglich. Das bringt nicht nur Vorteile. Der »erste Eindruck« ist nämlich prägend und schwer zu verändern, selbst wenn er sich bei genauerem Hinschauen alsbald als falsch herausstellt.

Wenn uns ein schöner Mensch begegnet, reagieren wir spontan mit Sympathie. Auch hier finden sich evolutionsbiologische Wurzeln. Schönheit, die im Allgemeinen auch Jugendlichkeit und Gesundheit ausdrückt, ist ein Signal für die Partnersuche. Wie gesagt, die Reaktion ist spontan und kann auch in die Irre führen: Lehrer halten hübsche Kinder spontan für intelligenter und benoten sie besser. Gut aussehende, große Männer haben bessere Karrierechancen als kleine, hässliche. Deshalb nennen wir jemanden, der wenig erfolgreich ist, einen »kleinen Mann«, unabhängig von seiner Körpergröße. Körperlich kleine Männer wiederum fallen, wohl weil sie gegen einen ersten Eindruck ankämpfen wollen, oft durch besonderen Ehrgeiz auf, von Napo-

Weil der Sehsinn den Hörsinn dominiert, erliegen wir den Illusionen der Bauchredner, und das Kasperle-Theater bräuchte eigentlich gar keinen Vorhang.

leon Bonaparte bis Kurt Biedenkopf, Gregor Gysi oder Norbert Blüm. Der erste Eindruck bestimmt nämlich unser Urteil. Und viele Menschen sind kaum in der Lage, sich von diesem Vorurteil zu befreien. Vielleicht ist das negative männliche Vorurteil über die »dumme Blondine« aus der Enttäuschung heraus entstanden, dass so manche blonde Schönheit nur äußerlich makellos ist. Denn außergewöhnliche Schönheit und zugleich außergewöhnliche Klugheit und dazu noch außergewöhnlicher Charme kommen selten in einer Person zusammen (6).

Im Supermarkt dauert es normalerweise nur drei bis sieben Sekunden, und der Kunde hat sich für oder gegen ein Produkt entschieden. Das ist nicht das Ergebnis genauer Prüfung. 70 Prozent der Schokolade wird über sogenannte Zweitplatzierungen fern des Süßwarenregals verkauft (71). Das heißt, wer sich vielleicht sogar ganz bewusst entscheidet, die Süßwarenecke zu meiden, lässt sich vom Anblick der Leckereien ruck-zuck verführen.

Die Neigung zu kategorisieren ist uns angeboren. Vorurteile hingegen werden erlernt. Sie ersparen uns das Denken, indem sie die Informationsverarbeitung vereinfachen. Ich habe oben erklärt, welche Vorteile das in der Evolution des Menschen hatte, wenn er blitzschnell zwischen Freund und Feind entscheiden musste. Die entsprechenden Assoziationen werden in einem Bereich unseres Gehirns hergestellt, der außerhalb unserer Kontrolle liegt. Sobald wir die Dinge aussprechen, können wir sie freilich auch reflektieren.

Das tun wir jedoch nicht immer. Der Psychologe Galen von Bodenhausen von der Northwestern University in Chicago hat Morgenmuffel und Frühaufsteher auf ihre Vorurteile untersucht. Man ahnt es bereits: Morgenmuffel tappten morgens und Frühaufsteher abends besonders leicht in die Falle der eigenen Voreingenommenheit. »Wenn wir unter Zeitdruck stehen, müde sind, oder unser Urteil aus sonstigen Gründen nicht reflektieren können, setzen sich meist die Vorurteile durch. Offenbar stellt die automatische Kategorisierung eine Art Energiesparmechanismus dar, mit dessen Hilfe unser Gehirn Informationen effizienter bewältigt. Umgekehrt kostet es große Anstrengungen, Vorurteile zu erkennen und durch ein ausgewogenes Urteil zu ersetzen.« So kommentieren dies die Psychologen Arnd Florack von der Universität Basel und Martin Scarabis von der Universität Münster (72). Mittlerweile hat die

Vorurteile: Don Quijote attackiert eine Schafherde, die er für einen Heerhaufen hält.

einschlägige Forschung einiges darüber herausbekommen, wie wir unsere Vorurteile leben.

Zum Beispiel sehen wir zwar die eigene Gruppe differenziert: Unter den Deutschen gibt es Bayern und Berliner, Ost- und Westdeutsche, Arbeiter und Intellektuelle und so weiter. Fremde aber sind wir geneigt als homogene Masse anzuschauen, Ausländer eben. Überdies suchen wir Informationen, die uns in unseren Vorurteilen bestätigen, merken uns diese besonders gut, übersehen aber, was diese in Frage stellen würde.

Eine Kategorie ist (vom Griechischen abgeleitet) eine Aussage, ein Grundbegriff der Erkenntnislehre. Kategorisieren heißt, Aussagen machen oder in Gruppen anordnen oder, flapsiger formuliert, ein Etikett anhängen. So kann man Menschen wertneutral sortieren als Männer und Frauen, Raucher und Nichtraucher, Vegetarier und Fleischesser, Firstclass- oder Businessclass-Reisende und so weiter. Die Kategorien können freilich auch, und darum geht es hier, Ausdruck einer Wertung sein. Eine der frühchristlichen Wurzeln des Antisemitismus ist das Etikett »verstockt«, das den Juden von den Christen angehängt wurde. Martin Luther wählte diesen Ausdruck in seiner Bibelübersetzung, etwa Matthäus 13,15: »das Herz dieses Volkes ist verstockt«. Denselben Sachverhalt kann man positiv mit »glaubensfest« und neutral mit »traditionsverbunden« bezeichnen.

Vermutlich ist es seit der Frühzeit des Menschen so, dass die eigene Gruppe mehr zählt als die anderen. Wir Menschen im Abendland leben nicht mehr in Horden oder Stämmen wie unsere Urahnen. Die Großfamilien sind zu Kleinfamilien zerbröselt. Aber wir schaffen uns Ersatz. Für die westliche Welt gilt: »Die bürgerliche Gesellschaft löst sich zunächst in eigensinnige Individuen auf, um sich dann aber in Wahlgemeinschaften zu rekombinieren.« So beschreibt es der Kommunikationsforscher Norbert Bolz (73). »Die Wahlgemeinschaften bilden heute so etwas wie Stämme.« Nachweislich ist das »Wir« positiver besetzt als das »Ihr«. Experimente beweisen, dass, selbst wenn man willkürlich Versuchspersonen in zwei Gruppen einteilt, sich die Mitglieder jeder Gruppe sofort gegenseitig gegenüber den anderen vorziehen. Bereits das Etablieren einer Gruppe legt also den Grundstein für Vorurteile, stellen Florack und Scarabis fest. Fans eines bestimmten Fußballklubs identifizieren sich mit den Spielern ihres Vereins, unabhängig davon, wo diese herkommen. Wenn die Mitglieder der verschiedenen Vereine auf einmal zusammen in der Deutschen Nationalmannschaft spielen, bezieht das Wir-Gefühl sie alle ein, für den Anhänger des FC Bayern München auch Spieler etwa von Werder Bremen, die doch, wenn die Vereine gegeneinander spielen, die »anderen« sind.

Vorurteile entfalten eine höchst komplexe Wirkung. Ein Mensch, dem ein anderer mit Skepsis begegnet, reagiert auf die feinen ablehnenden Signale, die er natürlich wahrnimmt, mit Verunsicherung. Und so bestätigt er das Vorurteil seines Gegenübers. Das ist in vielen Experimenten untersucht und bewiesen worden. Schüler, denen (fälschlich) der Ruf vorausgeht, besonders begabt zu sein, werden besser bewertet als solche, denen (fälschlich) der Ruf vorausgeht, besonders unbegabt zu sein. Schwarze in den USA, die mit dem Vorurteil aufgewachsen sind, dümmer als Weiße zu sein, sind in Prüfungssituationen weißen Prüfern gegenüber besonders befangen – und damit tatsächlich oft unterlegen. Man hat entsprechende Situationen gefilmt und anschließend den Prüfern vorgeführt, die sich ihrer erkennbaren Vorurteile überhaupt nicht bewusst waren. Vorurteile – das sind all die Assoziationen, die wir zum Teil bereits in der Kindheit gelernt haben – werden automatisch abgerufen, wenn ein entsprechender Reiz auftritt; etwa in einer entsprechenden Verkehrssituation das »Typisch, Frau am Steuer!«. Experimente in den USA zeigen nicht nur, dass sich Menschen weißer Hautfarbe positiver bewerten als Menschen schwarzer Hautfarbe. Bereits Kinder, weiße wie schwarze, bevorzugen beim Spiel Puppen mit heller Hautfarbe. Das heißt, schwarze Kinder haben bereits das Vorurteil verinnerlicht, dass weiß besser als schwarz sei. Der Schauspieler und Theatermacher Sir Peter Ustinov, Begründer eines Instituts für Vorurteilsforschung in Budapest, hat es einmal so beschrieben (74): Babys kommen ganz ohne Vorurteile auf die Welt. »Die Vorurteile kommen erst später ins Leben. Durch drei Instanzen, die von allen sehr gelobt werden: die Familie, die Kirche und die Schule.«

Untersuchungen von Kristina Olson und Kollegen an den Universitäten Harvard und Stanford in den USA zeigen, dass bereits Fünf- bis Siebenjährige solche Menschen, die vom Glück begünstigt sind, gegenüber vom Glück (selbst unverschuldet) Benachteiligten bevorzugen. Olson: »Alle Gesellschaften zeichnen sich durch Tendenzen aus, sozial Benachteiligte abzulehnen.« Die Wurzeln dafür könnten sich schon in der Kindheit manifestieren (21). Nur wenn man seine Vorurteile kennt, kann man dagegen angehen. Hier macht sich jedoch bemerkbar, dass unser Gehirn nach »erzkonservativen Prinzipien« arbeitet, wie der Philosoph Matthias Jung die Beobachtungen der Neurowissenschaftler zusammenfasst: »Neues nervt, es erzeugt Unmut und Missstimmung, eingeschliffene Wahrnehmungen und Denkformen revidieren zu müssen« (75). Daher die sicher nicht nur ironisch zu verstehenden Beamtenregeln: »Das haben wir immer so gemacht« oder: »Das haben wir noch nie so gemacht« oder: »Da könnte ja jeder kommen.«

Ehe eine Facharbeit in einer angesehenen wissenschaftlichen Zeitschrift veröffentlicht wird, muss sie ein »Peer-Review-Verfahren« durchlaufen. Wissenschaftler jeweils desselben Fachs, die Peers, begutachten sie. 1982 haben Douglas Peters und Stephan Ceci in den USA ein Experiment gemacht. Aus den jüngsten Jahrgängen von zwölf angesehenen Journalen für Psychologie wählten sie jeweils einen bereits veröffentlichten Artikel aus. Sie veränderten die Namen von Autoren und Universitäten, so dass nun statt prominenter Verfasser völlig unbekannte Autorennamen auf den Artikeln standen. Vorsichtshalber veränderten die beiden Wissenschaftler auch noch die Überschrift, die Einleitung und die Zusammenfassung. Die so manipulierten Texte reichten sie bei denselben Zeitschriften nochmals ein. Drei von zwölf Manuskripten wurden als bereits publiziert erkannt, acht der restlichen neun nach Begutachtung abgelehnt. Das heißt, die Gutachter haben sich, wenn sie sich nicht erinnern konnten, fast immer auf ihr Vorurteil verlassen: Keine renommierte Universität, kein bekannter Wissenschaftler – also nicht geeignet zur Veröffentlichung. Man kann darüber spekulieren, welche Chance, wenn es das System im Jahre 1905 bereits gegeben hätte, der unbekannte Vorprüfer am eidgenössischen Amt für geistiges Eigentum in Bern, Albert Einstein, gehabt hätte, seine bahnbrechenden Erkenntnisse zu publizieren.

Einstein, der als deutscher Jude unter den antisemitischen Vorurteilen seiner Umgebung zu leiden hatte, wusste: »Wenige sind imstande, von den Vorurteilen der Umgebung abweichende Meinung gelassen auszusprechen; die meisten sind sogar unfähig, überhaupt zu solchen Meinungen zu gelangen.« (76) Und an anderer Stelle (77): »Begriffe, welche sich bei der Ordnung der Dinge als nützlich erwiesen haben, erlangen über uns leicht eine solche Autorität, dass wir sie als unabänderliche Gegebenheiten hinnehmen. Sie werden als ›Denknotwendigkeiten‹ gestempelt. Der Weg des wissenschaftlichen Fortschritts wird durch solche Irrtümer oft für lange Zeit ungangbar gemacht. Es ist deshalb keine müßige Spielerei, wenn wir darin geübt werden, die geläufigen Begriffe zu analysieren. Dadurch wird ihre allzu große Autorität gebrochen.«

IV.

Steuern und Gegensteuern

Sprachregelungen

Seit der Mensch spricht, trifft er Sprachregelungen, definiert also, wie bestimmte Sachverhalte zu benennen sind. Schon der griechische Philosoph Epiktet wusste vor 2000 Jahren: »Nicht die Dinge selbst beunruhigen die Menschen, sondern ihre Urteile und Meinungen über sie.« Das heißt, nicht die Sachverhalte sind das Entscheidende, sondern wie wir sie benennen oder, allgemeiner formuliert, die Bilder, die wir uns von den Sachverhalten machen. Ich habe das an anderer Stelle ausführlich analysiert (78). Pressesprecher sind dazu da, wenn sie schon die Fakten nicht beeinflussen können, sie jedenfalls im Sinne ihrer Auftraggeber zu deuten: der Regierungen oder ihrer Ministerien ebenso wie der Wirtschaftsunternehmen. Öffentlichen Personen ist daran gelegen, an ihrem Bild für die Nachwelt zu feilen; möglichst, während sie noch im Amt sind, spätestens in ihren Memoiren. Diese sind ganz allgemein eine Mischung aus »Dichtung und Wahrheit«, wie Johann Wolfgang von Goethe seine Erinnerungen korrekt benannt hat.

Diese Vorgehensweise ist freilich nicht auf die Mächtigen, die Reichen und die Schönen beschränkt, sondern sie gilt für jedermann: Eltern deuten ihren Kindern sich und die Welt, und Kinder stellen sich den Eltern gegenüber oder Geschwistern, Freunden wie Feinden so dar, wie sie gesehen werden wollen. Anwälte sind – wie auf andere Weise Journalisten – Berufs-Deuter. Richter müssen hinter den Deutungen des Angeklagten und seines Verteidigers versuchen, der Wahrheit möglichst nahe zu kommen. Wir leben in einer Welt, die permanent gedeutet werden will.

Das geschieht bereits nonverbal im Tierreich – etwa im Balzverhalten. Die Männchen wollen sich, etwa indem sie sich aufblasen, als beachtenswert deuten lassen, die Weibchen zeigen sich demonstrativ uninteressiert. Die Sprache gibt dem Menschen lediglich differenziertere Mittel der Darstellung. Es bedarf besonderer Aufmerksamkeit, sich möglichst nicht für dumm verkaufen zu lassen – insbesondere dort nicht, wo in hohem Maße Emotionen im Spiel sind. Tiere haben diese Freiheit, durch Weltdeutung klug zu werden, zumeist nicht. Wenn ein Huhn Gänseeier ausbrütet, marschieren die kleinen Gänschen dem Huhn hinterher – ja sogar einem Menschen, wie der Verhaltensforscher Konrad Lorenz demonstriert hat. Er muss dann freilich ein wenig die Gänsesprache lernen und auf das besorgte Rufen der Gössel ähnlich wie eine Gans antworten.

Gesellschaftliche Normen sind Ergebnis von Sprachregelungen. Das heißt, es entwickelt sich ein Konsens darüber, was als gut und was als böse zu benennen sei. Das Saufen bis zum Exzess etwa im Rahmen des Münchner Oktoberfestes gilt in unserem Wertesystem als akzeptabel, nicht aber der Konsum von Opium. In den Opium-Anbaugebieten Asiens ist es genau umgekehrt. In den 1960er Jahren entdeckte die politisch aktive Linke in den USA, dass die Sprache als Mittel der Ausgrenzung benutzt werden kann, und versuchte gegenzusteuern. Bezeichnungen, die in irgendeiner Weise Frauen oder Schwarze oder Behinderte diskriminierten, wurden tabuisiert. Die Idee der *Political Correctness* war entstanden. Auch in Deutschland wurden alsbald aus Zwergen oder Liliputanern Kleinwüchsige, aus Krüppeln Behinderte, aus Irrenanstalten psychiatrische Einrichtungen, aus Zigeunern Sinti oder Roma. Die verbale Dominanz des Männlichen wurde gebrochen, etwa indem aus Radfahrern RadfahrerInnen wurden. Gelegentlich annoncierte man im Übereifer bei einem Evangelischen Kirchentag auch schon mal Sitzgelegenheiten als HockerInnen.

Seit 1991 wird in Deutschland das »Unwort des Jahres« angeprangert; gewissermaßen um zu markieren, wo sich gesellschaftlich unerwünschte Bilder durchzusetzen drohen. Das Unwort des Jahres 2006 lautete »freiwillige Ausreise«. Gemeint ist das Ergebnis »intensiver Beratung« abgelehnter Asylbewerber, die die Bundesrepublik vermutlich eben gerade nicht ganz »freiwillig« verlassen. An zweiter Stelle steht der Begriff »Neiddebatte«. Durch den ehemaligen Bundesbankchef Ernst Welteke sei mit diesem Ausdruck die ernsthafte Diskussion über die Angemessenheit von Millionengehältern für Spitzenmanager auf die Stufe kleinkarierten Neides herabgewürdigt worden, begründete die Jury aus Sprachwissenschaftlern, Journalisten und Schriftstellern ihr Votum (79).

Im Laufe der 1990er Jahre hat die politische Rechte in den USA die *Political Correctness* zu einem Kampfbegriff gemacht. Seit den Terrorangriffen vom 11. September 2001 galt als »unpatriotisch«, wer sich dem »Kampf gegen das Böse« von US-Präsident George W. Bush widersetzte. Aus dem Ziel, Diskriminierungen zu verhindern, wurde ein Werkzeug von Ideologen. Das hat freilich auch Tradition: In den 1950er Jahren bezichtigte der konservative US-Senator Joseph McCarthy die Künstler und Intellektuellen seines Landes undifferenziert »unamerikanischer Umtriebe«, worunter er deren angebliche Nähe zum Kommunismus verstand. Wenn man noch ein wenig weiter zurückgeht, wurde hierzulande »undeutsches« Verhalten angeprangert, worunter meist jüdische Mitbürger gemeint waren. Unzweifelhaft nichtjüdische Missliebige wie etwa ein Werner Heisenberg, der die vom nationalsozialistischen Regime geächteten Relativitätstheorien des deutschen Juden Albert Einstein vertrat, einfach weil sie nachweislich richtig sind, wurden zu »weißen Juden« ernannt. Und wenn man weniger weit zurückgeht, erinnert man sich an die Wahlkampagnen der CDU/CSU in der alten Bundesrepublik gegen die SPD unter dem Motto »Freiheit oder Sozialismus«. Sprachregelungen können also auch zu Kampfinstrumenten in ideologischen Auseinandersetzungen werden.

Nach einem verlorenen Krieg setzt natürlicherweise ein Prozess der Deutungen und Umdeutungen der Geschichte ein. Mit Schmach und Schuld zu leben ist fast unerträglich. Und so haben die Deutschen sich nach dem Zweiten Weltkrieg kollektiv zu Mitläufern des NS-Regimes stilisiert, die von dem Massenmord an den Juden so gut wie nichts mitbekommen hatten. Die Wehrmachtsangehörigen bescheinigten sich gegenseitig ein höchst ehrenwertes Verhalten, die Richter sahen sich immer nur dem Recht verpflichtet und die Kirchen waren ja ohnedies Verfolgte der Nationalsozialisten. Merkwürdigerweise lässt der Mensch sich aber von sich selbst nicht auf Dauer für dumm verkaufen. Verdrängtes drängt ans Licht, andernfalls wird der Mensch krank; und wenn nicht er selbst, dann seine Kinder und Enkel.

Wenn sich neue Begriffe mit alten Bildern verbinden, wenn es gelingt, aus einzelnen Bildern Geschichten zu entwickeln, entstehen unter Umständen neue Mythen – auch heute noch. Im Mai 1977 lief in den amerikanischen Kinos der Film »Krieg der Sterne« (*Star Wars*) an, dem fünf weitere Spielfilme folgten sowie Bücher, Comic-Hefte und so weiter; ein Projekt, mit dem seine Erfinder bis zum Jahre 2005 nach Schätzungen knapp 28 Milliarden Dollar einspielten – also ein gigantischer Medienerfolg. Es begann mit einem Exposé, das der Drehbuchautor George Lucas im Sommer 1973 entworfen hatte, vier Jahre nach der Landung der ersten Menschen auf dem Mond. Die »Eroberung« des Weltraums im Kampf der »Guten«, der USA, gegen die »Bösen«, die Sowjetunion, war damals ein weltbewegendes, hochemotionales Thema. Parallel zur Entwicklung der Luft- und Raumfahrttechnik entwickelte sich die Vorstellung, »Außerirdische«, an deren Existenz große Teile der Bevölkerung, vor allem in den USA, glauben, könnten die Erde bedrohen; ja sie seien bereits immer mal wieder mit Hilfe eines »Unbekannten Flugobjektes« (UFO) auf der Erde gelandet und beobachtet worden. Wer die Bibel wörtlich nimmt, kann sich sogar darauf berufen, dass schon dort das Auftreten von Außerirdischen beschrieben worden ist – natürlich weil deren Verfasser die Mythen ihrer Zeit als Arbeitsgrundlage mitverwendeten. Das alte Testament berichtet tatsächlich davon, dass »Gottessöhne« auf der Erde erschienen seien, »zu den Töchtern der Menschen eingingen und sie ihnen Kinder gebaren«, woraus »Riesen« entstanden seien. »Das sind die Helden der Vorzeit, die hochberühmten« (80).

Sowohl die Spaltung der Welt in Gut und Böse als auch Erscheinungen Außerirdischer sind Gegenstand uralter Mythen. Im dritten Jahrhundert nach Christus hat der Perser Mani aus noch älteren Vorstellungen den nach ihm benannten Manichäismus entwickelt, dessen Grundgedanke der schroffe Gegensatz von Gut und Böse, Licht und

Finsternis ist. Mani wurde vermutlich im Jahr 273 gekreuzigt. Weil seine Gedanken auch für Christen sehr attraktiv waren, bekämpfte sie die Kirche und tötete ihre Anhänger, wo sie nur konnte. Heute können die Spät-Manichäer in den USA Präsidenten werden. Im Jahre 1980 wurde der ehemalige Film- und Fernsehschauspieler Ronald Reagan zum Präsidenten der USA gewählt. Wenig später, 1983, initiierte Reagan die *Strategic Defense Initiative* (SDI), ein Projekt, das die USA unangreifbar durch ballistische (aus dem Weltraum eindringende) Atomraketen großer Reichweite machen sollte. Damit wären die USA unantastbar durch »das Reich des Bösen« (*evil empire*), wie Reagan in manichäischer Art die Sowjetunion nannte, und zugleich Beherrscher der Welt geworden.

Es ist gewiss kein Zufall, dass sich ausgerechnet dieser Präsident ausgerechnet zu jenem Zeitpunkt vom »Krieg der Sterne« faszinieren ließ. Die Idee SDI hatte dem Präsidenten übrigens der Erfinder der Wasserstoffbombe, Edward Teller, eingeredet. Das Projekt SDI scheiterte aus technischen wie aus finanziellen Gründen. Übriggeblieben ist die bemannte Weltraumstation (ISS), an der sich aus politischen Gründen unter anderem auch die Bundesrepublik beteiligt. Deren finanzieller Aufwand ist zwar gigantisch, ihr wissenschaftlicher Nutzen aber nicht erkennbar. Dafür darf gelegentlich ein deutscher Astronaut aus dem nahen Weltraum einen deutschen Ministerpräsidenten begrüßen.

Im Oktober 2006 dekretierte die US-Regierung von George W. Bush, sie werde sich allen Regelungen widersetzen, die »den Zugang der USA zum Weltall oder die Nutzung des Weltalls verhindern oder einschränken.« Zugleich beanspruchen die USA für sich das Recht, »Feinden« eine derartige Handlungsfreiheit im All zu verwehren. Neuerdings lässt George W. Bush die uralten Ideen in Gestalt eines »Raketenabwehrsystems« wieder aufleben. Potentieller Gegner ist diesmal der Iran. Und um die USA vor Raketen aus Persien zu schützen, wollen die USA unter anderem in Polen Abfangraketen und in Tschechien Radarstationen installieren – was Russland nicht ganz grundlos als Bedrohung versteht. Selbst wenn diese Systeme installiert würden, wäre dies – weil sie technisch nicht perfekt sein können – auch eher eine symbolische Handlung.

Mythenbildung ist offensichtlich eine dem Menschen naheliegende Weise, Orientierung zu finden. Für das Selbstverständnis der USA als »Führungsmacht« der Welt spielen die Ideen des Mani eine fundamentale Rolle. Nach dem Zusammenbruch der Sowjetunion sind für den Nachfolger von Ronald Reagan, George W. Bush, nicht mehr die Kommunisten die Bösen, sondern die Muslime. Selbstverständlich sind die US-Amerikaner die Guten geblieben. Genau genommen versteht sich Georg W. Bush als Werkzeug Gottes, wenn nicht gar mehr. »Erlöse uns von dem Bösen«, beten die Christen seit 2000 Jahren im »Vater unser« zu Gott. »Die Welt vom Bösen erlösen« (*rid the world of evil*), so definierte Bush am 14.9.2001 *seine* Mission, drei Tage nach den Flugzeug-Attentaten im Auftrag des Islamisten-Netzwerkers Osama bin Laden. Und am 20.9.2001 offenbarte George W. Bush der Welt: »Wir wissen, dass Gott nicht neutral ist«, in diesem so stilisierten Kampf zwischen Gut und Böse.

Die Bösen werden seit dem 11. September 2001 von der US-Regierung mit dem Etikett »Terrorist« versehen. Und gegenüber Terroristen ist alles erlaubt, sogar, dass ihnen nicht einmal nachgewiesen werden muss, ob sie wirklich mit Terror irgendetwas zu tun haben. Sie werden prophylaktisch auf unabsehbare Zeit eingesperrt. Wenn sie bei irgendeiner Aktion ums Leben kommen, bleibt an ihnen das Etikett »Terrorist« kleben. Das gilt ähnlich für das Handeln der israelischen Regierung gegenüber Palästinensern oder der russischen gegenüber den Tschetschenen, worauf ich gleich noch einmal eingehen werde.

Der Mensch hat sich seit dem Auftreten von *Homo sapiens sapiens* nicht mehr grundsätzlich geändert. Seine Art zu denken, Geschichten zu konstruieren, zu glauben ist dieselbe geblieben. Nur kann er sich selbst, wenn er will, heute ein bisschen besser durchschauen. Zurück zu den Wurzeln der Sprachregelung. Die Bibel ist auch darin ein Meisterwerk. Bis heute wird ein Spießbürger »Philister« genannt. Die Philister, die dem Land Palästina ihren Namen gegeben haben, gehören ursprünglich zu den rätselhaften »Seevölkern«, die um 1200 vor Christus die Stadtstaaten im »Lande Kanaan«, also die östliche Mittelmeerküste überrannten und sich mit den eingesessenen Kanaanäern mischten. Einige Menschen aus dieser Gegend zogen sich aus der fruchtbaren Küstenregion ins karge Bergland zurück – vermutlich, weil sie sich dort sicherer fühlen konnten. Historiker nennen sie heute die »Protoisraeliten«, Vorfahren des Volkes Israel. Fast alles, was über die Philister bekannt ist, stammt aus dem Alten Testament. Deren Verfasser erlebten sich und ihr Land als von böser Verwandtschaft umgeben: Philister-Kanaanäer, Ammoniter, Edomiter, Aramäer, Phönizier. Und die sprachmächtigen, glaubensstarken Bergland-Bewohner machten die Verwandtschaft nach Kräften schlecht, ja lächerlich. Der Hirtenjunge David, so schildert es das Buch Samuel, besiegt den tumben Riesen Goliath, einen Philister, mit Hilfe einer Steinschleuder – erobert später, um 1000 vor Christus, Jerusalem und schafft das erste Königreich der Juden; tatsächlich ein nur bis zum Tode seines Sohnes Salomon haltender Zusammenschluss verschiedener Clans.

Die Methode der Sprachregelung durch die jeweils Tonangebenden hat sich seither nicht geändert. Anfang November 2005 etwa hat die russische Administration den wichtigen Fernsehkanälen des Landes eine Liste mit den »richtigen« Formulierungen im Zusammenhang mit Berichten über Tschetschenien zugestellt. Den aufrührerischen Tschetschenen solle dadurch die Möglichkeit entzogen werden, die »Massenmedien für eine vielfache Verstärkung der psychologischen und informationellen Einwirkung zynisch zu missbrauchen.« Als ein weiterer Grund wurde die Sorge um die Reinheit der russischen Sprache angegeben (81). Danach darf der Begriff »Terrorismus« nicht mit dem Adjektiv »tschetschenischer« oder »islamischer« versehen werden, sondern nur mit »internationaler«. Worte wie Emir, Scheich und Imam dürfen nicht mehr gebraucht werden, stattdessen wird der Begriff »Anführer einer Banditengruppe« vorgeschrieben. Das US-Landwirtschaftsministerium nennt die Hungernden im eigenen Land Menschen mit »geringer Nahrungssicherheit«. Betroffen waren davon im Jahr 2005 nach Angaben des Ministeriums 10,8 Millionen US-Bürger (82). Hierzulande wurde aus der sozialen »Unterschicht« das »Prekariat«; ursprünglich eine Bezeichnung für junge Akademiker in prekärer Situation, da ohne Festanstellung. Bereits im letzen Viertel des vorigen Jahrhunderts wurden aus dem bis heute anhaltenden »Waldsterben« amtlich »neuartige Waldschäden«.

Ich habe schon darauf hingewiesen, dass das Weltbild, welches uns das Fernsehen vermittelt, besonders leicht dazu verleitet, Bilder für die

Wirklichkeit zu nehmen. Wer die Hoheit über die Fernsehbilder hat, bestimmt also weitgehend auch das Weltbild der Menschen. Das geschieht nicht nur direkt in totalitären Staaten, sondern auf subtilere Weise auch in den Demokratien. Geradezu ein Lehrbeispiel ist die Geschichte des Einmarschs von George W. Bush und seiner Hilfswilligen im Irak Saddam Husseins. Dem US-Präsidenten ist es gelungen, zumindest seine Landsleute davon zu überzeugen, dass der Irak »Massenvernichtungswaffen« besitze, was nicht stimmte, und auch weltweit Verständnis für die Notwendigkeit dieser Gewaltaktion zu vermitteln. Selbst in Deutschland ließen sich in den gewichtigen Medien die außen- und sicherheitspolitisch kundigen Journalisten von den Bildern aus Washington blenden. Es genügte den Machthabern in Washington, anstatt Fakten zu ermitteln, mit gefälschten Bildern zu arbeiten, wie Bushs Außenminister Colin Powell im Februar 2003 vor den Vereinten Nationen. »Wir sind jetzt ein Imperium, und wenn wir handeln, schaffen wir unsere eigene Wirklichkeit ... Wir sind die Akteure der Geschichte, und ihr könnt euch damit begnügen, nachzuvollziehen, was wir tun.« So formulierte es ein (nicht namentlich genannter) Berater von US-Präsident Bush gegenüber dem Autor Ron Suskind im Oktober 2004, kurz nachdem Bush zum zweiten Mal gewählt worden war (83). Es dauerte noch weitere zwei Jahre, bis in den USA eine Mehrheit der Bevölkerung die Täuschung wahrnahm, ohne dass dies jedoch für die Akteure der Regierung Konsequenzen hätte. Die Angst, »unpatriotisch« zu handeln – auch dies ein hilfreiches Bild, um kritische Nachfragen zu verhindern – ist in den USA ungemein stark ausgeprägt.

Während es traditionell Aufgabe einer kritischen Presse ist, Fakten zu recherchieren und dann zu deuten, ersetzt zunehmend das Infotainment, also die unterhaltsame Präsentation von Bildern, welche vor allem Emotionen provozieren, die Information. Selbst in den seriösen Printmedien spielt die »Anmutung«, die optisch ansprechende Präsentation der Fakten, eine zunehmend wichtigere Rolle; ist doch das Auge des Lesers durch seine am Bildschirm geschulten Sehgewohnheiten bestimmt.

Der erste Religionsführer, der diese Zusammenhänge systematisch nutzte, war Papst Johannes Paul II. Anders als bei den Protestanten spielt in der katholischen Kirche wie auch bei den Orthodoxen die »Anmutung«, das sinnlich Wahrnehmbare, eine viel größere Rolle als die Reflexion des Glaubens. Gleichzeitig bemüht man sich, gewissermaßen die Hoheit über bestimmte Bilder oder Wortbilder zu behalten. Darin unterscheiden sich die Kirchenführer nicht von den Politikern oder den PR-Agenturen. So ist auffallend, wie sehr Papst Benedikt XVI. daran gelegen ist, das Bild zu vermitteln, seine Kirche habe die Wahrheit gepachtet, ja eben nicht nur gepachtet. Anlässlich eines Theologen-Treffens im Oktober 2006 ermahnte Papst Benedikt XVI. die Theologen, sich nicht der – von ihm immer wieder so genannten – Diktatur der vorherrschenden Meinung zu unterwerfen. Die wesentliche Tugend des Theologen bestehe vielmehr im Gehorsam gegenüber der Wahrheit. Damit suggeriert er, was innerkatholischer Konsens ist, dass die Kirche im Besitz der Wahrheit sei. Die Wahrheit (*Prawda*) nannte sich auch bescheiden die 1912 gegründete russische Tageszeitung, die bis 1991 das publizistische Sprachrohr des Zentralkomitees der kommunistischen Partei der Sowjetunion war. Alle Wissenschaftler, die ihren Beruf nicht verfehlt haben, suchen nach der Wahrheit – aber prinzipiell ergebnisoffen. Wer die Wahrheit bereits von vornherein zu wissen glaubt, lässt sich lediglich im Interesse einer Ideologie missbrauchen.

Plötzliches Erwachen

Manchmal gibt es Bewegungen in der Gesellschaft, die man als ein plötzliches Erwachen der bisher für dumm Verkauften interpretieren kann. Anfang des Jahres 2005 gab es ein großes Erschrecken bei den deutschen Politikern. Was bis dahin üblich war, wollte die Bevölkerung auf einmal nicht mehr akzeptieren: Dass Politiker von Unternehmen Geld kassieren ohne bei diesen angestellt zu sein und insofern ihren Beruf auszuüben. Dass Politiker als Lobbyisten etwa für die Energiewirtschaft oder die Automobilindustrie Gesetze im Interesse der Allgemeinheit verhindern, wie zum Beispiel den Schutz vor krebserzeugendem Dieselruß. Prominentestes Opfer der neuen Aufmerksamkeit war der damalige CDU-Generalsekretär Laurenz Meyer.

Die Bayern hatten viel Geduld mit ihrem Ministerpräsidenten Edmund Stoiber. Er wollte ursprünglich als Superminister nach Berlin gehen, überlegte es sich dann aber wieder anders und entschied sich Ende 2005, in Bayern zu bleiben. Ihr Ministerpräsident und CSU-Vorsitzender hatte sich, und damit auch die Bayern, lächerlich gemacht. Die Bürger schluckten das scheinbar klaglos. Der Witz ist bekanntlich auch die Waffe der Ohnmächtigen. Um über Edmund Stoiber zu lachen, genügt es manchmal bereits, ihn original zu hören. Wenn er etwa erklärt, wie der Münchner Hauptbahnhof »näher an die bayerischen Städte heranwächst«. Seine rhetorischen Glanzleistungen haben mit dazu beigetragen, eine Stimmung im Lande zu erzeugen, die ihm nicht gut tat. Ein winziger Anlass, das Ausspionieren einer Kritikerin Ende 2006, genügte, um ihn nach wochenlangem Widerstand Mitte Januar 2007 zum Rückzug aus der Politik zu zwingen. Angst vor dem Wähler lässt die Politiker schneller handeln als etwa die Männer der Industrie.

Die Spielregeln der Manager insbesondere der Finanzwelt, die gigantische Firmenpleiten in aller Welt zur Folge haben, werden ebenfalls seit kurzer Zeit als unmoralisch interpretiert und sogar hier und dort gerichtlich verfolgt. Im Prozess gegen den ehemaligen Chef des Telekommunikations-Konzerns Worldcom, Bernard Ebbers, in New York formulierte der Ankläger die Gepflogenheiten im Unternehmen so (84): »Wenn der Chef sagte, dass bestimmte Geschäftszahlen zu erreichen sind, war dies immer eine Anweisung zum Betrug.«

Die größte Bank der Welt, die Citygroup, hat im August 2004 mit einem eigens entwickelten Computerprogramm knapp 120 Sekunden lang eine Attacke im Europäischen Anleihenhandel geritten, Kurse hoch- und wieder heruntergetrieben und dabei »einen Gewinn von 17 Millionen Dollar auf Kosten der anderen Marktteilnehmer« verbucht (85). Ein internes Papier gab das Ziel vor. Man wolle »den Markt für europäische Staatsanleihen ähnlicher dem amerikanischen machen«. Bei US-Staatsanleihen ist der Markt erheblich undurchsichtiger – und damit lukrativer für die Banken. Das Erschrecken darüber war zunächst groß, hielt aber, jedenfalls in den Medien, nicht lange an.

Die deutsche »Schutzgemeinschaft der Kapitalanleger« dokumentiert in ihrem Anfang 2005 erschienenen *Schwarzbuch Börse*, »wie Kleinaktionäre im vergangenen Jahr für dumm verkauft wurden« (86). Da notiert zum Beispiel der Automobilzulieferer Beru, als es um den Verkauf des Unternehmens an einen Finanzinvestor geht: »Für die zusätzlich erbrachte erhebliche Mehrarbeit im Rahmen des Veräußerungsprozesses wurde den Vorstandsmitgliedern Marco von Maltzan und Dr. Rainer Podeswa vom Aufsichtsrat eine Sonderzahlung in Höhe von insgesamt 603 000 Euro zugesprochen.« Die Schwarzbuchverfasser kommentieren das so: »In der Tat, bei einem Salär von gerade einmal 2,9 Millionen Euro für einen dreiköpfigen Vorstand ist das doch wirklich nicht zu beanstanden, oder?«

In den USA sind die Auswüchse des Turbokapitalismus noch extremer. Der Ölkonzern Exxon hat seinem Vorstandsvorsitzenden Lee Raymond zum Jahresende 2005 den Abschied in den Ruhestand vergoldet. Mit der großzügigsten Gratifikation, die je gezahlt wurde, nachdem das Angebot des englischen Königs Richard III., »Ein Pferd! Ein Pferd! (m)ein Königreich für'n Pferd«, von dem William Shakespeare berichtet, mangels Nachfrage nicht realisiert wurde: Raymond erhielt Pensionszahlungen, Aktienoptionen und Vergütungen von umgerechnet 305 Millionen Euro. Anfang Januar 2007 schied der Vorstandschef der US-Baumarktkette, Robert L. Nardelli, nach sechs Jahren »im gegenseitigen Einvernehmen« aus dem Unternehmen mit einer Abfindung von umgerechnet fast 160 Millionen Euro (87). In den Bilanzen der Aktienunternehmen tauchten solche Vertragsvereinbarungen nicht auf, so dass auch die Aktionäre davon vorher nichts wussten. Anscheinend haben die Unternehmen hier den Bogen doch überspannt. Die Zweifel waren plötzlich stärker als der fraglose Glauben an den Segen des Turbokapitalismus. Die amerikanische Börsenaufsicht schreibt inzwischen vor, dass börsennotierte Gesellschaften in ihrem Geschäftsbericht offenlegen müssen, was sie ihren Managern wirklich zukommen lassen (88).

Die deutschen Spitzenmanager arbeiten daran, zu ihren Kollegen in den USA aufzuschließen. Klaus Esser, Chef von Mannesmann, kassierte anno 2000 nach der Übernahme des Unternehmens durch Vodafone 16 Millionen Euro Prämien sowie 14 Millionen Euro Gehalt und Leistungsboni für die Restlaufzeit seines Vertrages. Telekomchef Ron Sommer wurde der Rauswurf im Jahre 2002 mit 12 Millionen Euro an Bezügen aus der Restlaufzeit seines Vertrages bis 2005 einschließlich rund zwei Millionen an Pensionszahlungen vergoldet (87).

Es ist jeweils ungemein schwer, einzelnen Personen kriminelles Handeln nachzuweisen. Die Aufmerksamkeit der Öffentlichkeit hält gemeinhin nicht eben besonders lange an – auch ein Laurenz Meyer kam im Herbst 2006 wieder in den Deutschen Bundestag. Deshalb ist die Wahrscheinlichkeit, dass es zu grundlegenden Reformen kommt, hier auch eher klein. Mediale Kritik wird oft einfach »ausgesessen«.

V.

Offenbarung als Ideologie

Eine Zwischenbemerkung des Autors

Ich habe dieses Buch und alle anderen der letzten Jahre nicht für jene geschrieben, die ich als Fundamentalisten bezeichne. Sie wollen ihr Weltbild nicht in Frage stellen lassen, und sie können es auch nicht. Der gläubige Mensch glaubt. Der Fundamentalist dagegen weiß bereits alles. Er kennt keinen Zweifel. Mit ihm lässt sich folglich nicht diskutieren. Mir geht es allerdings auch nicht darum, Menschen, die ganz in ihrem Glauben leben und darin glücklich sind, in diesem Glauben irre, und sie damit unglücklich zu machen. Mir geht es vielmehr um den Diskurs unter den Intellektuellen, insbesondere jenen, die Zusammenhänge zu verstehen suchen und die Glauben und Denken nicht voneinander trennen wollen.

Unter jenen, die *für* diese Trennung sind, gibt es viele, die dabei mit guten Gründen vor allem die Grenzen menschlicher Erkenntnis betonen. Wenn sie obendrein fromm sind, erinnern sie sich wohl an Matthias Claudius und dessen auch von mir geliebtes »Abendlied« aus dem Jahre 1779. Darin heißt es:

Wir stolze Menschenkinder/ sind eitel arme Sünder/ und wissen gar nicht viel.

Wir spinnen Luftgespinste/ und suchen viele Künste/ und kommen weiter von dem Ziel.

Auch seriöse Wissenschaftler sind sich der Grenzen des Wissens bewusst, wie einst der weise griechische Philosoph Sokrates (um 469–399 vor Christus), dessen Fazit in dem Satz zusammengefasst wird: Ich weiß, dass ich nichts weiß. Zweieinhalb Tausend Jahre später kommt der emeritierte Psychologe Manfred Velden (Universität Mainz), wohl aus ähnlichen Überlegungen heraus, auf sein eigenes Fachgebiet bezogen zu dem Schluss, dass »die Psychologie als systematische Naturwissenschaft gescheitert ist« (89): »Die Psychologie ist in einer Situation wie die Gesellschaftswissenschaften. Auch diese forschen empirisch, aber es gibt keine Theorien, auf die sich die Wissenschaftler verbindlich einigen können. Mit dieser Situation muss die wissenschaftliche Psychologie leben.« Velden meint, die Welt der Psyche sei zu kompliziert für Erklärungen, wie die Physik sie für die physikalische Welt anbietet. Ein Beispiel für die Bescheidenheit des Forschers. Die Physiker kennen natürlich ebenfalls ihre Grenzen – und versuchen doch, sie immer weiter hinauszuschieben.

Auch ein weiterer Gedanke scheint mir in diesem Zusammenhang wichtig. Die Erklärung »Zufall« reicht zwar aus, um eine gute Statistik der Verkehrsunfälle anzufertigen, nicht aber für den Einzel(un)fall. Und manche Menschen machen in Extremsituationen Erfahrungen, die mit »zufällig« zu beschreiben eher einfältig klingt. Eine Tante von mir starb in den Wirren der Eroberung Berlins durch die Russen. Sie bat noch im Sterben die Nachbarn, ihrem Mann auszurichten, sie habe bis zuletzt an ihn gedacht. Der Ehemann war Soldat im Osten. Am Tag, als seine Frau starb, machte er sich als Merkzeichen ein Kreuz in seinen Taschenkalender und schrieb ihren Namen dazu. Er wollte, so erzählte er, sie später fragen, was wohl an diesem Tag passiert war . . . Ich werde weiter unten beschreiben, was nach Erkenntnis der Gehirnforscher in unserem Kopf passiert, wenn wir etwas assoziieren. Könnte es so eine Synchronizität auch zwischen zwei einander sehr verbundenen Menschen geben? Grenzen unseres Wissens.

Viele Psychotherapeuten, die sich in ihrer Arbeit nicht als Naturwissenschaftler verstehen, empfinden eine große Genugtuung, dass in den letzten Jahren von naturwissenschaftlicher Seite, nämlich von den Neurowissenschaftlern, das auf Empirie gründende Denkgebäude ihres Gründervaters Sigmund Freud in wesentlichen Teilen bestätigt worden ist. Freud selbst hat das immer erhofft. Aber freilich gibt es Gründe für jemanden wie Velden, daran zu zweifeln, »ob man überhaupt allgemeingültige Regeln für die den psychischen Prozessen zugrunde liegenden Hirnfunktionen aufstellen kann«. Wolfgang Prinz vom Max-Planck-Institut für Kognitions- und Neurowissenschaften konstatiert, es fehle eine übergeordnete Theorie, welche die objektive Sprache, in der wir über Gehirnprozesse reden, und die subjektive Sprache der Bewusstseinsphänomene zueinander in Beziehung setzt. »Bisher haben wir das weitgehend den Philosophen überlassen – mit mäßigem Erfolg. Wenn wir hier wirklich weiterkommen wollen, müssen wir in dieses Geschäft selbst einsteigen« (41).

Natürlich kann man auch daran zweifeln, ob Naturwissenschaftler je über das »Wie?« hinauskommend Warum-Fragen beantworten können werden. Für Letzteres fühlen sich vor allem die Theologen zuständig. Freilich finden die Naturwissenschaftler neuerdings viel an deren Vorstellungen auszusetzen, wovon in diesem Buch immer wieder die Rede sein wird. Das beunruhigt, und auch deshalb sei betont: Wer das Leben voller Zweifel nicht aushält – und von der Unfähigkeit zu zweifeln soll ebenfalls noch die Rede sein – für den ist dieses Buch nicht geschrieben worden. Ihm mag genügen, dass, wie Wissenschaftler meinen, selbst der Aberglaube eine tief verankerte und evolutionär wertvolle Fähigkeit ist. Aberglaube und magisches Denken bieten nämlich ein Mindestmaß an Gewissheit, vor allem dort, wo keine letzte Gewissheit zu haben ist. Diese archaische Form der Weltinterpretation ermögliche es, so Bruce Hood, Psychologie-Professor an der Universität Bristol in England, das dem Verstand nicht direkt Zugängliche intuitiv und naiv zu erklären. Vernunft und Logik könnten dann manches – aber eben nicht alles – genauer analysieren (89). Aberglaube beruhigt also wenigstens – manchmal. Aber er macht nicht glücklich!

Drei schwarze Katzen hocken auf dem heißen Blechdach und langweilen sich. »Kommt, lasst uns herunterspringen,« schlägt die eine den anderen vor, »über die Straße laufen und ein bisschen Unglück bringen.«

Herr Huber und der liebe Gott

Denksysteme und Glaubenssysteme haben, wie bereits oben erwähnt, dieselbe Wurzel: Das Bedürfnis des Menschen, Antworten auf die Frage »Warum?« zu finden. Denn der Mensch denkt nicht nur mit dem Kopf, er glaubt auch mit dem Kopf. Was der Denkende als einen kreativen Einfall, eine Idee wahrnimmt, als eine Theorie ausdeutet, versteht der Glaubende analog als Offenbarung. Denken ist irrtumsbehaftet. Während Gedanken und Ideen insbesondere in der Mathematik und in den Naturwissenschaften verifiziert oder falsifiziert werden können, fehlt die Entsprechung im Bezug auf Glaubenssysteme. Ein jiddischer Witz drückt das »systemimmanente« Denken so aus:

Ein frommer Jude: »Wie kannst du es wagen, über einen Rabbi zu lachen, dem sich Gott selber jeden Freitagabend offenbart?« – Ein Skeptiker: »Woher weißt du das?« – Der Fromme: »Er hat es mir selbst erzählt.« – Der Skeptiker: »Vielleicht hat er gelogen?« – Der Fromme: »Was fällt dir ein! Wird denn ein Mensch lügen, dem Gott sich offenbart?«

Ich finde es bemerkenswert, dass die Juden in der Diaspora in Europa die Fähigkeit hatten, über den ihnen gewiss wichtigen eigenen Glauben Witze zu machen. Christen und erst recht Muslimen fällt dies offensichtlich weniger leicht.

»Es ist die von Gott geoffenbarte Glaubenslehre, dass die unbefleckte Gottesgebärerin und immerwährende Jungfrau Maria nach Vollendung des irdischen Lebenslaufs mit Leib und Seele in die himmlische Herrlichkeit aufgenommen wurde.« Das verkündete am 1. November 1950 Papst Pius XII. ex cathedra, also als unfehlbare Lehrentscheidung. Judentum, Christentum und der Islam verstehen sich als »Offenbarungsreligionen«. Das heißt, sie glauben, in ihren Heiligen Schriften offenbare sich Gott. Für Fundamentalisten sind diese Heiligen Schriften Wort für Wort von Gott offenbart. Für die römisch-katholische Kirche sind außerdem die von ihren Päpsten in bestimmter Form formulierten Lehrsätze, wie etwa das Dogma von der leiblichen Himmelfahrt der Maria, à priori »von Gott offenbart«.

Anders als eine wissenschaftliche Theorie kann die Behauptung einer Offenbarung nicht widerlegt werden. Man kann sie aber im Lichte dessen betrachten, was wir über die Funktionsweise unseres Kopfes wissen. Der in Österreich geborene und im Frühjahr 2007 verstorbene Psychoanalytiker Paul Watzlawick hat seine Erfahrungen als Psychologe in den 1970er Jahren so formuliert: »Sobald einmal das Unbehagen eines Desinformationszustands durch eine wenn auch nur beiläufige Erklärung gemildert ist, führt zusätzliche, aber widersprüchliche Information nicht zu Korrekturen, sondern zu weiteren Ausarbeitungen und Verfeinerungen der Erklärung. Damit aber wird die Erklärung ›selbstabdichtend‹, das heißt, sie wird zu einer Annahme, die nicht falsifiziert werden kann« (90). Das gilt zum Beispiel für die im Laufe der Jahrtausende immer fantastischer ausgemalten Vorstellungen, die sich die frommen Christen vom Leben und Sterben der Maria machen, die sie als posthum offenbart definieren.

Wir wissen heute, dass bereits in der Altsteinzeit die Schamanen das, was ihnen, während sie »außer sich« waren, in den Kopf kam, als von Gott offenbart verstanden. Die erhöhte Kanzel für den Priester in der Kirche ist, wie der Thron, auch als ein Symbol dafür zu verstehen, dass der so Erhöhte Gott näher ist als der gewöhnliche Sterbliche. Als der Ratsvorsitzende der Evangelischen Kirche in Deutschland und Berliner Bischof Wolfgang Huber im April 2006 vom *Spiegel* (91) darauf angesprochen wurde, dass man nicht so richtig wisse, warum man zu Bischof Huber in den Gottesdienst kommen solle, antwortete dieser: »Weil Sie im Gottesdienst das Wort Gottes hören.«

Natürlich hört man in seinem Gottesdienst das Wort des Bischofs Huber, der bekanntlich nicht der liebe Gott ist. Er legt, wie jeder Pfarrer, normalerweise einen biblischen Text aus, der zwar nach alter Weise als »Gottes Wort« apostrophiert wird, von dem aber die Theologen heute wissen, dass er einst von Theologen verfasst wurde, und von dem die Christen seit knapp zweitausend Jahren glauben oder zumindest hoffen, dass sich in diesem Text, wie überhaupt in den biblischen Texten, von Gott offenbarte Wahrheit findet. Als die Menschen noch in einer heilen Welt lebten, drückten sie ihre Zweifel am Bodenpersonal Gottes so aus:

Zu einem Sterbenden kommt der Pfarrer und sagt: »Ich bin gekommen, um Ihnen das Wort Gottes zu verkünden.« – Der Todkranke: »Wozu brauche ich da Sie? Ich werde doch gleich mit Ihrem Chef persönlich sprechen.«

Der amerikanische Physiknobelpreisträger von 1965, Richard P. Feynman, hat 1976 dem Herausgeber des *California Tech* – zunächst auf seine eigene Wissenschaft bezogen – geschrieben: »In der Physik tritt die Wahrheit nur selten vollkommen klar zutage« – um dann zu verallgemeinern, »vermutlich gilt das generell für alles menschliche Denken«. Der Forscher zieht daraus diese Schlussfolgerung: »Folglich kann, was nicht mit einer gewissen Unsicherheit behaftet ist, unmöglich die Wahrheit sein« (92). Unsicherheit hält der Mensch allerdings nur schwer aus, was, positiv gesehen, auch ein Ansporn sein kann, den Dingen auf den Grund zu gehen.

Seit wenigen Jahren können Wissenschaftler, insbesondere Neurowissenschaftler, erklären, »Warum der Mensch glaubt« – so der Titel eines Buchs, in dem ich das im Einzelnen beschrieben habe. Die Prozesse, die im Gehirn vor sich gehen, lassen sich mit Hilfe sogenannter bildgebender Verfahren zunehmend genauer verfolgen. Insbesondere versteht man heute, warum Menschen auch zum Teil entsetzlichen Unsinn glauben. Es ist dies die Folge der für *Homo sapiens* lebenswichtigen Fähigkeit, Muster, Strukturen, Zusammenhänge erkennen zu können, selbst wenn die Informationen unvollständig sind. Diese Fähigkeit hat nun, wie alle menschlichen Begabungen, unterschiedliche Ausprägung. Manche Menschen können tiefe Wahrheiten erkennen, andere halten offensichtlichen Quatsch für eine tiefe Wahrheit. Zu Letzteren gehören auch zahlreiche Begründer von Glaubensgemeinschaften. Etwa der Farmersohn Joseph Smith in den USA. Er behauptete, anno 1827 habe ihm ein Engel namens Moroni hauchdünne Goldplatten voller seltsamer Zeichen gegeben, die freilich nur er selbst gesehen haben will; dazu eine »Prophetenbrille«, die auch niemand anderer je gesehen hat, um die Zeichen lesen zu können. So entstand das »Buch Mormon«, und Smith wurde damit zum Begründer einer Sekte, die sich selbst Kirche der »Heiligen der letzten Tage« nennt, mit heute weltweit angeblich bereits über zehn Millionen Mitgliedern, darunter 5,7 Millionen in den USA; eine besonders schnell wachsende Glaubensgemeinschaft.

In vino veritas, im Wein steckt Wahrheit. Dieses lateinische Sprichwort geht auf einen Satz des griechischen Schriftstellers Alkaios zurück, der um 600 vor Christus lebte. Er hatte offenkundig bereits bemerkt, dass, wenn vom Alkohol gelöst Hemmungen wegfallen, mancher Zecher sich traut, die Wahrheit zu sagen. Ein Besuch in einer Kneipe zeigt aber auch, dass die meisten Bezechten nur selbst glauben, tiefe Wahrheiten auszusprechen. Das heißt, der Glaube allein sagt – auch bei Menschen, die völlig klar im Kopf sind – noch nichts über die Wahrheit dessen aus, was geglaubt wird. »Wer Visionen hat, der soll zum Arzt gehen«, empfahl einst Bundeskanzler Helmut Schmidt. Ob nun genial oder Schnapsidee, Vision oder Wahnvorstellung, der Ort des Geschehens ist der Kopf.

Zu glauben ist ein Vorgang, über dessen Bedingtheiten die Gehirnforscher und die Psychologen heute sehr viel wissen. Sie wissen zum Beispiel, dass es, anders als die katholische Kirche in ihrem »Weltkatechismus« von 2003 lehrt, keinen »übernatürlichen Glaubenssinn« gibt. Ihn zu postulieren, wäre nach Watzlawick eher ein Beispiel für eine »selbst-abdichtende« Erklärung. Glauben ist vielmehr etwas ganz Natürliches.

Weil die Aussagen darüber, was Offenbarung Gottes ist, relativ beliebig sind und, wie die Naturwissenschaftler erklären können, nahezu beliebiger Unsinn geglaubt wird, muss man sich als aufgeklärter Mensch mit den Inhalten der Glaubenslehren auseinandersetzen. Dies soll auch in diesem Buch geschehen.

Geschichte und Geschichten

Die Geschichten im Alten Testament beruhen auf Ereignissen, Sagen und Bruchstücken von Erzählungen, die in weit zurückliegende Zeiten verweisen. Erst Jahrhunderte später sind sie von den Verfassern geschickt, man kann auch sagen genial, zusammengefügt worden. Heute können Archäologen die Siedlungsgeschichte im Nahen Osten aufgrund von Ausgrabungen sehr gut objektivieren. Sie sehen, dass die Israeliten nicht, wie ihr Gründungsmythos beschreibt, von Moses aus Ägypten geführt und am Ende als Invasoren ins gelobte Land Kanaan gekommen sind. Sie sind vielmehr Nachfahren der ortsansässigen Kanaanäer (93). Kurz nach dem Jahre 1000 vor Christus eroberte König David Jerusalem und baute es zu seiner Residenz aus. Nach den archäologischen Befunden war Jerusalem eine kleine Ansiedlung. Von den in der Bibel beschriebenen Großbauten Davids und seines Nachfolgers Salomon hat man keine Spuren identifiziert, und seriöse Archäologen erwarten auch nicht, solche zu finden.

Ein Weg durch das Rote Meer tat sich für die durch Moses aus Ägypten geführten Israeliten auf. Der Gründungmythos, wonach die Israeliten als Invasoren ins »Gelobte Land« Palästina gekommen sind, ist durch die Archäologen widerlegt. Byzantinische Handschrift aus dem XIV. Jahrhundert.

Das Königreich Davids war nach heutigem Wissen der zeitweilige Zusammenschluss verschiedener Clans unter einem charismatischen Stammesführer, der nach dem Tode von Davids Sohn Salomon wieder in die Stammesgesellschaften Israel und Juda zerbrach. Israel hörte 722 vor Christus auf zu existieren, Juda ging als Staat 586 vor Christus unter. Das Selbstbewusstsein der Juden entwickelte sich, weil seine Theologen die Geschichte im nachhinein entsprechend zu deuten wussten; als die Geschichte eines von seinem Gott Jahwe auserwählten Volkes, als »Heilsgeschichte«. Die Verfasser der Bücher des Alten Testaments interpretieren die Historie als die Geschichte ihres Volkes mit seinem Gott Jahwe, der immer wieder sichtbar eingreife. Die Autoren der Schriften des Neuen Testaments deuten das Wirken von Jesus als Erfüllung der prophetischen Weissagungen im Alten Testament – und so wird die Menschheitsgeschichte zur Heilsgeschichte.

Ursache für diese Interpretationen ist einerseits das Bedürfnis, Antwort auf die Frage »Warum?« zu finden, andererseits die angeborene menschliche Unfähigkeit, den Zufall als Zufall wahrnehmen zu können. Wolf Singer vom Max-Planck-Institut für Hirnforschung in Frankfurt a. M. meint (persönliche Mitteilung), dass »unser Bedürfnis, hinter Ereignissen immer Gründe anzunehmen und Aktionen Intentionalität zu unterstellen, zur Erfindungen von Gottheiten führt« – was historisch sicher gut belegbar ist.

Natürlich ist ein paar klugen Theologen auch aufgefallen, wie problematisch die Vorstellung einer »Heilsgeschichte« ist. Der Marburger evangelische Theologe Rudolf Bultmann und seine Schüler haben die Idee völlig abgelehnt. Der evangelische Theologe an der Freien Universität Berlin, Friedrich-Wilhelm Marquardt, schrieb 1991 (94): Die »Theologie hat allen Grund, gegen ›Geschichte‹ im Sinne dieser Tradition . . . allergisch zu sein und nicht so leicht das biblische Wort vom Heil mit so gedachter Geschichte etwa zu irgendeinem System von ›Heilsgeschichte‹ zu verkuppeln; zu leicht würde Gott da zu einer der Erscheinungen des ›objektiven‹ und ›absoluten Geistes‹.«

Auch hier muss man einen Unterschied zwischen den Theologen und den Kirchen machen, wobei letztere – bildlich gesprochen – leicht den Teufel mit dem lieben Gott verwechseln. Im April 1933 schrieb zum Beispiel das *Evangelische Sonntagsblatt* aus Bayern über Adolf Hitler: »Wir sehen in ihm ein Werkzeug der göttlichen Vorsehung«. Nach dem schnellen Sieg der deutschen Wehrmacht über das von ihr überfallene Polen sandte die Deutsche Evangelische Kirchenkanzlei am 29.9.1939 allen Landeskirchen eine Kanzelabkündigung zum »Erntedankfest«, in der für die »reiche Ernte auf Feld und Flur« gedankt wird und die »nicht weniger reiche Ernte« auf den Schlachtfeldern: »Wir danken Ihm, dass ER unseren Waffen einen schnellen Sieg gegeben hat.« Man fragt sich, was denn damals die frommen polnischen Katholiken haben beten sollen. Am 30.10.1939 heißt es in den Richtlinien des bayerischen Landesbischofs Meiser und seines Landeskirchenrats für die evangelische Verkündigung im Krieg: »Wir spüren hinter dieser ernsten Wirklichkeit Gottes gewaltige Hand . . .« Nach dem Krieg, am 4.9.1945, sagte der evangelische Dekan Georg Merz aus dem bayerischen Würzburg: ». . . dass sich die Kirche nicht umzustellen braucht, dass ihre gottesdienstliche Ordnung, ihre Lieder, ihr Katechismus die gleichen bleiben . . . empfinden sicherlich die meisten als einen Abglanz der Ewigkeit.«

Katholiken deuten sich hier die Vorgeschichte des 30-jährigen Kriegs so, dass der Teufel den Kurfürsten Friedrich V. von der Pfalz nach Böhmen geführt habe. Dort hatte der von den Böhmen gewählte Protestant als »Winterkönig« alsbald verloren.
Sammlung Dr. Helmut Urban

Weltgeschichts-Deutungen

Wissenschaftliche Erkenntnis stoße »auf Spuren und Zeichen, die der Erklärung bedürfen und sich zu einer sinnvollen Erkenntnis zusammenfügen lassen, in der sie als Zeichen und Spuren Gottes zu entziffern sind.« Das meint der katholische Moraltheologe an der Universität Freiburg, Eberhard Schockenhoff. Überdies, glaubt er, »ist das Weltalter zu kurz, als daß das Leben durch eine ziellose Serie von Zufällen entstanden sein könnte« (95). Eben dies glauben auch die christlichen Fundamentalisten beider Konfessionen, die deshalb die Idee eines *Intelligent Design* als Welterklärungs-Modell erfunden haben; etwas moderater als die *Kreationisten*, welche die Schöpfungsgeschichte der Bibel wörtlich nehmen. Zu Letzteren zählen sich nach einer Umfrage im Juli 2005 immerhin 42 Prozent der US-Amerikaner (96). Sie glauben, dass die heute auf der Erde lebenden Wesen in gleicher Erscheinungsform seit dem Anbeginn der Zeit existieren. Dem entscheidenden Kriterium, dass ein solches Modell dann zu verifizieren oder zu falsifizieren sein müsste, genügt weder der Kreationismus noch die Idee eines intelligenten Designers. Dagegen genügen die Gesetze der Evolution, wie sie als erster Charles Darwin im 19. Jahrhundert formuliert hat, eben diesen Kriterien. Sie sind also nicht etwa analog zu einem theologischen Dogma zu verstehen.

Dennoch schrieb der Wiener Kardinal Christoph Schönborn, Schüler von Josef Ratzinger, dem jetzigen Papst Benedikt XVI., und Mitverfasser des *Katechismus der Katholischen Kirche*, am 7. Juli 2005 in der *New York Times*: »Die Verteidiger des neodarwinistischen Dogmas haben sich oft auf die Anerkennung – oder doch Duldung – durch die römisch-katholische Kirche berufen, wenn sie ihre Theorie als irgendwie vereinbar mit dem christlichen Glauben verteidigen. Aber das ist nicht wahr.« Der Zoologe Kurt Kotrschal (Universität Wien) schrieb daraufhin empört dem Kardinal: »Eine Hauptfront im Kampf der Kulturen auf dieser Welt verläuft heute weniger zwischen Christentum und Islam, sondern zwischen Fundamentalismus und Aufklärung.« Papst Benedikt XVI. sagte bei seiner Amtseinführung, kurz bevor Schönborn seinen Brief verfasst hatte: »Wir sind nicht das zufällige und sinnlose Produkt der Evolution. Jeder von uns ist Frucht eines Gedankens Gottes.«

Die Verfechter der Idee des *Intelligent Design* versuchen diese ihre Fantasien mittels einer Art von Netzwerk ihrer Anhänger durchzusetzen. Dabei hüten sie sich in den USA davor, den von ihnen so genannten »Designer« als Gott zu bezeichnen, was aber nur mit der verfassungsrechtlich gebotenen Trennung von Staat und Religion zu tun hat. Eine wichtige Rolle im Netzwerk spielt das *Discovery Institute* in Seattle, eine »Denkfabrik«, die als gemeinnützige Bildungsstiftung organisiert ist. Ziel ist es, statt der evolutionswissenschaftlichen Erkenntnisse die biblischen Schöpfungsmythen zu verbreiten, einschließlich der daraus abgeleiteten These, die Erde sei nicht rund fünf Milliarden Jahre, sondern lediglich 6000 Jahre alt. Unter leichtgläubigen Menschen lässt sich dieser Unsinn offensichtlich gut vermitteln – wohingegen viele naturwissenschaftliche Erkenntnisse relativ schwer zu verstehen sind. In

Der biblische Schöpfungsmythos, wie er etwa von Michelangelo im 15. Jahrhundert auf seinem berühmten Fresco in der Sixtinischen Kapelle des Vatikans dargestellt wurde, wird von den »Kreationisten« wörtlich genommen.

einer Fernsehdokumentation (97) im September 2006 wurde berichtet, in Deutschland hielten 37 Prozent der Menschen die biblische Schöpfungsgeschichte für wahr. An öffentlich anerkannten christlichen Privatschulen wie der August-Hermann-Franke-Schule in Gießen werde das sogar unterrichtet, ohne dass das hessische Kultusministerium dagegen einschreite. Im Gegenteil, die hessische Kultusministerin plädierte anno 2006 dafür, im Biologieunterricht auch »Schöpfungsgeschichte« zu lehren oder zumindest zu diskutieren. Gründer des Discovery-Institutes war übrigens 1990 ein ehemaliger Mitarbeiter der Administration von US-Präsident Ronald Reagan, Bruce Chapman. Vorläuferin dieses Instituts war eine Zweigniederlassung des Hudson-Institutes aus Indianapolis, das 1961 von Herman Kahn gegründet worden war, einem Ideologen des Kalten Krieges.

Während die meisten Naturwissenschaftler pikiert schweigen, wenn der Kardinal Christoph Schönborn von der »überwältigenden Evidenz für Zweck und Design in der modernen Wissenschaft« schreibt, gibt es auch Naturwissenschaftler, welche die militanten Frommen ernst nehmen.

Man kann nämlich durchaus darüber nachdenken, ob die Weltgeschichte so verlaufen ist, dass am Ende *Homo sapiens sapiens* auf der

Erde erscheinen *musste*. Selbstverständlich sind die Naturgesetze so beschaffen, dass sie intelligentes Leben *ermöglicht* haben. »Daran, daß es so ist, *damit* es uns geben könne, glaubt die Physik nicht.« So Henning Genz, der am Institut für Theoretische Teilchenphysik der Universität Karlsruhe gelehrt hat (98). Genz vertritt die These, im Universum herrsche so etwas wie »diffuse Kausalität«. Hinter allen Beobachtungsgrößen stehe ein endgültiges Gesetz, »das diese Größen aber nicht festlegt, sondern sie einer zufälligen Entwicklung überlässt.« Aus der Quantenmechanik, so Genz, folge bereits, was »weder logisch notwendig noch so einfach wie denkbar« ist, dass es »überhaupt Etwas statt Nichts gibt«. Zum Wesen der Quantenmechanik gehörten »Schwankungen«. Henning Genz kann hier auch nur fragen: »Ist es also eine der Vorbedingungen der Quantenmechanik, daß es Zeit und Raum gibt, in denen Schwankungen von etwas auftreten können? Oder ist es vielmehr so, dass sie selbst die Bühne aus Raum und Zeit erschafft, die alsdann ihre schwankenden Gestalten bevölkern? Eine schwankende Bühne, versteht sich, errichtet aus Schwankungen von Raum und Zeit, die eine noch unbekannte Form der Quantenmechanik erzwingt, die dem Raum und der Zeit vorangeht und insofern ewig ist? Vermutlich.« Und Genz fragt weiter: »Bedarf das Universum mit seinen Parametern, wie sie nun einmal sind, zur Hervorbringung intelligenten und bewussten Beobachtertums des gelegentlichen Wunders, des Eingreifen eines Designers?« Seine vorsichtige Antwort: »Ich denke nicht.«

Henning Genz setzt sich auch mit der »vielleicht radikalsten Idee der gegenwärtigen fundamentalen Physik« auseinander. Sie besagt, dass die Naturgesetze mit ihren Konstanten nicht überall und immer dieselben sind, sondern dass es »ein in Raum und/oder in Zeit ausgebreitetes Multiversum gibt, das aus zahlreichen ›Universen‹ besteht«, in denen andere Gesetze mit anderen Naturkonstanten bestehen als in unserem Universum. Kritiker geben freilich zu bedenken, dass bei dieser Theorie eine Anbindung an die Physik (noch) nicht vollzogen sei. Denn nicht jede mathematische Lösung eines Problems hat die Natur auch übernommen.

Insofern sind auch die Mathematiker und theoretischen Physiker nicht vor Aberwissen gefeit. Nämlich dann nicht, wenn ihr Weltbild zwar mathematisch stimmig, aber keine Abbildung der Natur ist. Der

Göttinger Physiker und bissige Kulturkritiker Georg Christoph Lichtenberg notierte im 18. Jahrhundert: »Die sogenannten Mathematiker von Profession haben sich, auf die Unmündigkeit der übrigen Menschen gestützt, einen Kredit von Tiefsinn erworben, der viel Ähnlichkeit mit dem von Heiligkeit hat, den die Theologen für sich haben.« Noch weiß man nicht, ob es sich bei der Idee eines Multiversums um eine schöne Spielerei handelt oder um geniale Überlegungen, die sich irgendwann einmal experimentell bestätigen lassen, so wie dass für die Theorien Albert Einsteins gilt. Davon kann jedoch (noch) keine Rede sein. »Im gegenwärtigen Status tragen daher diese Theorien wenig zu unsrem Weltverständnis bei«, kommentiert der Münchner Astrophysiker Gerhard Börner diese Überlegungen (99).

Die Diskussion darüber, wie das Leben entstanden ist, wurde in den 1970er Jahren durch bahnbrechende naturwissenschaftliche Arbeiten beflügelt. Manfred Eigen, Chemienobelpreisträger des Jahres 1967, veröffentlichte 1971 ein physikalisch-chemisches Modell der Entstehung des Lebens. Anlässlich der Nobelpreisträgertagung 1972 in Lindau sagte er bei einer Diskussion über die Evolution: »Ich glaube nicht, daß in der Entstehung der lebenden Zellen Gott mehr oder weniger zu suchen oder zu finden ist als in der Entstehung eines Kristalls, eines Atoms, eines Sterns oder eines kosmischen Universums.« Die Probleme der Entstehung des Lebens seien auf einer Ebene verständlich, bei der es nicht nötig sei, theologisch zu reflektieren (100). Bei derselben Diskussion betonte Werner Heisenberg (Physiknobelpreisträger des Jahres 1932), dass es durchaus noch eine andere Diskussionsebene als die der Naturwissenschaftler gebe: »Jeder, der mit Naturwissenschaft zu tun hat, weiß, daß auch diese allgemeineren Begriffe – Gott und Welt – Dinge bezeichnen, die sich auf die Beziehung von uns zu der Welt beziehen, das heißt, daß es sich um Wirklichkeiten handelt, die es gibt und die die Menschen zu bezeichnen hatten. Daher haben sie die Begriffe gebildet. Kein Naturwissenschaftler würde auf die Idee kommen, diese irgendwie zu leugnen. Nur, wenn wir über Evolution und Biologie sprechen, sprechen wir in einer sehr bestimmten engeren Ebene. ... Deshalb bin ich dafür, wenn ich über naturwissenschaftliche Dinge spreche, die Ebene der Naturwissenschaft durchzuhalten, aber sich dabei bewußt zu bleiben, daß es diese anderen Begriffe und die Wirklichkeit, die mit den Begriffen gemeint ist, gibt, und daß wir die auf keinen Fall leugnen können.« Vor dreißig Jahren, also rund 100 Jahre nach Charles Darwin, hätte sich ein Werner Heisenberg wohl auch nicht vorstellen können, dass im kommenden Jahrtausend Theologen die Erkenntnisse der Naturwissenschaft rundweg leugnen würden und damit jede Menge Anhänger finden könnten. Möglicherweise aber auch nicht, wie unbefangen Naturwissenschaftler mittlerweile über Themen sprechen, die Jahrtausende und auch noch zu Lebzeiten Werner Heisenbergs den Theologen vorbehalten waren.

Die Arbeiten Manfred Eigens führen zu der Erkenntnis, dass das Darwinsche Prinzip der Selektion und Evolution ein universales Naturprinzip ist, welches unter bestimmten physikalischen Voraussetzungen schon im Bereich der Moleküle wirksam wird und dort »die Auswahl a priori beliebig unwahrscheinlicher Molekularstrukturen lenkt«. So der Philosoph und Naturwissenschaftler Bernd-Olaf Küppers von der Universität Jena (101): »Angesichts der massiven Anfechtungen, denen die Darwinsche Evolutionslehre immer wieder ausgesetzt war, muss man in der physikalischen Theorie der Lebensentstehung einen neuerlichen Triumph der Darwinschen Idee sehen.« Bis zu einem Eberhard Schockenhoff hat sich das noch nicht herumgesprochen. Dieser wiederholte freilich auch nur ein Schlagwort der Kreationisten.

Selbsterfahrung kontra Weltdeutung

Die Erkenntnisse der modernen Naturwissenschaften irritieren dort, wo sie zur Kenntnis genommen werden, insbesondere die nicht naturwissenschaftlich gebildeten Philosophen und Theologen. Versuchen doch auf einmal Neurowissenschaftler Antworten auf Fragen zu geben, welche die Geisteswissenschaftler bisher als ihre Domäne ansehen. Diese beklagen dann den »Reduktionismus« der Neurobiologen und beschreiben ihre Welt des Geistes als eine, die sich von der Welt der Biologen unterscheide. Die Probleme der Geisteswissenschaftler wiederum lassen sich mit dem Wissen der Naturwissenschaftler erklären: »Ich glaube, die Schwierigkeiten mit dem Reduktionismus oder Determinismus kommen daher, dass viele damit Konzepte der positivistischen klassischen Physik des 19. Jahrhundert verbinden. Sie denken dabei an lineare Prozesse, in denen alles abläuft wie in Uhrwerken. Dann käme tatsächlich nichts Neues in die Welt. Aber so ist es nicht. Bei unseren Gehirnen handelt es sich um komplexe, sich selbst organisierende, nicht-lineare Systeme, die zudem noch miteinander interagieren.« So erklärt Wolf Singer die Missverständnisse der Geisteswissenschaftler (102). Hier kommt also wieder die schon mehrfach erwähnte Nicht-Linearität der Prozesse, die im Gehirn ablaufen, ins Spiel. »Wenn wir darüber hinaus noch etwas Immaterielles, Geistiges annehmen, das den neuronalen Prozessen vorgängig ist und auf das Materielle einwirkt, dann haben wir ein Problem mit den Energieerhaltungssätzen. Das würde die ganze Physik auf den Kopf stellen«, betont Singer. Ich werde darauf gleich noch einmal eingehen.

Der englische Philosoph und Theologe Wilhelm von Ockham hat im 14. Jahrhundert eine Idee entwickelt, die sich im Laufe der Jahrhunderte, insbesondere im Streit zwischen der katholischen Kirche und den Naturforschern, als fruchtbar erwiesen hat. Ockham also schlug die folgende, von den Engländern *Ockham's Razor* (Rasiermesser) genannte Verfahrensweise vor: Wenn man einen Sachverhalt auf komplizierte und auf einfache Weise erklären kann, solle man es zunächst mit der einfachen Erklärung versuchen und diese so lange beibehalten, wie sie den Fakten standhält. Singer formuliert heute im Bezug auf die Hirnforschung: »Solange sich das, was man zu Tage fördert, widerspruchsfrei eingliedern lässt in anderes Wissen, sollte man daran festhalten« (102).

Eric Kandel, der für seine fundamentalen Erkenntnisse über die Funktionsweise des Gedächtnisses anno 2000 den Nobelpreis für Medizin und Physiologie bekommen hat, ist ein »Reduktionist«. Er hat sich, wie das in den Naturwissenschaften oft so gemacht wird, zunächst auf die Beobachtung einfacher und damit durchschaubarer Zusammenhänge beschränkt (»reduziert«). Dabei entdeckte er, und das macht seine Arbeit bedeutsam, ein allgemeingültiges Prinzip. Kandel hat an der Riesenschnecke *Aplysia californica* studiert, wie das Gedächtnis funktioniert – wie er feststellte, nicht nur das der Schnecke, sondern auch das des Menschen. Der Nobelpreisträger hat damit eine »neue Wissenschaft des Geistes« kreiert. Die Antriebe Kandels verdeutlicht ein Satz aus seiner Autobiographie. Dazu sollte man allerdings wissen, dass der junge Eric Kandel 1939 wegen der Nationalsozialisten aus seiner Heimat Wien in die USA emigrieren musste. Kandel: »Wie vermochte der Schrecken das Hämmern an unserer Wohnungstür so dauerhaft in das molekulare und zelluläre Gefüge meines Gehirns einzubrennen, dass ich das Erlebnis mehr als ein halbes Jahrhundert in allen visuellen und emotionalen Einzelheiten wieder aufleben lassen kann?« (103). Eine Schlussfolgerung, die der große Forscher bereits 1979 für die Psychoanalyse zieht, der er sich sehr verbunden fühlt, lautet: »Tatsächlich würde ich behaupten, dass die psychotherapeutische Intervention nur insoweit Veränderungen im Geist der Patients hervorruft, insofern unsere Worte Veränderungen in den Gehirnen der anderen erzeugen.«

Während Kandel von einer »Biologie des Geistes« spricht, wettern Geisteswissenschaftler, Natur und Geist seien unterschiedliche Kategorien, getrennte Welten, die weiterhin getrennt zu behandeln seien; kurzum, die Naturwissenschaftler sollten sich da gefälligst heraushalten. Der Marburger Philosoph Peter Janich jammert im Bezug auf die Hirnforschung, wie sie sich ihm in der Arbeit eines Wolf Singer und des Max-Planck-Instituts für Hirnforschung darstellt: »Die aufklärerische Kraft der naturwissenschaftlichen Methoden und Ergebnisse ist einer gegenaufklärerischen Verdunklung gewichen«. Und der Strafrechtler Klaus Lüderssen (Universität Frankfurt a. M.) klagt: »Die Strafrechtler und Rechtsphilosophen sehen sich leider gezwungen, die alten Fragen der Willensfreiheit wieder aufzugreifen, weil moderne Hirnforscher sie dazu provozieren.« Man könnte allerdings auch der Meinung sein, es sei das Beste, was passieren könne, wenn die Erkenntnisse einer Wissenschaft andere Wissenschaften dazu zwingen, sich im Lichte eben dieser Beobachtungen des Themas erneut anzunehmen.

Die Beschreibung der Funktionen von Synapsen, also der Kontaktstellen zwischen Nervenzellen, liefere »noch keine Bedeutung«, sagt Lüderssen, und diese gewiss richtige Aussage ist zu einem Stereotyp geworden, mit dem insbesondere auch Theologen in dieser Auseinandersetzung hantieren: Ihr Naturwissenschaftler, so der Vorwurf, versteht nichts von Bedeutungen. Auf der Seite »Geisteswissenschaften« der *FAZ* wurde das so formuliert (104): »es wird noch eine ganze Weile dauern, bis das exakte neuronale Korrelat von Versen wie ›Satt bin ich meiner Inselsucht‹ oder ›Die Patentante liest das Universum‹ gefunden sein wird. Bis dahin bleiben Germanisten und bleibt der Geist im Amt . . .« Es könnte freilich sein, dass Neurowissenschaftler alsbald Orte im Gehirn finden, deren Aktivität anzeigt, dass sich die Bedeutung eines Satzes dem Betreffenden nicht erschließen *kann*, wenn er tatsächlich bedeutungslos *ist*. Man darf dann an die Patentante und die Inselsucht des bei der *FAZ* amtierenden Germanisten denken. Ich will die Geisteswissenschaftler aber lieber mit dem wunderbaren Gedicht von Gottfried Benn – »Einsamer nie« – trösten, in dem es am Ende heißt, ». . . dienst du dem Gegenglück, dem Geist.« Gefühlter Geist zwar, aber echtes Glück, auch neurobiochemisch gesehen.

Natürlich muss es die Geisteswissenschaftler erschrecken, wenn ihnen sozusagen der real existierende Geist abhanden kommt. Der Gedanke, Übernatürliches müsse sich an die Naturgesetze halten, muss insbesondere die Theologen irritieren. Dabei ist doch selbstverständlich, dass kein Mensch spirituelle Erfahrungen machen könnte, wenn er dafür kein Sensorium hätte. Und ebenso selbstverständlich ist, dass man von »Übernatürlichem« nicht sinnvoll sprechen kann, weil bereits die Natur unermesslich ist. Wenn man aber die Grenzen dessen, was natürlich ist, nicht ausloten kann, kann man logischerweise auch keine Aussagen darüber machen, was darüber hinaus geht, was »übernatürlich« ist. Die Naturgesetze sind nicht durch Mehrheitsentscheidung abzuschaffen. Aber sie sind, was für jeden Naturwissenschaftler heute selbstverständlich ist, insofern relativ, als sie einen Geltungsbereich haben. Die klassische Physik etwa ist ein Grenzfall der relativistischen Physik. Der katholische Theologe Hans Küng warnt denn auch, kein Philosoph oder Theologe solle in die Diskussion mit einem Neurobiologen eintreten, ohne anzuerkennen, dass im Gehirn die Naturgesetze gelten (105).

Die Naturwissenschaftler, so sagen die Geisteswissenschaftler, fragen lediglich nach dem »Wie«. Die Frage nach dem »Warum« aber sei ihnen, den Geisteswissenschaftlern, überlassen, den Verwaltern des Geistes. Der schon genannte katholische Moraltheologe Eberhard Schockenhoff (Universität Freiburg) glaubt, der Mensch sei etwas Besonderes, »er ist einerseits geprägt von der ihn umgebenden Natur und reicht andererseits in den Bereich des Geistes hinein, durch den er Teil hat an der Wirklichkeit Gottes« (106). Schockenhoff spricht von der eigenständigen Realität der subjektiven Seite der Wirklichkeit und meint damit »mein Freiheitserlebnis, die erfahrbare Wirklichkeit Gottes«.

Ja, so erfährt sich der Mensch tatsächlich: als nicht nur ein Teil der Natur, sondern zugleich einer anderen, einer geistigen Welt zugehörig, als »Krone der Schöpfung«. Und auch als jemand, der sich seiner Sinnesorgane und seines Kopfes bedient um die Welt zu verstehen und sich in aller Freiheit so oder so entscheiden zu können.

Der katholische Bischof von Trier, Reinhard Marx, bekennt: »Ich will, dass der Glaube auch vor der Vernunft standhält« (107). Sein Amtsbruder, der Wiener Kardinal Christoph Schönborn, behauptet sogar: »Das Dasein eines Schöpfergottes lässt sich dank dem Licht der menschlichen Vernunft aus seinen Werken mit Gewissheit erkennen, wenn auch diese Erkenntnis oft durch Irrtum verdunkelt und entstellt wird« (108). Und Papst Benedikt XVI. argumentierte bei seinem Besuch in Bayern am 12. September 2006 in Regensburg so: »Was steht am Anfang: die schöpferische Vernunft, der Schöpfer Geist, der alles wirkt und sich entfalten lässt, oder das Unvernünftige, das vernunftlos sonderbarerweise einen mathematisch geordneten Kosmos hervorbringt und auch den Menschen, seine Vernunft? Aber die wäre dann nur ein Zufall der Evolution und im letzten doch auch etwas Unvernünftiges ... Wir glauben, dass das ewige Wort, die Vernunft am Anfang steht und nicht die Unvernunft« (109).

Der Papst bezieht sich dabei auf die berühmten ersten Worte des Johannes-Evangeliums: »Im Anfang war das Wort (griechisch Logos), und das Wort war bei Gott, und Gott war das Wort.« Benedikt interpretiert: »Logos ist Vernunft und Wort zugleich – eine Vernunft, die schöpferisch ist und sich mitteilen kann, aber eben als Vernunft.« In einer Vorlesung an der Universität anlässlich seines Besuchs in Regensburg verlangte Benedikt XVI. die »Ausweitung unseres Vernunftbegriffs«. Vernunft und Glaube könnten »auf neue Weise zueinander finden, wenn wir die selbstverfügte Beschränkung der Vernunft auf das im Experiment Falsifizierbare überwinden und der Vernunft ihre ganze Weite wieder eröffnen« (109). Benedikt hat freilich nicht erklärt, was er unter Vernunft in ihrer ganzen Weite versteht. Er hat jedenfalls nicht zufällig das Wort »falsifizierbar« verwendet – das Gegenteil also von verifizierbar, dem

Für-Wahr-Erkennen. Der aus Wien stammende Philosoph Karl R. Popper, der sich intensiv mit den Erkenntnissen der Naturwissenschaften auseinandergesetzt hatte, hat im 20. Jahrhundert den Gedanken entwickelt, dass wissenschaftliche Allgemeinaussagen nicht aus dem empirisch Gegebenen ableitbar seien. So sei auch ihre Wahrheit nicht beweisbar, die Aussagen könnten lediglich falsifiziert werden.

Der Papst meint nunmehr, die naturwissenschaftliche Vernunft trage eine Frage in sich, die über sie und ihre methodischen Möglichkeiten hinausweise: »Sie selber muss die rationale Struktur der Materie wie die Korrespondenz zwischen unserem Geist und den in der Natur waltenden rationalen Strukturen ganz einfach als Gegebenheit annehmen, auf der ihr methodischer Weg beruht. Aber die Frage, warum dies so ist, die besteht doch und muss von der Naturwissenschaft weitergegeben werden an andere Ebenen und Weisen des Denkens – an Philosophie und Theologie.«

Benedikt hegt offenbar eine Vorliebe für die philosophisch-theologische Spekulation der Scholastik, wie sie jahrhundertelang als Wissenschaft verstanden wurde, mit einem Kernsatz des Anselm von Canterbury aus dem 11. Jahrhundert: »Credo, ut intelligam« – »Ich glaube, damit ich verstehe«. Beispielhaft für das katholische Kirchenoberhaupt ist die Beziehung zwischen Glaube und Vernunft, wie sie der Theologe Thomas von Aquin im 13. Jahrhundert entwickelt hat. Die »bewundernswerte christliche Synthese von Vernunft, Glaube und Kultur« des Thomas sei noch heute ein wertvolles Erbe für den religiösen Dialog, sagte der Papst Anfang 2007 – um zugleich die Tendenz heftig zu kritisieren, nur als wahr anzuerkennen, was experimentell überprüfbar sei (110). Thomas von Aquin hat seinerzeit zwar die Berechtigung des Wissens neben dem Glauben anerkannt, aber die Philosophie der auf »Autoritätswissen« basierenden Theologie untergeordnet – bis hin zu frühen Vorstellungen von »Unfehlbarkeit« des Papsttums. Zurück also ins Mittelalter! Was Benedikt XVI. in Regensburg verlangte, bedeutet, dass die Philosophie und insbesondere die Theologie, wie bisher, die Deutungshoheit beanspruchen, das heißt, glauben, allein die Antwort auf die Frage »Warum?« geben zu können.

Das ginge redlicherweise nur, indem die Theologen und Philosophen die Beobachtungen und Deutungen der Naturwissenschaftler zur

Für Papst Benedikt XVI. ist die »bewundernswerte christliche Synthese von Vernunft, Glaube und Kultur« des Thomas von Aquin aus dem 13. Jahrhundert noch heute ein wertvolles Erbe für den religiösen Dialog. Das Bild von Francesco Traini von 1360 stellt den »Triumph des Thomas von Aquin« dar.

Kenntnis nehmen. So könnte man den Satz von der Ausweitung der Vernunft jedenfalls auch verstehen. Doch nicht einmal das dürfen die Theologen ohne weiteres. Denn Benedikt deklariert, »dass die Treue zum *Depositum fidei*, wie es vom Lehramt der Kirche vorgelegt wird, die Voraussetzung für seriöse theologische Forschung und Lehre schlecthin darstellt« (111). Etwa gleichzeitig verlangte der Papst, die theologischen Hochschullehrer müssten bei den angehenden Priestern einen »intelligenten Glauben formen, so dass Glaube Intelligenz und Intelligenz Glaube wird« – was immer das heißen möge (112). Nach wie vor ist also katholische theologische Forschung und erst Recht die Lehre an den Hochschulen sozusagen Auftragsarbeit in den Grenzen, die der Vatikan bestimmt. Das muss man wohl als Aufforderung zum Verzicht des Wissenschaftlers auf ein selbständiges eigenes Urteil, den Verzicht also auf den Gebrauch der Vernunft verstehen und zur Unterwerfung unter die Lehren des Vatikans. Der protestantische Theologe Friedrich Wilhelm Graf konstatiert, unter deutschen katholischen Theologen herrsche »inzwischen ein Klima der Unterdrückung von freier Artikulation und offener Argumentation« (113). Im Gegensatz zu den Restriktionen der katholischen Kirche legt das deutsche Grundgesetz in Artikel fünf fest: »Kunst und Wissenschaft, Forschung und Lehre sind frei.«

Einzelne katholische Theologen haben den Mut, das – wenn auch manchmal sehr vorsichtig – auszusprechen, was sie als Ergebnis ihrer Forschungen erkennen. Sie kennen natürlich ihre Grenzen.

Stark in Glauben und Vertrauen / Von der Burg mit festen Türmen / Kannst du dreist hernieerschauen / Keiner wird sie je erstürmen.

So reimte einst Wilhelm Busch und warnte vorsorglich:

Aber hüte dich vor Zügen / In die Herrschaft des Verstandes / Denn sogleich sollst du dich fügen / Den Gesetzen seines Landes.

Die Diskussion ist, über die Mahnung Wilhelm Buschs hinausgehend, älter als die meisten heutigen Kritiker der modernen Naturwissenschaften dies wohl wissen. Im Jahre 1929 betonte Albert Einstein, »(dass) wir nicht nur wissen wollen, wie die Natur ist (und wie ihre Vorgänge ablaufen), sondern wir wollen auch nach Möglichkeit das vielleicht uns anmaßend erscheinende Ziel erreichen, zu wissen, warum die Natur so und nicht anders ist« (22). Der evangelische Kirchenhistoriker und Gründer der Kaiser-Wilhelm-Gesellschaft, der Vorläuferin der Max-

Planck-Gesellschaft, Adolf von Harnack, formulierte nach dem Ersten Weltkrieg so: »Man klagt darüber, dass unsere Generation keine Philosophen habe. Mit Unrecht: Die Philosophen sitzen jetzt nur in der anderen Fakultät, sie heißen Planck und Einstein« (22). Die Physiker sind unter den Naturwissenschaftlern mit ihrer Suche, die Welt zu verstehen, nicht alleine geblieben. Mittlerweile sind die Neurowissenschaftler hinzugekommen. Der Präsident der Österreichischen Gesellschaft für Neurowissenschaften, Friedrich G. Barth (Universität Wien), sagte beim *5th Forum of European Neuroscience* im Juli 2006 in Wien, er sei überzeugt, »dass in zehn Jahren niemand mehr Philosophie studieren kann, ohne wissen zu müssen, wie das Gehirn funktioniert.«

Wie Deutungen entstehen

Im Zusammenhang dieses Buchs besonders interessant ist, wie ich meine, dass Neurowissenschaftler neuerdings erklären können, wie Deutungen entstehen, also Antworten auf die Frage »Warum?«. Sie erklären es nach naturwissenschaftlicher Vorgehensweise nicht ein für allemal, sondern Schritt für Schritt und offen für weitere Erkenntnisse der Wissenschaften.

Das Selbstbildnis, wonach der Mensch nicht nur ein Teil der Natur ist, sondern auch einer anderen, einer geistigen Welt angehört, steht im Widerspruch zu fundamentalen Erkenntnissen der Naturwissenschaftler. Denn wie sollte eine nichtmaterielle, geistige Entität die materiellen Prozesse in unserem Gehirn beeinflussen? »Wechselwirkungen mit Materiellem erfordern den Austausch von Energie. Wenn also das Immaterielle Energie aufbringen muss, um neuronale Vorgänge zu beeinflussen, dann kann es nicht immateriell sein und muss den Naturgesetzen unterworfen sein.« Das konstatiert der Hirnforscher Wolf Singer (114). Umgekehrt stellt sich das Problem, wie sich das Immaterielle über die Welt informiert. Singer: »Offenbar muss sich auch der Geist der Augen und der nachgeschalteten neuronalen Mechanismen bedienen, um die Welt wahrzunehmen. Wie also werden die Sinnessignale, die Energie tragenden elektrischen Entladungen der Nervenzellen in die Sprache des immateriellen Geistes übersetzt?«

Die Biowissenschaftler haben festgestellt, dass sich menschliche und tierische Gehirne fast nicht unterscheiden, in Aufbau und Funktion den gleichen Prinzipien gehorchen. Das Nervensystem einer Schnecke funktioniert, wie die bahnbrechenden Arbeiten von Eric Kandel zeigen, nach denselben Prinzipien wie die menschliche Großhirnrinde – auf molekularer Ebene wie in der Kommunikation der Nervenzellen. Im Laufe der Evolution ist die Hirnentwicklung »von erstaunlicher Monotonie gekennzeichnet«, so Singer: »Die Gehirne werden größer, aber an den Grundstrukturen ändert sich wenig.« Es fänden sich immer die gleichen Zentren und diese wiesen immer die gleiche Feinstruktur auf. Die Großhirnrinde einer Ratte sei von der eines Menschen auch unter dem Mikroskop kaum zu unterscheiden. Der einzig wirklich auffällige Unterschied zwischen den Gehirnen verschiedener Säugetierspezies sei die quantitative Ausdifferenzierung der Großhirnrinde. Im Vergleich zu allen anderen Lebewesen habe der Mensch in Relation zur Körpergröße mehr Großhirnrinden-Neuronen. Hinzu komme, dass die verschiedenen Bereiche der Großhirnrinde nahezu die gleiche Feinstruktur aufweisen, das heißt, nach den gleichen Prinzipien verschaltet sind und somit den gleichen Verarbeitungsanweisungen (Algorithmen) unterliegen.

Das führt, so Singer, zu der Schlussfolgerung, dass »alles das, was uns ausmacht und uns von den Tieren unterscheidet, und damit auch alles, was unsere kulturelle Evolution ermöglichte, offenbar auf der quantitativen Vermehrung einer bestimmten Hirnstruktur beruht. ... Es scheint, als seien all die geistigen Qualitäten, die sich unserer Selbstwahrnehmung erschließen, durch die besondere Leistungsfähigkeit unserer Gehirne in die Welt gekommen.«

Anders als die niederen Organismen bekommen die über neu hinzugekommene Hirnareale verfügenden Primaten ihre Informationen nicht mehr *direkt* von den eigenen Sinnesorganen, sondern *indirekt* über die bereits vorhandenen stammensgeschichtlich älteren sensorischen Hirnrindenareale. Die neuen Areale, so Singer, verarbeiten also das Ergebnis von hirnrindenspezifischen Verarbeitungsprozessen, und sie tun dies offenbar auf die gleiche Weise, wie die schon vorhandenen Areale Signale aus der Umwelt verarbeiten. Auch kommunizieren die in der Evolution neu hinzugekommenen Areale sehr intensiv untereinander. Das heiße: »Die Hirnrinde beschäftigt sich also vorwiegend mit sich selbst.«

Im Bedenken und Verstehen von Zusammenhängen, selbst wenn sie völlig unanschaulich sind, hat es der Mensch tatsächlich ziemlich weit gebracht. Christoph Kayser, der am Max-Planck-Institut für biologische Kybernetik in Tübingen die Integration von Sinnesinformation erforscht, formuliert es so: »Offenbar ist jedenfalls ein Großteil unseres Denkorgans damit beschäftigt, Informationen von verschiedenen Sinnen miteinander zu kombinieren. Im Vergleich dazu widmet sich nur ein verschwindend kleiner Rest des Gehirns ausschließlich einem einzigen Sinn« (115).

Aus dieser Beobachtung heraus werden für Wolf Singer die spezifisch menschlichen Fähigkeiten intuitiv nachvollziehbar: »Wenn die Ergebnisse primärer kognitiver Prozesse erneut einer Analyse unterzogen werden, kommt dies der Reflexion eigener Wahrnehmungsprozesse gleich.« Dem Menschen werde nur das bewusst, was »mit selektiver Aufmerksamkeit bedacht« wird. Von außen beobachtet, lässt sich so beschreiben, wie in sich wiederholenden (iterativen) kognitiven Operationen »die eigene Kognition zum Gegenstand von Kognition werden kann«. Insofern hat der Philosoph Descartes recht, der im 17. Jahrhundert den Begriff des »aufmerksamen Geistes« einführte. Aber was ist der »Geist«?

Anders gefragt, »wer« schaut sich diese Metaprozesse an, »wer« könnte diese koordinierende Instanz sein, die wir mit dem »Ich« gleichsetzen? Ich habe schon oben darauf hingewiesen, dass das »Ich« nach heutigem Verständnis aus der Kommunikation mit den Mitmenschen entsteht. Gefühlsmäßig sucht man im Gehirn als das »Ich« irgendeine Zentralinstanz. »Nun wissen wir aber heute, dass sich unsere Intuition in diesem Punkt auf dramatische Weise irrt«, so Wolf Singer: »Es gibt keine Kommandozentrale« (114). Hochentwickelte Gehirne seien vielmehr hochvernetzte Systeme, in denen eine riesige Zahl von Operationen gleichzeitig ablaufen. »Diese parallelen Prozesse organisieren sich, ohne eines singulären Konvergenzzentrums zu bedürfen, und führen in ihrer Gesamtheit zu kohärenten Wahrnehmungen und koordiniertem Verhalten.« Wie aber kann sich ein solches System seiner selbst bewusst werden?

Neurowissenschaftler haben studiert, was im Kopf in dem Augenblick passiert, wenn ein Mensch das Gesicht eines anderen erkennt. In diesem Moment nämlich treten über den Hirnarealen, die mit dem Sehen zu tun haben, hochsynchrone Wellen von etwa 40 Hertz (Schwingungen pro Sekunde) auf, die nur 200 tausendstel Sekunden anhalten. Beim Schwingen im Gleichtakt spielen auch hemmende Einflüsse eine wichtige Rolle. Generell ist der neurobiologische Befund der: Gleich, ob es sich um Wahrnehmung oder motorische Programme oder um Gedanken oder um Entscheidungen handelt, jeweils beobachtet man die koordinierte Aktivität einer sehr großen Zahl räumlich verteilter Nervenzellen. Immer wieder aufs Neue organisieren sich Nervenzellen zwischen praktisch allen Gehirnarealen zu miteinander vernetzten lokalen Funktionseinheiten. Sie können im nächsten Augenblick bereits zu einem anderen Ensemble zusammenfinden. Es können sogar eine Vielzahl synchroner Zustände gleichzeitig existieren; verständlicherweise, denn es passieren ja im Kopf die unterschiedlichsten Dinge gleichzeitig. Je nach der zu übermittelnden Information oszillieren die Nervenzell-Gruppen in unterschiedlichen Frequenzbereichen. Singer: »Dies müsste dann auch für die Struktur von Metarepräsentationen gelten, also für die Repräsentation der Inhalte der Selbstwahrnehmung.« Erregungsmuster, also raum-zeitliche Muster synchron aktiver Nervenzellen, können anscheinend nur dann bewusst werden, wenn ihnen Aufmerksamkeit geschenkt wird und sie dadurch ein hinreichendes Maß an Kohärenz, an Synchronisation für hinreichend lange Zeit erreichen.

Nicht ins Bewusstsein gelangen nach Singer viele der vorbereitenden Verarbeitungsprozesse. Das heißt, das Gehirn muss dann ein Erregungsmuster als Ergebnis eines Verarbeitungsprozesses erkennen können. Es gibt auch Hinweise darauf, dass die synchronen Rhythmen durch neuronale Botenstoffe wie, etwa Dopamin auf feine Weise moduliert werden. Die gesamte räumlich-zeitliche Dynamik in Verbindung mit speziellen Effekten wie, neben dem »Feuern«, dem synchronen Aussenden von Impulsen, auch der Hemmung von Nervenzell-Aktivitäten, ist so komplex, dass die Neurobiologen Hilfe bei Mathematikern und Physikern suchen. Gemeinsam hoffen sie, das Gehirn und seine Sprache besser zu verstehen.

Zahlreiche vom Gehirn ausgewertete Signale bleiben permanent unbewusst, zum Beispiel Informationen über den Blutdruck oder den Blutzuckerspiegel, die sorgfältig gemessen, vom Gehirn ausgewertet und in Regulationsprozesse umgesetzt werden – allerdings vermutlich ohne Beteiligung der Großhirnrinde. Für die Entstehung eines sich frei wähnenden Selbst-Bewusstseins spielt, wie gesagt, eine entscheidende Rolle, dass sich ein Mensch in seinem Gegenüber spiegeln und mit ihm in einen Dialog der Art treten kann: »ich weiß, dass Du weißt, dass ich weiß« (siehe auch das Kapitel »Absichten erkennen«). Das setzt überdies die Fähigkeit zu sprachlicher Kodierung voraus. Solche Fähigkeiten reifen allerdings erst innerhalb der ersten Lebensjahre, »weshalb auch Kinder keine Theorie des Geistes aufbauen können« (Singer).

Nun hat der Mensch nicht nur Selbstbewusstsein, sondern auch das Bewusstsein von Autonomie. Da er oft nur das Ergebnis hirninterner Abwägungen wahrnimmt, diese eventuell mit anderen bewussten Argumenten assoziiert und dann entscheidet, ergibt sich, so Singer, »kein erfahrbarer Widerspruch zwischen der grundsätzlichen Bedingtheit unserer Entscheidungen und unserem Eindruck, wir träfen sie frei«. Hinzu komme, dass bereit ein Kind in dem Sinn erzogen wird, dass es frei ist, so oder so zu handeln – und zwar in einer Zeit der »frühkindlichen Amnesie«, in der sich das biographische Gedächtnis noch nicht ausgebildet hat: »Für die Kleinen erscheint das, was sie wissen, als nicht verursacht, als immer schon gewusst. Und dies könnte der Grund dafür sein, dass uns später, wenn wir beginnen, über uns nachzudenken, die Inhalte dieses frühen Lernens als nicht verursacht und somit als absolut erscheinen«, resümiert Singer. So komme es dazu, dass nicht nur angeborenes Wissen, sondern auch ein wesentlicher Anteil des durch Erziehung tradierten Kulturwissens den Charakter absoluter, unhinterfragbarer Vorgaben erhalte, von Wahrheiten und unumstößlichen Überzeugungen, die keiner Relativierung unterworfen werden könnten. »Zu diesem impliziten Wissensgut zählen angeborene und anerzogene Denkmuster und Verhaltensstrategien ebenso wie Wertesysteme und religiöse Überzeugungen.« Das ist also die Erklärung dafür, dass der oben angesprochene Kinderglaube nicht so leicht angezweifelt werden kann. Der Dichter Gotthold Ephraim Lessing (»Nathan der Weise«) wusste bereits im 18. Jahrhundert: »Der Aberglaub', in dem wir aufgewachsen, verliert, auch wenn wir ihn erkennen, darum doch seine Macht nicht über uns.«

Warhafftiger Abdruck

Eines wunderbarlichen Bladts/ so aus einem alten

Birnbaums Stamm entsprossen/ vnd in diesem 1625. Jahr/ den 6. Februarij/ nahe bey
Franckenthal ist gefunden/ gesehen/ vnd also abgemahlet worden/ Den Frommen zur Betrachtung/ Den Gottlosen
aber auch zur Warnung/ nicht ohn kosten in Kupffer gestochen/ vnd folgender
gestalt abgedruckt.

Merck vnd schaw hier/ liebr Leser mein/
Ich bin ein Bladt/ schein wunderlich seyn/
Noch mehr abr würdst dich verwundrt
Wann du gsehn/ wie ich aus geschlagn/ (hab ich
Eins Fingers dicks/ aus dürrem stam/
Welch kein Feuchtigkeit zu jhm nam/
Ein Roßfuß stund an mir vnten an/
Bald zur rechten ein Beernkopff drüber kam/

Zur lincken seit ein Adler wardt/
Bald drübr ein Löw/ nach seiner art/
Den Rachn auffspert/ greifft nach der Cron/
Welch dan obn vff mir stund gar schon/
Sihe/ also hab ich aus gesehn/
Welchs hier zu Franckenthal vil müssn gsehn/
Was ich bedeut/ ist GOTT bekandt/
Eins/ sag ich/ thut nur Buß zu handt.

Gedruckt Im Jahr 1625.

Deutungen haben immer mit dem jeweiligen Weltbild zu tun. So auch die Interpreta-
tionen der Rillen in einem Birnbaumblatt aus dem Jahre 1625, die »den Frommen zur
Betrachtung, den Gottlosen aber auch zur Warnung« abgebildet wurden.
Sammlung Dr. Helmut Urban

Religiöse Überzeugungen sind hierzulande traditionell das Ergebnis religiöser Erziehung, zumeist von Kindesbeinen an. Das gibt den Menschen in ihrem Glauben große Sicherheit – und normalerweise haben sie dann nicht das Bedürfnis, diesen Glauben zu hinterfragen. Nach den Erklärungen Singers ist dies ganz natürlich. Dieses Buch will, wie ich noch einmal betonen möchte, niemanden von seinem Glauben abbringen, wohl aber eine intellektuelle Auseinandersetzung führen. Ich will zeigen, warum der Mensch verführbar ist, und damit erklären, wie auch der Glaube missbraucht werden kann. »Jeder hat nur ein Gehirn im Leben. Es verdient es, dass man sich darum kümmert.« So begründet die Kinderpsychiaterin Heidelise Als aus Boston ihr Bemühen, die frühkindliche geistige Entwicklung zu verstehen (116); ein Satz, der, wie ich meine, auch als eine Begründung für dieses Buch gelten könnte.

Ich habe geschildert, wie ausgeprägt das menschliche Bedürfnis ist, die Welt zu deuten. Das Gehirn ist darauf angelegt, zwischen den im Bewusstsein vorhandenen Argumenten und den aktuellen Handlungen oder Entscheidungen »Kongruenz« herzustellen. Gelingt das nicht, weil gerade die passenden Argumente fehlen, werden diese, so Singer, »um der Kohärenz willen *ad hoc* erfunden« (117). Man kann das beweisen durch Experimente mit Menschen, denen aus therapeutischen Gründen die Verbindung zwischen beiden Hirnhälften durchtrennt wurde, sogenannten Split-Brain-Patienten. Durch entsprechende Versuchsanordnungen kann man die eine Hirnhälfte eines Menschen auffordern, etwas zu tun, ohne dass die andere Hirnhälfte des Probanden dies weiß. Dennoch begründet die ahnungslose Hirnhälfte im Nachhinein das Verhalten als beabsichtigt. Jedoch haben die genannten Gründe mit dem Sachverhalt, nämlich Handeln nach Aufforderung, nichts zu tun.

Sigmund Freud hat vor 100 Jahren die Neigung des Menschen, Begründungen zu erfinden, entdeckt und von »Rationalisierungen« gesprochen. Paul Watzlawick entdeckte vor einem halben Jahrhundert das menschliche Bedürfnis, eher »selbst-abdichtende« Erklärungen zu erfinden als eine einmal gewonnene Überzeugung aufzugeben. Beides hilft uns auch, Glaubenssysteme zu verstehen.

Mythen-Bildung

Manche Bilder von der Welt haben sich im Laufe der Geschichte zu Mythen verdichtet und tief in das Gedächtnis der Menschheit eingegraben.
Als Mythos definiert der *Duden* neben überlieferter Dichtung auch »Person, Sache, Begebenheit, die (aus meist verschwommenen, irrationalen
Vorstellungen heraus) glorifiziert wird, legendären Charakter hat.« Das
gilt insbesondere im Zusammenhang mit den Glaubenssystemen, die
für die meisten Menschen auf der Erde die Essenz ihrer Weltanschau-
ung darstellen. Offensichtlich ist es besonders schwer zu ertragen, die
Mythen der eigenen Kultur infrage zu stellen. Dagegen erscheint es
leicht, die fremder Kulturen zu entlarven.

Ein Beispiel: In der islamischen Welt des Nahen Ostens ist das »Blut«
entscheidend, die Abstammung, der Familien-Clan. Die gebürtige So-
malierin Ayaan Hirsi Ali, geboren 1969, erzählt, wie sie als Kind von
ihrer Großmutter abgefragt wird: »Für eine Fünfjährige habe ich es gut
gemacht. Ich habe es geschafft, bis auf dreihundert Jahre zurück meine
Vorväter, den wirklich wichtigen Teil meiner Familie also, zu benennen.
... Später, als ich älter werde, zwingt und prügelt mich meine Großmutter dazu, die Abstammungslinie meines Vaters achthundert Jahre zurück bis zum Beginn des großen Clans der Darod auswendig zu lernen.
Ich bin eine Darod« (118). Wenn zwei Somalis sich begegnen, fragen sie
einander als erstes: »Wer bist du?« Und dann verfolgen sie ihre Ab-
stammungslinien zurück, bis sie einen gemeinsamen Vorfahren finden. Wir finden dergleichen eher absonderlich, sind jedenfalls stolz
darauf, dass demokratische Strukturen das Stammesdenken abgelöst
haben.

In Deutschland zählt der Stammbaum heute glücklicherweise eher
bei Pferden oder Hunden. Aber den Wert der Familie als gottgewollte Institution betonen insbesondere die Kirchen wie eh und je. Ein lebendi-
ger Mythos. Tatsächlich beginnt man erst allmählich zu bedenken, dass
die Familie für viele Kinder als Zentrum von Gewalt die Quelle unendlichen Leidens sein kann. Seit wenigen Jahren achten Ärzte, Kindergärt-
nerinnen oder Lehrer darauf, ob eine »Krankheit« nicht das Ergebnis
der Misshandlung eines Kindes im Elternhaus ist. Diese größere Achtsamkeit führt dazu, dass offenbar wird, wie viele Kinder in Deutschland

»Wenn die Frau nicht zur Hilfe des Kindergebärens dem Mann gegeben ist, zu welcher Hilfe dann?« so zitiert die katholische Theologin Uta Ranke-Heinemann den Kirchenvater Augustinus aus dem 4. Jahrhundert (hier inmitten seiner Schüler in einer Darstellung aus dem 12. Jahrhundert). Sie kritisiert damit das Frauenbild ihrer Kirche.

Opfer ihrer eigenen Väter und Mütter werden. Die Kirchen ficht das freilich nicht an. Insbesondere die katholische Kirche kämpft verbissen gegen die rechtliche Gleichstellung anderer Partnerschaften mit der Familie.

Als die Bundesfamilienministerin Ursula von der Leyen Anfang 2007 ihren Plan verkündete, für Kinder berufstätiger Mütter mehr Krippenplätze zu schaffen, erregte sie vor allem den Zorn des Augsburger Bischofs Walter Mixa: Wer mit staatlicher Förderung Mütter dazu verleite, ihre Kinder bereits kurz nach der Geburt in staatliche Obhut zu geben, degradiere die Frau zur »Gebärmaschine« (119). Die katholische Theologin Uta Ranke-Heinemann weiß, dass es sich genau umgekehrt verhält, denn »es ist die katholische Kirche, die seit fast 2000 Jahren die Frauen zu Gebärmaschinen abgestempelt hat« (120). Ranke-Heinemann zitiert den Kirchenvater Augustinus (354–430) mit dem Satz: »Wenn die Frau nicht zur Hilfe des Kindergebärens dem Mann gegeben ist, zu welcher Hilfe dann? Zu allem anderen ist doch der Mann dem Mann eine bessere Hilfe. Wie viel angenehmer ist es, wenn zwei Freunde zusammen wohnen, als wenn Mann und Frau beieinander wohnen.« Was den Vorwurf Mixas angeht: Tatsächlich haben die Mütter in Deutschland keine Wahlfreiheit, und nur darum geht es, weil es nicht genügend Plätze in Kinderkrippen gibt. Peter Fahrenholz kommentierte den Ausbruch Mixas in der *Süddeutschen Zeitung* so (121): »... einer Kirche, die Oberhirten wie Mixa hat, laufen die Gläubigen zu Recht in Scharen davon.« Soweit zum Mythos Familie.

Wie aus Jesus der Christus wurde

Die Beobachtungen der experimentierenden Wissenschaftler und ihre Erklärungen gilt es nun mit den theologischen Erkenntnissen zu verbinden und anzuwenden. Ich habe oben beschrieben, dass und warum die Welt nicht so ist, wie wir sie sehen und hören, wie wir sie also mit unseren Sinnesorganen wahrnehmen. Wir sind deshalb gezwungen, aber auch fähig, sie zu deuten. Jedoch greifen wir mit unseren Deutungen leicht zu kurz, weil wir gewohnt sind, linear zu denken, und uns komplexe Vorgänge unanschaulich und weitgehend unverständlich bleiben.

Nach traditionellem christlichem Verständnis ist Jesus ein Religionsstifter. Der katholische Neutestamentler an der Universität Bamberg, Paul Hoffmann, erklärt das so (122): Die Anrede Jesu mit den Worten »Meister« oder »Rabbi« in den Evangelien lasse die Beziehung zwischen ihm und seinen Jüngern als ein Lehrer-Schüler-Verhältnis deuten. Damit könne man Jesus dem Typus des »religiösen Lehrers« zuordnen. »Dementsprechend ließ sich dann auch Jesu ›Lehre‹ im Sinne der Vermittlung zeit- und ortloser, ewig gültiger (Offenbarungs-)Wahrheiten über Gott, Welt und Mensch verstehen.« Damit kommt das Bild einer »Offenbarung« ins Spiel, das jegliche Diskussion ausschließt.

»Dieses Bild bedarf in vielfacher Hinsicht der Korrektur,« betont Hoffmann. Jesus hat als Person der Geschichte gelebt. Was wir über den historischen Jesus wissen, ist eine Mischung aus Fakten und Deutungen, wie sie schon in den biblischen Schriften zu finden ist. Sofern sich die Theologen heute lediglich mit der Botschaft Jesu, dem Kerygma, beschäftigen, werden sie zu Deutern einer Ideologie. »Nur in der Bindung an den historischen Jesus kann die Konkretheit der christlichen Erlösungsbotschaft erhalten bleiben«, sagt Paul Hoffmann. Zugleich beklagt der katholische Theologe den überdeutlichen Abstand zwischen dem geschichtlichen Jesus und dem »›Wechselbalg‹ des real existierenden römischen Katholizismus, der aus dem jahrhundertelangen Konkubinat der ›Kirche‹ mit der Macht entstand.« Die Assoziation zum Bild des »real existierenden Sozialismus« ist von Hoffmann gewollt. Nach dem Scheitern des Sozialismus kam nämlich in den 1990er Jahren der Slogan auf: »Marx ist tot, Jesus lebt.« Hoffmann warnt seine katholische Kirche vor solcher »Naivität«: »Uns steht die Stunde der Wahrheit noch bevor – spätestens am jüngsten Tag.«

Zurück zum Bilderwechsel von Jesus zu Christus. Jesus war ein charismatischer Wanderprediger. Er und seine Jünger standen ganz in der altjüdischen Tradition, wonach sich Gott seinem Volk in den Heiligen Schriften und immer wieder durch Propheten offenbart. Man war sich zwar auch damals schon dessen bewusst, dass es »falsche Propheten« gebe, man also sehr genau darauf zu achten habe, was ein Prophet denn so prophezeie. Aber dass sich Gott den Menschen offenbare, war unstreitig. Es galt also, genau hinzuhören. Im Judentum der Antike war schon vor dem Auftreten Jesu der Traum von einem Messias entstanden, eines von Gott gesandten Herrschers über das jüdische Volk, der die – das Volk unterdrückenden – Heiden vernichten werde. Diese Vorstellung hegten insbesondere die einflussreichen Pharisäer. Verbreitet war auch bereits die apokalyptische, bis heute bei den christlichen Fundamentalisten beliebte Idee, dass in der Endzeit (am »Ende aller Tage«) der Messias kommen und das Reich Gottes auf Erden gründen werde. *Messias*, das hebräische Wort für den »Gesalbten« – eben den König der Juden – heißt, ins Griechische übersetzt, *Christos*, latinisiert *Christus*.

»Jesus lebte, dachte, wirkte und starb als Jude. Es ist eines der wichtigsten Ergebnisse von 200 Jahren moderner Jesusforschung, dass er zwei Religionen angehörte: dem Judentum, dem er von ganzem Herzen anhing, und dem Christentum, dessen zentrale Bezugsgestalt er *nach* seinem Tode wurde – und zwar aufgrund von Deutungen seiner Person, die ihm seine jüdischen Anhänger gaben.« So fasst es Gerd Theißen zusammen, evangelischer Neutestamentler an der Universität Heidelberg (123). »Schon der historische Jesus lebte in einem Mythos«, so Theißen. Dem Mythos nämlich, in einer »Endzeit« zu leben. Jesus erwartete das alsbaldige Hereinbrechen des »Reiches Gottes«. Das war eine uralte jüdische Vorstellung. Traditionell erwarteten die Juden die sichtbare Herrschaft Gottes nach dessen Sieg über die Heiden, welche die Juden bedrängten. Zu Jesu Lebzeiten war Palästina Teil des römischen Weltreichs. Jesus aktualisierte den Mythos, indem er predigte, die Herrschaft Gottes sei bereits in der Gegenwart im Verborgenen präsent. Theißen nennt dies die »Entmilitarisierung« des Mythos.

Obwohl sich Jesus, denn er war auch nur ein Mensch, in seinem Glauben geirrt hat, das Ende der Welt sei nahe, erwarten Christen der verschiedensten Glaubensgemeinschaften, heute insbesondere in den USA, seit 2000 Jahren vergeblich das baldige sichtbare Erscheinen Gottes. Das geht so weit, dass die Schulaufsicht in Federal Way, einem Ort in der Nähe von Seattle in den USA, Anfang 2007 einer Lehrerin verboten hat, den Film des ehemaligen US-Vizepräsidenten Al Gore, *Eine unbequeme Wahrheit,* im Unterricht zu zeigen. Darin wird dargestellt, welche Rolle die USA als Hauptverursacher des menschengemachten Klimawandels auf der Erde spielen. Ein evangelikaler Christ hatte dagegen erfolgreich protestiert, weil der Klimawandel ein Zeichen der bevorstehenden Wiederkehr Gottes sei (124).

»Die ersten Christen erwarteten das Reich Gottes – und sie bekamen stattdessen die Kirche. Die Ungarn erwarteten Freiheit, Gerechtigkeit, nationale Versöhnung, Wohlstand für alle und ›Glück‹ – und bekamen stattdessen den wilden Kapitalismus mittelosteuropäischer Prägung.« Solcherart Wiederholung der Geschichte enttäuschter Hoffnungen auf eine »Wende« beklagt in unserer Zeit der ungarische Philosoph Zoltán Endreffy von der Universität Miskolc (125).

Gleichzeitig mit dem Bild von der Königsherrschaft Gottes verwendete Jesus auch das ebenfalls »dem kollektiven Bildervorrat des Judentums« (Theißen) entnommene Bild des Vater-Gottes. Beide Bilder sind in dem Jesus selbst zugeschriebenen Gebet enthalten, in dem Gott mit »Unser Vater im Himmel« angesprochen wird und in dem es heißt: »Dein (König)Reich komme ...« Jesus hat sich also als ein Prophet verstanden und die heiligen Schriften der Juden menschenfreundlicher ausgelegt, als die seinerzeit tonangebenden »Schriftgelehrten« aus der jüdischen Partei der Pharisäer. Er hat auch den Tempelkult und die florierenden Geschäfte im Zusammenhang mit den dort gepflegten Tieropfern radikal abgelehnt. Das war besonders heikel, wenn man bedenkt, dass zu Jesu Lebzeiten im Tempel in Jerusalem nach Angaben des protestantischen Theologen Klaus-Peter Jörns (126) etwa 8000 Priester tätig waren, dazu Geldwechsler und Opfertierhändler in großer Zahl. Sie griff der Rabbi Jesus tätlich an, stürzte ihre Tische und die Käfige mit den Opfertieren um, wie dies das Markus-Evangelium drastisch schildert. Um eine Analogie zu versuchen, stelle man sich vor, jemand würde es heute wagen, auf dem Münchner Oktoberfest den Bierausschank zu verhindern. Er könnte das gut begründen, indem er auf die bekannten Folgen von Besäufnissen hinweisen würde. Was wäre da wohl los? Auch Jesus hat sein Handeln begründet und auf den Propheten Jesaja hingewiesen, wonach Gottes Tempel ein »Bethaus« sei (wobei Jesaja selbst freilich nichts gegen »Brandopfer« und »Schlachtopfer« einzuwenden hatte), aus dem nun eine »Räuberhöhle« geworden wäre. Der Tod Jesu war denn auch das Ergebnis eines Machtkampfes, den die Pharisäer, die sich der römischen Besatzungsmacht bedienten, für sich entschieden, indem, offenbar auf Betreiben der Pharisäer, Jesus als ein Verbrecher am Kreuz hingerichtet wurde.

An dieser Stelle sei darauf hingewiesen, dass Jesus nach den bibli-

Mit der »Tempelreinigung« machte sich Jesus bei den seinerzeit etwa 8000 im Tempel von Jerusalem arbeitenden Priestern verhasst. Kein Wunder, dass sie ihn beseitigt wissen wollten.

schen Texten nicht nur den Händlern im Tempel gegenüber eine zumindest für uns heute befremdlich klingende gewalttätige Sprache verwendete. Etwa im Matthäus-Evangelium (127): »Ihr sollt nicht meinen, dass ich gekommen bin, Frieden zu bringen auf die Erde. Ich bin nicht gekommen, Frieden zu bringen, sondern das Schwert. Denn ich bin gekommen, den Menschen zu entzweien mit seinem Vater und die Tochter mit ihrer Mutter und die Schwiegertochter mit ihrer Schwiegermutter.« Oder im Evangelium des Lukas (128): »Ich bin gekommen, ein Feuer anzuzünden auf Erden; was wollte ich lieber, als dass es schon brennt.« Wenn heute die Christen den Moslems vorwerfen, ihre Religion »mit Feuer und Schwert« ausgebreitet zu haben, können diese auf solche Stellen in der Bibel hinweisen. Und die gewalttätige Geschichte der Ausbreitung des Christentums ist ja bekannt. Freilich gibt es auch das Jesus zugeschriebene Zitat im Matthäus-Evangelium (129): »... wer das Schwert nimmt, der soll durchs Schwert umkommen.« Wer die Bibel als buchstäblich offenbartes Wort Gottes versteht, muss sich mit solchen Kontrasten besonders schwer tun.

Alsbald nach dem Tode Jesu haben seine Jünger die ihnen damals nicht so fern liegende Vorstellung entwickelt, dass Jesus der von den frommen Juden erwartete Messias sei und dass sein Tod als der eines Märtyrers verstanden werden müsse. Jesus, der ein frommer Jude war, hat sich zwar, wie gesagt, als Prophet, nicht aber als der Messias verstanden. Wir wissen nicht, ob er solchen Vorstellungen, sofern sie seine Jünger zu seinen Lebzeiten gehegt haben sollten, widersprochen hat. Allerdings wurde nach den biblischen Berichten der Gekreuzigte von Seiten der Römer als »der Juden König« bezeichnet; wohl um zu zeigen, dass es eben so einem jeden potentiellen politischen Aufrührer gehen werde. Der Kabarettist Bruno Jonas stellte das in der Katholischen Akademie in München Anfang 2007 so dar:

Pontius Pilatus: »Bist du der König der Juden?« – Jesus: »Nageln sie mich da jetzt bitte nicht fest.«

Die Vorstellung des Märtyrertums entstand, wie das noch weitergehende Bild seiner Vergottung, jedenfalls nach Jesu Tod. Im Herbst anno 2006 haben übrigens sechsundvierzig Abgeordnete des Sejm, zehn Prozent der Mitglieder des polnischen Parlaments, den Antrag gestellt, Jesus Christus zum König von Polen zu krönen (130).

»Es ist Konsens, dass die ersten Christen weit mehr über Jesus ausgesagt haben, als Jesus je über sich selbst gesagt hat«, beschreibt Theißen den aktuellen Stand der theologischen Forschung. »Es ist ferner Konsens, dass der Anstoß zu dieser Transzendierung aller Aussagen des historischen Jesus von den Ostererscheinungen ausging.« Diese Erfahrungen, die weiter unten selbst zu deuten sein werden, sind ohnedies nur im Lichte der Überzeugungen zu verstehen, die seinerzeit den Juden präsent waren.

Ein halbes Jahrtausend vor Jesu Lebzeiten durchlitt das Volk Israel bereits eine furchtbare Krise. Jerusalem und sein Tempel wurden zerstört und die jüdische Oberschicht für lange Zeit ins babylonische Exil deportiert. Diese Katastrophe wurde damals von den jüdischen Theologen so gedeutet, dass diese dennoch am Glauben an ihren Gott Jahwe festhalten konnten. Der Sieg der Babylonier über Israel war, so die grundsätzlich neue Deutung, nicht etwa, wie dergleichen damals üblicherweise verstanden wurde, ein Zeichen dafür, dass die babylonischen Götter dem Gott Israels überlegen waren. Vielmehr wurde die Existenz der fremden Götter einfach geleugnet und die Katastrophe als eine gewissermaßen familiäre Auseinandersetzung zwischen den Juden und ihrem Gott umfunktioniert. Jahwe habe Israel für seine Sünden gestraft und werde das Volk, sein Volk, nun in eine neue Zukunft führen. »Überbietungssynkretismus« nennen es Religionswissenschaftler, wenn eine Religion aus ihrem eigenen Repertoire das auswählt, womit sie andere, konkurrierende Religionen übertreffen kann.

Die für das Selbstverständnis der Jünger Jesu ebenso einschneidende Katastrophe, dass all ihre Hoffnungen mit dem Tod ihres Helden am Kreuz zunichte wurden, deuteten diese nun in einer Weise, wie sie heute Sozialpsychologen mit ihren Theorien gut erklären können. Es geht darum, die kaum erträglichen Spannungen, auch kognitive Dissonanzen genannt, zu verringern. Gerd Theißen, der sich diese Theorien zu eigen gemacht hat, interpretiert die Geschichte so: Die Bezeichnung, die als Inschrift am Kreuz Jesu stand, »Jesus von Nazareth, der Juden König«, habe die Botschaft vermittelt, mit dem Gekreuzigten seien zugleich auch die Hoffnungen auf einen Befreier Israels vom Joch der römischen Besatzer »mitgekreuzigt« worden. »Um solche Dissonanzerfahrung zu überwinden, musste der Gekreuzigte einen noch höheren

Rang und Wert erhalten, als ihm ursprünglich zugeschrieben worden war. Durch Überwindung des Todes erwies er sich endgültig als mächtiger als seine Richter und Henker. Die Ostererscheinungen ermöglichten also eine unendliche Wertsteigerung der Person Jesu, durch die auch die extreme Dissonanz zwischen seinem Charisma und dem Kreuz überwunden werden konnte.« Jesus wurde posthum in einen gottgleichen Status erhoben.

Es begann mit Berichten seiner Anhänger, zuerst seiner Jüngerinnen, der am Kreuz gestorbene Jesus sei ihnen nach seinem Tod erschienen. Die biblischen Ostergeschichten berichten davon in einigen Varianten. Bezeichnenderweise wurde dabei Jesus von den Seinen nicht zweifelsfrei als Person identifiziert, vielmehr einmal für den Gärtner gehalten, oder ein andermal für einen Geist, oder nur aufgrund der Stimme als ihr Meister wahrgenommen oder im Nachhinein so gedeutet. Im Matthäus-Evangelium, das von der Erscheinung Jesu unter seinen Jüngern berichtet, heißt es (131): »als sie ihn sahen, fielen sie vor ihm nieder; einige aber zweifelten.« Das heißt, der Zweifel gehört zu den frühen Oster-Berichten, auch wenn später davon nicht mehr die Rede ist.

Folgerichtig gibt es auch protestantische Theologen wie Gerd Lüdemann (Universität Göttingen), die diese Erscheinungen als Ergebnis innerpsychischer Prozesse bei den Jüngern deuten, als Visionen also. Lüdemann ist dafür von seiner evangelischen Kirche abgestraft worden, er wurde aus der theologischen Fakultät der Universität Göttingen ausgeschlossen und darf nicht mehr Pfarrer ausbilden. Theißen formuliert die psychologische Deutung vorsichtiger so: »Es hängt ganz von unserer Konstruktion der Wirklichkeit ab, ob wir es für möglich halten, dass auch durch innerpsychische Prozesse eine objektive Botschaft an Menschen vermittelt werden kann.« Auch eine Erklärung im Analogieschluss versucht Theißen – analog zu einer andersartigen Glaubensaussage: »An der ›Objektivität‹, d. h. der faktischen Richtigkeit mancher Informationsübertragungen nach dem Tode von Menschen (von denen Menschen vor allem in Kriegszeiten erzählen) kann m. E. kein Zweifel sein, auch wenn wir das in unseren naturwissenschaftlichen Wirklichkeitskonstruktionen nicht unterbringen – aber auch nicht ausschließen können.« Der Theologe Klaus-Peter Jörns dagegen meint: »Jenseits dessen, was Menschen mit ihren Sinnen wahrnehmen können, gibt es weder Offenbarung noch irgendwelche Sonderwahrnehmungen.« Damit befindet er sich in Übereinstimmung mit dem Gehirnforscher Wolf Singer.

Von einer leiblichen Auferstehung Jesu, wie sie alle Christen rituell im »Glaubensbekenntnis« am Sonntag in der Kirche beschwören, sprechen die forschenden Theologen längst nicht mehr, auch nicht die katholischen, zumindest dann nicht, wenn sie bereits emeritiert sind und praktisch nicht mehr kirchenrechtlich belangt werden können. Der katholische Systematische Theologe Hans Kessler an der Universität Frankfurt am Main verweist zum Beispiel vorsichtig auf »... viele Zeugnisse, die annehmen, die Toten sind lebendig bei Gott und der Leichnam ruht im Grab« (132).

Nicht spekulativ, wie die vorangegangenen Überlegungen Theißens über »Informationsübertragungen nach dem Tode«, sondern Ergebnis vergleichender Forschung sind die Erklärungen, die die Vergottung Jesu in einen zeitgeschichtlichen Rahmen stellen. Hier beziehe ich mich ebenfalls auf die Darstellung von Gerd Theißen.

Die Juden zu Zeiten Jesu waren mit dem Glaubenssystem ihrer Besatzer, der Römer, konfrontiert. Es war üblich, dass der römische Kaiser nach seinem Tod als ein Gott in den Himmel entrückt und auf Erden im ganzen römischen Reich verehrt wurde. Kaiser Claudius starb anno 54, kurz bevor Paulus seinen Brief an die Römer schrieb und darin die Einsetzung Jesu zum Sohn Gottes betonte. Die Divinisierung des Kaisers war damals im römischen Reich nicht unumstritten. Das viel später entstandene Markus-Evangelium, so Theißen, »kann man in seiner Darstellung der Geschichte Jesu als ein ›Gegenevangelium‹ zur damaligen Herrscherpropaganda lesen«. Auch Kaiser Titus Flavius Vespasianus (69–79), zu dessen Zeit (anno 70) am Ende eines Aufstands der Juden gegen die Römer der Tempel in Jerusalem zerstört worden war, wurde nämlich zum »Sohn Gottes« erklärt. Und auch ihm und seinem Geschlecht der Flavier wurden Wunder und Prophetien zugeordnet. Die Botschaft des Markus-Evangeliums dagegen, so Theißen, lautet: »Nicht die Flavier bringen die Erfüllung der Verheißung, sondern Jesus von Nazareth hat sie gebracht.«

Schuld und Sühne

Der Tod eines Märtyrers war nach griechischer Tradition ein »edler Tod« – für das Land, das Volk oder seine Gesetze. Jesus Christus, wie er alsbald genannt wurde, sei »gestorben für unsere Sünden«, formulierten seine Anhänger, die ersten *Christen*. Dabei griff man auf die bereits in der Steinzeit lebendige Vorstellung des Opfertodes zurück: Das Opfern eines Tieres oder eines Menschen sollte die aus irgendeinem Grunde erzürnte Gottheit mit den Menschen versöhnen.

Der Apostel Paulus entwickelt eine ganz eigene Theorie von Schuld und Sühne und erklärt damit gleichzeitig die Sterblichkeit des Menschen einerseits und seine Erlösung andererseits, die zu einem »ewigen Leben« führt: Durch den Ungehorsam *eines* Menschen, nämlich des Adam, gegenüber Gottes Gebot kam die Sünde in die Welt. Denn Adam, der erste Mensch, hat im Paradies verbotenerweise eine Frucht vom Baum der Erkenntnis verzehrt. Seither sind alle Menschen von Geburt an Sünder (mit der »Erbsünde« behaftet), und »der Sünde Sold ist der Tod« (133). Durch den Gehorsam *eines* anderen Menschen, nämlich Jesus, der sich gehorsam ans Kreuz schlagen ließ, sind alle Menschen vor Gott »gerechtfertigt«, also die »Erbsünde« wieder losgeworden – sofern sie sich auf den Namen Jesus Christus taufen lassen. Paulus verknüpfte also einen Mythos, den er sich deutet, mit seiner Interpretation eines historischen Ereignisses (134). So entstand das christliche Grunddogma. Und seit 2000 Jahren fühlen sich deshalb die Christen schuldig daran, dass Jesus am Kreuz sterben musste. Alle Jahre wieder zur Passionszeit klagen sie sich in frommen Liedern selbst an: »*Herzliebster Jesu, was hast du verbrochen? ... Was ist doch wohl die Ursach solcher Plagen? Ach, meine Sünden haben dich geschlagen; ich, mein Herr Jesu, habe dies verschuldet, was du erduldet.*« (Johann Heermann, 1630)

Die Idee, dass die Götter einen Menschen nach dessen Tod zu einem Gott und damit unsterblich machen konnten, war der von der griechischen Kultur geprägten Welt vertraut. Die Juden kannten wiederum den Mythos, dass die Menschen am Ende aller Tage, wenn der Messias erscheint, aus ihren Gräbern auferweckt und zum »Jüngsten Gericht« gerufen werden würden. Die christliche Vorstellung, die insbesondere der Apostel Paulus in seinen Briefen aus den fünfziger Jahren, den ältesten

Den Mythos der Vertreibung der Menschen aus dem Paradies nimmt der Apostel Paulus wörtlich: Mit der Übertretung Adams kam die Sünde in die Welt, und deshalb sind alle Menschen von Geburt an Sünder. (Ludwig Richter, 1832)

Texten des Neuen Testaments, entwickelt hat, war dann die: Christus ist von den Toten auferweckt worden, in den Himmel aufgefahren, und kommt am Ende aller Tage – sehr bald, wie man damals meinte – als Weltenrichter wieder zurück auf die Erde.

Die Vorstellung von Jesu Tod als »Opfer« für die Sünden der Menschheit ist heute nicht mehr selbstverständlich. Der protestantische Bischof Wolfgang Huber allerdings verteidigt die alte Vorstellung vom »stellvertretenden Opfer« (135): »Ich meine, die Versöhnung Gottes in Christus hat nicht damit zu tun, dass SEIN Zorn besänftigt wird durch ein Menschenopfer, sondern damit, dass einer mit seinem Leben vor Gott für die Menschen in ihrer Sündhaftigkeit eintritt. Die Stellvertretung ist der Dreh- und Angelpunkt für diese Interpretation, aber nicht das Opfer.« Die große Leistung der paulinischen Deutung sei die Verbindung mit einem »ein für alle Mal«, das heiße, »die Deutung des Todes Jesu als Opfer bedeutet das Ende jedes Opferkultes«. Das sei auch der kritische Punkt im Verhältnis zu einer »Tradition der katholischen Messinterpretation, wonach die katholische Messe die Wiederholung des Opfers sei«. Auch heute müssten Menschen als »Sündenböcke« ihr Leben lassen. Weil aber mit Christus »einer für alle eingestanden ist«, dürfe »niemand mehr für andere zum Opfer gemacht werden«.

Die innere Widersprüchlichkeit der Opfer-Ideologie beschreibt der evangelische Theologe Klaus-Peter Jörns so (136): Wenn Gott seinen Sohn opfert, handelt er »als Opferherr und Empfänger des Opfers zugleich«. Auch wenn Jesu Opfer das letzte und »ein für allemal« gewesen wäre, könne es seine Funktion nur erfüllt haben, wenn es »ein wirkliches Opfer« gewesen sei, wenn Gott es als geboten angesehen und angenommen hätte. Damit müsse aber *Gott selbst* »mit diesem Opfer wieder an den Anfang der blutigen Opfergeschichte zurückgegangen sein – bis zu den Menschenopfern.« An anderer Stelle schreibt Jörns (137): »Für mich steht fest, dass das Verständnis der Hinrichtung Jesu als (Sühn-) Opfer zur Erlösung der Welt das am meisten problematische Erbe ist, das wir aus der Zeit der sich bildenden christlichen Überlieferung haben, also aus der Zeit, in der die Jesus-Überlieferung von seinen Zeitgenossen theologisch gedeutet worden ist.«

Der Theologe Gerd Theißen definiert den Sinn der Eucharistie so: »Das Abendmahl ist symbolisch inszenierter Kannibalismus und feiert ein Sündopfer als Gemeinschaftsmahl. Damit werden moralische und rituelle Tabuschwellen überschritten.« Das Ritual wolle »durch seinen moralischen Tabubruch die abgrundtiefe Schuld des Menschen aufdecken« (138). Eine Weise der Abendmahlsdeutung, die Jörns wiederum strikt ablehnt. Dieser betont vielmehr, und das entspricht auch den Intentionen dieses Buchs, wir hätten allen Grund, »unsere eigenen Traditionen kritisch zu analysieren. Zu ihnen gehören neben den biblischen Texten vor allem die kirchlichen Liturgien. Durch ihre ständige Wiederholung haben sie sich tief in das Unbewusste der Christen eingegraben und dabei leider nicht nur Gutes bewirkt« (137).

Der Kinderpsychiater und Psychoanalytiker Peter Riedesser (Universitätsklinikum Hamburg-Eppendorf), der mit traumatisierten Opfern von Katastrophen arbeitet, sieht das Bild, das die Bibel bis in unsere Zeit vermittelt, ähnlich kritisch. In einem Interview (139) sagte er: »Eine besonders wirksame Prägung des Vaterbildes entstammt der Bibel. In ihr findet sich nicht nur der schützende, sondern auch der brutale Gott, der auffordert, Kinder zu strafen, die nicht gehorchen, und ihnen im Neuen Testament ewige Höllenstrafen für ihre Sünden androht. Das ist eine historisch einmalige Brutalisierung des Vaterbildes, die mit den modernen Menschenrechten nicht zu vereinbaren ist. Dieser Vatergott erwartet von seinem Sohn, dass er sich foltern lässt, obwohl der bittet: Lass diesen Kelch an mir vorübergehen.« Die Vorstellung, dass man Söhne für »höhere Ziele« opfern müsse, habe in unserem Kulturkreis mit dazu geführt, »dass die regierenden Landesväter in den Kriegen des 20. Jahrhunderts die Generation der 18- bis 25-jährigen Söhne ›verheizt‹ haben«. Väter, die zu ihren Söhnen in den ersten Jahren eine innige, auch körperliche, Nähe gewinnen, seien nicht in der Lage, die Kinder zu opfern, weiß Riedesser.

Das Blutopfer-Mahl

Was ist der Höhepunkt im Leben eines Menschen? Für die meisten ist es die große Liebe, vielleicht die Hochzeit, zu der diese Liebe führt, oder auch die Geburt eines Kindes. Für die Bischöfe der katholischen Kirche, die dies alles nicht aus eigener Erfahrung kennenlernen dürfen, ist der »Höhepunkt des Lebens« die Eucharistie, das Abendmahl also, wie sie selbst im Herbst 2005 als Ergebnis einer Synode in Rom verkündeten. Dabei geht es um das uralte Ritual, Brot und Wein zu sich zu nehmen in einer durch den Priester vollzogenen verwandelten Form, was man kirchenlateinisch »Transsubstantiation« nennt. Der Kölner Kardinal Joachim Meisner beschreibt das so (140): »Die Transsubstantiation ist die Verwandlung der ganzen Substanz des Brotes in die Substanz des Leibes Christi und der ganzen Substanz des Weines in die Substanz seines Blutes.« Mit dem Blut-Kult haben die Christen und hat die katholische Kirche bis heute auch die altjüdische Vorstellung von der »Unreinheit« der Frau (in den Augen der Männer) während der Zeit ihrer Menstruation übernommen. Ein entscheidendes Argument gegen das Frauenpriestertum ist, wie im Judentum des Alten Testaments, dass Frauen wegen der Berührung mit Menstruationsblut das Priesteramt nicht ausüben dürfen. »Solange die christliche Mahlfeier als Opfermahlfeier mit einem Blutritus verbunden und solange an einem vorchristlichen Priester- und Reinheitsverständnis festgehalten wird«, könne es an diesem Punkt keine Annäherung geben, weder zwischen katholischer und evangelischer Theologie noch im Gottesdienstverständnis, so Klaus-Peter Jörns (137).

Nun ist es eine von keinem seriösen Forscher geteilte absurde Vorstellung, Jesus selbst habe wenige Stunden vor seiner Verhaftung in aller Ruhe seinen bevorstehenden Tod, und zwar als ein »Opfer« für die Sünden der Menschheit, angekündigt. Der US-amerikanische Theologe Burton L. Mack spricht im Zusammenhang mit solchen Bildern von einer »grausigen Metaphorik und gequälten Logik«. Tatsächlich ist das »Abendmahl«, die »Eucharistie«, ein Ritual, das sich bereits bald nach Jesu Tod entwickelt hat und das bis heute für Christen gemeinschaftsstiftend wirkt. Bereits der Apostel Paulus nimmt in seinem 1. Brief an die Gemeinde in Korinth darauf Bezug. Damals haben manche Jünger Jesu, keineswegs alle und keineswegs gleich nach dem Tod ihres Meisters, diesen Tod am Kreuz als ein Opfer interpretiert; eine Vorstellung, die der Apostel Paulus, wie beschrieben, weiter ausgemalt hat. Die heute gängige katholische Vorstellung allerdings, dass ein Priester beim »Nachvollziehen« des »letzten Abendmahls« den Platz Jesu einnehme, taucht bis zum 3. Jahrhundert »nicht einmal in Ansätzen« auf (141). Die katholischen Bischöfe verstehen dieses Abendmahl heute nicht nur als »eine personale communio mit Jesus Christus, sondern vor allem als die volle communio mit der Kirche« (142). Das heißt, im Zentrum steht nicht der Glaube an Gott oder Jesus, sondern »vor allem« der Glaube an die katholische Kirche. Nach meiner Interpretation ist das ein Missbrauch des Glaubens. Er führt zu einer höchst exklusiven Gemeinschaft, die alle anderen Christen ausschließt. Denn, so der Kölner Kardinal (143): »Der Christ *ist* nach unserem katholischen Verständnis das, was er *isst*.« So sieht die Eminenz auch aus, ist man geneigt zu glauben.

Die katholische Kirche pflegt immer noch einen Kult der Selbstzerstörung, in dem Wahn, dies sei gottgefällig. Die Angehörigen des von Papst Johannes Paul II. mit dem Status einer »Personalprälatur« versehenen Ordens *Opus dei* haben die Pflicht, durch »Abtötung« »ihr Leben zu heiligen« (144). Die Mitglieder des »Werkes«, das der spani-

Das legendäre letzte Abendmahl Jesu mit seinen Jüngern wird traditionell von den Christen als Opfermahlfeier begangen. Protestantische Theologen haben sich von dem Gedanken des Sühneopfers verabschiedet. (Albrecht Dürer, 1523)

sche Priester Josemaría Escrivá 1928 gegründet hat, werden so weit entmündigt, dass ein Index festlegt, welche Bücher sie lesen und welche Filme sie sehen dürfen. Im Regelkatalog des Opus wird den in Zentren gemeinschaftlich lebenden Mitgliedern, den »Numerariern«, empfohlen, sich einmal wöchentlich für die Dauer eines Vaterunsers mit der »Bußgeißel« auf den Rücken zu schlagen. Außerdem sollen sie zwei Stunden lang täglich einen mit Dornen versetzten »Bußgürtel« um den Oberschenkel tragen. Und ein feiner Unterschied zwischen Frauen und Männern: Die weiblichen Numerarier müssen bis zu ihrem 45. Geburtstag jede Nacht statt auf einer Matratze auf einem Brett schlafen, die Männer einmal in der Woche. Der Gründer des Opus starb 1975, im Oktober 2002 war er bereits »heilig« gesprochen; die schnellste Heiligsprechung in der Kirchengeschichte. Das zeigt etwas über die Wertschätzung von *Opus dei* im Vatikan. Es zeigt aber auch, dass man nicht einmal damit zufrieden ist, dass Jesus sich »ein für allemal« geopfert hat – beziehungsweise Gott ihn opferte, so fragwürdig schon allein dieser Gedanke ist –, sondern dass das Opfern »für Gott« immer weitergeht. Von »Ehrfurcht vor dem Leben« im Sinne Albert Schweitzers ist da keine Spur zu finden. Davon wird später noch die Rede sein.

Familiengeschichten

Erstaunlicherweise kann im Prozess der Mythologisierung die historische Wahrheit auf den Kopf gestellt werden. Nach den biblischen Berichten hat Jesus – von der Botschaft Johannes des Täufers ergriffen – seine Familie, die Mutter und die leiblichen Geschwister verlassen. Zunächst als Jünger des Täufers, später mit einer eigenen Botschaft, zog er als Wanderprediger durch Galiläa. Die Aufforderung Jesu an seine Jünger, aus dem eigenen Milieu auszubrechen, spiegelt also auch dessen persönlichen Lebensweg. Seine Familie wollte Jesus mit Gewalt nach Hause zurückholen, denn sie hielt ihn für verrückt (»Er ist von Sinnen«,145). Er reagierte darauf, indem er mit der leiblichen Familie brach und seine Anhänger zu seiner (neuen) Familie erklärte. »Dieser Bruch mit der Familie dauerte offensichtlich bis zu seinem Tode an. Am Kreuz werden ihm nur die Frauen, die in Galiläa mit ihm und den Jüngern die Nachfolgegemeinschaft teilten, die Treue halten«, so Paul Hoffmann (122). Es ist schwer zu verstehen, wie bei diesem Befund nach katholischer Lehre aus der (kinderreichen) »Jungfrau« Maria, mit der ihr Sohn Jesus nichts zu tun haben wollte, die leiblich gen Himmel aufgefahrene und in katholischen Landen faktisch wie eine Göttin verehrte »Gottesmutter« werden konnte. (Das Johannes-Evangelium, das Jesus sich in seiner Todesstunde seiner Mutter zuwenden lässt, gilt den Forschern nicht als eine historische Quelle.) Ich erinnere daran, dass, wie oben beschrieben, unser Gehirn auf Kohärenz erpicht ist und die grauen Zellen Fakten aus dem Bewusstsein tilgen, die dieser Kohärenz entgegen stehen. Der Marienkult, wie er sich insbesondere in den Kirchen des Barocks präsentiert, hat freilich auch einen anti-protestantischen Impetus: »Der Barock ist die Kunst der Gegenreformation und des Absolutismus; Kirche und Aristokratie waren ihre wichtigsten Förderer«, definiert der *Brockhaus*.

Glaubensbekenntnisse

Aus Leben und Sterben Jesu ist im Laufe kurzer Zeit ein Mythos geworden, hinter dem die Forscher heute nur mit Mühe die Person Jesu identifizieren können. Denn bereits Paulus habe sich für den Menschen Jesus »bekanntlich so wenig interessiert, dass er fast demonstrativ« (Theißen, 123) dessen Bedeutung für seine Theologie geleugnet hat. Im 2. Brief an die Korinther (146) schrieb Paulus nämlich, ». . . auch wenn wir Christus gekannt haben nach dem Fleisch, so kennen wir ihn doch jetzt so nicht mehr«. Das Bild wird wichtiger als die dahinter stehende Person. Jesus selbst war, wie gesagt, ein gläubiger Jude. Das Volk der Juden aber hatte sich nach dem Exil im 6. vorchristlichen Jahrhundert als Volk Gottes, also von seinem religiösen Glauben her konstituiert und so seine Identität gewahrt. Damit verbunden war allerdings bereits die Vorstellung, dass irgendwann einmal alle Völker Jahwe als einzigen Gott erkennen würden. Die Öffnung der juden-christlichen Urgemeinde auch für die Heiden war der Beginn einer Entwicklung, die zu einem neuen Volk Gottes führte, das Juden und Heiden in der dann entstehenden Kirche vereinigen sollte. Zunächst verstanden sich die Jünger Jesu und ihre Anhänger als fromme Juden, für die der Tempel in Jerusalem im Mittelpunkt stand – bis dieser im Jahre 70 durch die Römer zerstört wurde. Für die sich zerstreuenden Juden waren nun die Thora und der Gehorsam ihren Geboten gegenüber das verbindende Merkmal, für die Christen wurden es die Evangelien.

Die Vorstellung vom Opfertod Jesu verbreiteten die Jünger Jesu in den jüdischen Gemeinden – und etwas später dann vor allem Paulus auch unter den Nichtjuden, den Heiden. Die Aussage, Jesus ist Christus, war bereits ein Bekenntnis. Im jüngsten der Evangelien, dem des Johannes aus dem zweiten Jahrhundert – und nur dort – wird Jesus »Gott« genannt, der Mythos seiner Vergöttlichung erfährt hier theologisch seinen Abschluss. Wer zu den sich bildenden Gruppen der Anhänger Jesu dazugehören wollte, übernahm die den Tod Jesu interpretierenden Glaubensvorstellungen und bekannte sich im Akt der Taufe dazu. Das Glaubensbekenntnis wurde im Laufe der frühchristlichen Geschichte immer detaillierter, »selbst-abdichtend«, wie Watzlawick sagen würde. Hinzu kamen etwa die Idee von Jesu Dreitagereise in den

Hades, die Unterwelt, ferner die in der Antike auch sonst verbreitete Vorstellung von Geistzeugung und Jungfrauengeburt. Bereits im Matthäus-Evangelium wird zur Verdeutlichung der Vorstellung, Jesus sei ein göttliches Wesen, auf die heidnischen Mythen zurückgegriffen.

Ursprünglich hat man sich die göttliche Schöpferkraft als Atem Gottes (Pneuma) vorgestellt, der, wie im biblischen Schöpfungsmythos beschrieben wird, den aus Lehm gebildeten ersten Menschen, Adam, beseelt. Später haben jüdische Theologen die Propheten als vom heiligen Geist Gottes erfüllt verstanden. Nach Jesu Tod interpretierten seine Jünger die inneren Erfahrungen und Bilder, die sie bei der Meditation der Ereignisse um den Kreuzestod machten, als das Ergebnis des Wirkens des Heiligen Geistes. Das legendäre ekstatische Gemeinschaftserlebnis der Urgemeinde zu Pfingsten wurde ebenfalls der Aktivität des Heiligen Geistes zugeschrieben.

Aus alledem entstand im Laufe des 2. Jahrhunderts das sogenannte apostolische Glaubensbekenntnis, ein Dreiteiler, der den Glauben an Gott, an Jesus den Christus und an den Heiligen Geist bezeugt. Als Ergebnis massiver Auseinandersetzungen und der Konzilien von Nicäa im Jahr 325 und Konstantinopel anno 381 wurde dann ein Glaubensbekenntnis formuliert, das bis heute von allen christlichen Kirchen akzeptiert wird; von den orthodoxen Kirchen allerdings ohne den aus dem 6. Jahrhundert stammenden Zusatz, dass der Heilige Geist von Gottvater *und* Sohn Jesus (lateinisch *filioque*, »und dem Sohn«) ausgehe. In der Konstruktion dieses Glaubensbekenntnisses ist Jesus zugleich Mensch und Gott. Gottvater, Gottes Sohn Jesus sowie der Heilige Geist sind in einer Heiligen Dreifaltigkeit (Trinität) verbunden – was die Muslime übrigens als Vielgötterei ablehnen. Das taten auch der Kleriker Arius aus Alexandria und seine Anhänger im 4. Jahrhundert. In jahrzehntelangen Machtkämpfen setzten sich am Ende die Verfasser des nicäischen Glaubensbekenntnisses mit Hilfe des römischen Kaisers Konstantin gegen die Arianer durch. Konstantin war ein Machtmensch, der über Leichen ging und dabei auch die eigene Familie nicht verschonte. Bizarrerweise hat sich der Kaiser erst kurz vor seinem Tode im Jahre 337 taufen lassen, und das ausgerechnet von einem Bischof, der Arianer war, also die Vergöttlichung Jesu nicht mitgemacht hatte.

Bereits im Apostolischen Glaubensbekenntnis bekannten die Christen den Glauben an eine Institution, »die heilige christliche Kirche« – im Bekenntnis von Nicäa und Konstantinopel »die eine, heilige, allgemeine und apostolische Kirche«. Das heißt, der fromme Christ glaubt nicht nur an einen »dreieinigen« Gott, sondern auch an die Kirche, die damit eine metaphysische Qualität bekommt und von Gott selbst durch das »Ausgießen des Heiligen Geistes« begründet ist. Tatsächlich hat Jesus keine Kirche gegründet. Er war und blieb bis zu seinem Tode ein frommer Jude und war selbst kein »Christ«. Und er hat sich schon gar nicht als Gott gesehen, wohl aber in der »Bergpredigt« (147) alle Frieden stiftenden Menschen als Söhne Gottes (auch übersetzt als »Gottes Kinder«) beschrieben.

Die Vorstellung einer Trinität Gottes des Vaters, des Sohnes und des Heiligen Geistes ist im 4. Jahrhundert gewaltsam durchgesetzt worden. Muslime lehnen sie als Vielgötterei ab. (Holzschnitt 1524)

Angst vor der Entmythologisierung

Natürlich haben manche Theologen der Neuzeit allmählich auch bemerkt, dass das Christentum eine »selbst-abdichtende« Bilderlehre (Ideologie) ist. Insbesondere der protestantische deutsche Theologe Rudolf Bultmann hat mit dem Vortrag »Neues Testament und Mythologie« im Jahre 1941 ein kleines Erdbeben ausgelöst. Bultmann wies darauf hin, dass das mythische Weltbild der Verfasser der Schriften des Neuen Testaments einer kritischen Interpretation bedürfe. Seit 1950 setzen sich die protestantischen Kirchen in Deutschland mit den Ängsten von pietistischen (das heißt übersetzt: frommen) Pfarrern und Gemeindegliedern vor der Entmythologisierung auseinander. Das Festhalten am überlieferten Bekenntnis ist für die Frommen ein »Zeichen der Treue«. Man könnte es freilich auch als ein »Zeichen der Unbelehrbarkeit« bezeichnen. Zwar betonte die Amtskirche die Notwendigkeit wissenschaftlicher Forschung, distanzierte sich aber nicht eindeutig von deren Kritikern. Im Gegenteil, die evangelischen Fundamentalisten (die *Evangelikalen*) gründeten im Jahre 1966 als Gegengewicht gegen eine fortschreitende »Entmythologisierung« durch die Theologie die Bekenntnisbewegung »Kein anderes Evangelium«. Seither existieren aufgeklärte Theologen und Evangelikale nebeneinander und vermeiden jede Grundsatzdiskussion. Anliegen der Evangelikalen ist, so schrieb der Tübinger Pfarrer Rolf Hille, Vorsitzender des Arbeitskreises für evangelikale Theologie zum 25-jährigen Bestehen dieser Arbeitsgemeinschaft anno 2002, »die ganze Schrift« (*tota scriptura*) gegen den Liberalismus zu verteidigen. »Alle Bemühungen, Theologie dadurch zu entfalten, dass man zwischen göttlichen und menschlichen Aussagen in der Bibel trennt, enden früher oder später im puren Relativismus« (148). Darin dürfte sich Hille mit Papst Benedikt XVI. einig sein.

Bereits 1846 wurde in London eine evangelikale Bewegung, die *Evangelical Alliance*, gegründet, eine evangelische Basisgemeinschaft, die keine juristische Mitgliedschaft kennt und die heute nach eigenen Angaben Plattform für weltweit 300 Millionen Mitglieder ist. Deren deutscher Ableger, die Deutsche Evangelische Allianz, hatte demnach im Jahre 2006 etwa 1,3 Millionen Mitglieder. Sie bekennen sich zur »göttlichen Inspiration der Heiligen Schrift, ihrer völligen Zuverlässigkeit und höchsten Autorität«. Höchste Autorität ist die Bibel für alle Protestanten seit der Reformation durch Martin Luther. An die Irrtumslosigkeit der Bibel zu glauben steht freilich im Widerspruch zu allen Erkenntnissen der Theologen selbst, die sich mit den biblischen Schriften beschäftigen. Doch das interessiert die frommen Protestanten nicht.

Wer in der Bibel liest, »steht auf dem Boden der Tatsachen. Hier geht es um Geschichte, nicht um Geschichten. Deshalb steckt hinter diesem Buch voller Fakten, Fakten, Fakten immer ein kluger Kopf.« Das schreibt Peter Hahne, ZDF-Journalist und BamS-Kolumnist (149), ein bekennender evangelikaler Christ. Wie die meisten Christen auf der Welt glaubt auch Hahne, die Bibel sei ein Geschichtsbuch, das Fakten schildere. Tatsächlich haben die Verfasser der biblischen Schriften Geschichten erzählt in dem Bemühen, die Welt aus dem jeweiligen Blickwinkel ihrer Zeit heraus theologisch zu deuten. Heute bemühen sich die Theologen, sofern sie kritische Wissenschaftler sind, in Zusammenarbeit mit anderen Forschern zu verstehen, was denn die Fakten hinter den Geschichten der Bibel sind. Davon erfahren die Frommen im Gottesdienst im Allgemeinen herzlich wenig. Wenn die Landesbischöfin Margot Käßmann in Kassel von Jesus sagt, er habe es verstanden »mediengerecht« über den Glauben zu reden, vertieft sie nur das Missverständnis, die Gleichnisse, wie sie in den Evangelien des Neuen Testaments aufgezeichnet wurden, seien gewissermaßen Live-Wiedergaben. »Jesu Gleichnisse passen problemlos in die heutigen 1,30 Minuten, die ein Nachrichtenbeitrag für Radio oder Fernsehen dauert«, sagte die Bischöfin Anfang 2007 (150). Das spricht aus heutiger Sicht für die Texte, sagt aber nichts darüber aus, was denn Jesus nun selbst wie ausführlich gesagt hat und ob und, wenn ja, in welchen der Evangelien das biblische Konzentrat der ihm zugeordneten Reden wirklich *seine* damaligen Intentionen und nicht nur die Theologien der Evangelisten ausdrückt.

Theologisch noch unbedarfter – bei allem gewiss positiv zu wertendem sozialen Engagement – sind die Anhänger der pfingstkirchlich-charismatischen Bewegungen. Das ist der am stärksten wachsende Zweig der Christenheit. Zentral ist für sie die Vorstellung, in ihren ekstatischen Veranstaltungen wirke der Heilige Geist. Sie berufen sich in ihrem Handeln wie alle monotheistischen Glaubensgemeinschaften auf Offenbarungen, was manchmal bizarre Auswirkungen hat: Bei dem

Versuch, »wie Jesus« über das Wasser zu gehen, ist in Gabun ein Geistlicher tragisch gescheitert. Der junge Pfarrer einer Pfingstkirche sei an einem Strand der Hauptstadt Libreville ertrunken, als er die Mündung des Flusses Komo überqueren wollte, berichtete die Regierungszeitung *L'Union* (151). Der aus Kamerun stammende Mann sei einer »Offenbarung« gefolgt, wonach er das raue Gewässer durchschreiten könne, ohne Schaden zu nehmen. Jene Gläubigen, denen der Pfarrer durch seinen Gang über das Wasser Heilung von ihren Beschwerden versprochen hatte, mussten zusehen, wie der Pfingstkirchler in den Fluten versank. Das eigentlich Problematische an diesem traurigen Ereignis ist, dass alle Fundamentalisten selbstverständlich glauben, Jesus habe einst auf dem Wasser gehen können. Steht doch im Markus-Evangelium, Jesus »wandelte auf dem Meer … Und da sie ihn sahen auf dem Meer wandeln, meinten sie, es wäre ein Gespenst, und schrieen.« Es gibt in der Bi-

Die biblische Legende, wonach Jesus auf dem Wasser ging und der gläubige Mensch das auch könne, wird von Pfingstkirchlern wörtlich genommen – ein manchmal tödlich endendes Missverständnis. (Darstellung um 980)

bel manche fromme Legende, doch für dumm verkauft ist derjenige, welcher, wie der Pfarrer in Libreville und seine Gemeinde, den biblischen Bericht für eine Tatsachenmeldung hält. Für Martin Luther waren die bereits zu seiner Zeit existierenden Vorläufer der Pfingstbewegung »Schwarmgeister«, was gewiss nicht positiv gemeint war. Erkennbar ist auch hier die Aufklärung nicht angekommen. Das gilt im Grunde für alle protestantischen Kirchen, weil sie ihre eigenen Theologen nicht beachten.

»Die kritische Theologie – das bestgehütete Geheimnis der Kirche«, so formuliert es Walter J. Hollenweger, ein reformierter protestantischer Schweizer Theologe und einst Exekutivsekretär beim Ökumenischen Rat der Kirchen in Genf (152). »Die wissenschaftliche Theologie lebt davon, dass sie eine Geheimwissenschaft ist«, schreibt der Professor. Das heißt, die Kirchen nehmen die Einsichten der Theologie nicht zur Kenntnis, sie ziehen jedenfalls keine Konsequenzen daraus. Das gilt, wie ich zu zeigen versuche, vollends für die Erkenntnisse der Naturwissenschaften. Damit aber wird der Glaube missbraucht – und die Kirchen behalten eine Macht über die Gläubigen, die ihnen nicht zukommt.

VI.

Der missbrauchte Glaube

Einen Sinn finden

Die Grundfrage menschlicher Existenz ist, wie schon angesprochen, die Frage nach dem Warum oder, anders ausgedrückt, die Suche nach dem Sinn. Der 36-jährige Radrennfahrer Erik Zabel sagte während der Tour de France 2006, der zwölften für den Berufsradfahrer, in einem Interview der *Süddeutschen Zeitung* (153): »... wenn du später mal zum lieben Gott kommst, und der fragt dich: Was hast du denn gemacht? Und ich sage dann: Ich hab' 200 Radrennen gewonnen, bin soundsooft die Tour gefahren – dann sagt er vielleicht: Wie, das ist alles? Nur dafür habe ich dir das Leben nicht gegeben!«

Der Mensch könne »keinen Sinn aus eigenem Antrieb schaffen«, sagt Kardinal Karl Lehmann, der Vorsitzende der deutschen Bischofskonferenz (154). Ich widerspreche ihm heftig. Dem eigenen Leben einen Sinn zu geben ist die großartigste Möglichkeit menschlicher Existenz. Das heißt nicht, dass der Mensch die Frage nach dem Warum seiner Existenz aus sich heraus beantworten kann. Diese Frage beantworten die Religionsgemeinschaften, jede auf ihre Weise und, wie ich zu zeigen versuche, manchmal recht leichtfertig.

Die Suche nach dem Sinn ist, wie gesagt, dem Menschen angeboren. Wohl die meisten wünschen sich, im Leben Spuren zu hinterlassen, auch nach dem Tode nicht vergessen zu werden. Die Hoffnung des Leis-

Den Krieg als Opfergang und den Tod für das Vaterland als sinngebend zu begreifen bemüht sich die Propaganda seit vorchristlicher Zeit. Hier ein »Vivat-Band zur Schlacht von Verdun 1916«.

tungssportlers, einen Rekord zu erzielen, gar ins Guinness-Buch der Rekorde eingetragen zu werden, ist Ausdruck dieses Wunsches. Das erstmals 1955 von der Guinness-Brauerei in Irland in Auftrag gegebene Buch ist mittlerweile das weltweit am häufigsten verkaufte und durch ein Copyright geschützte Buch. Nur die Bibel wird häufiger verkauft. Rekordverdächtig kann der größte Unsinn sein, wenn er jemandem die Gelegenheit gibt, als Lohn der Mühe eine Spur zu hinterlassen.

Das Bedürfnis, dem eigenen Tun Sinn zu geben, ist jedoch nicht auf Höchstleistungen beschränkt. Der Wunsch nach einem Kind hat damit ebenso zu tun. Und die Altenpflegerin oder der Altenpfleger erleben den Sinn ihrer Arbeit darin, dass selbst Alzheimer-Patienten, die kaum mehr ein Wort herausbringen, sie hin und wieder dankbar anlächeln. Damit ist auch schon angedeutet, dass das Bemühen um Sinn bereits in einem Lächeln seine Erfüllung finden kann. Die Chance, seinem Leben aktiv gestaltend einen Sinn zu geben, lässt einen Menschen nachhaltig glücklich sein.

Die jedem Menschen angeborene Suche nach dem Sinn in seinem Leben macht ihn zugleich verführbar. *Dulce et decorum est pro patria mori.* – »Süß und ehrenvoll ist es, für das Vaterland zu sterben.« Dieser Satz aus den Oden des Römers Horaz (65–8 vor Christus) war für die Machthaber aller Zeiten eine beliebte Rechtfertigung dafür, junge Menschen in den Krieg zu schicken und den Tod als ihr sinnvolles Schicksal zu begründen. Schon der Dichter der Ilias, der Grieche Homer, formulierte im 9. vorchristlichen Jahrhundert, allerdings wesentlich differenzierter: »Nicht unrühmlich ist's, für des Vaterlands Rettung zu sterben.« Im Ersten Weltkrieg ist man in Deutschland »auf dem Feld der Ehre gefallen«, das Wort Sterben wollte man vermeiden, und zwar »für Kaiser und Reich«; im Zweiten Weltkrieg dann für »Führer, Volk und Vaterland«. In den Kriegen unserer Zeit werden »Märtyrer« produziert, denen man das Paradies verspricht.

In Deutschland können sich heute die meisten Menschen glücklicherweise auf ihr individuelles Leben konzentrieren. Dabei fällt auf, dass Politiker seit kurzem eine »Wertediskussion« führen möchten, die große Mehrzahl der Menschen dagegen eben dies nicht will, sondern sich ablenken, sich unterhalten möchte. Die wachsende Lebenszeit, die der Einzelne zu diesem Zweck vor dem Fernseher und im Internet verbringt, ist ein Zeichen dafür. Weil hier, wenn es um Unterhaltung geht, ausgeprägt die Neigung des Kopfes zum Tragen kommt, sich geistig nicht eben zu überanstrengen, ist die Chance groß, jeweils individuell »für dumm verkauft« zu werden. Das ist nur dann vergnüglich, wenn es andere betrifft. Denn schon Wilhelm Busch wusste:

Dummheit, die man bei andern sieht, / wirkt meist erhebend aufs Gemüt.

Wer sich gut unterhalten fühlt und genug zu essen hat, stellt keine Fragen. Dass wussten schon die Diktatoren im alten Rom. Deshalb waren »Brot und Spiele« dort Teil der »Sozialpolitik«. In unserer Gesellschaft sind für Unterhaltung vor allem die Massenmedien zuständig, »BILD und Glotze«, wie das seinerzeit der Bundeskanzler Gerhard Schröder feinsinnig formuliert hat. Auch hier gilt, wer gut unterhalten wird und genug zu essen hat, stellt keine Fragen, schon gar nicht nach dem Sinn des Lebens. Bezeichnenderweise hat das Wort »unterhalten« sowohl die Bedeutung »für den Unterhalt sorgen« wie »für Ablenkung und Entspannung sorgen«. Beides schafft Abhängigkeiten, Unterhaltung zu suchen kann sogar zu einer Sucht werden. Das Fernsehen ist, weil es vorzugsweise Gefühle anspricht, das ideale Medium um den Verstand zu überlisten. Ein schlichtes Weltbild verbunden mit einem ebenso schlichten Glauben macht besonders anfällig für jeglichen Missbrauch. Nicht von ungefähr entdecken nach den USA, mit mittlerweile 240 religiösen Fernsehsendern (155), nun auch die deutschen Fernsehmacher die Religion – und das Geschäft, das man damit machen kann.

Im Namen Gottes

»Im Namen Gottes« führt Osama bin Laden seinen Krieg gegen die »Kreuzritter« des Westens, »im Namen Gottes« kämpft US-Präsident George W. Bush gegen die Islamisten. Beide sind vermutlich wirklich davon überzeugt, Werkzeuge Gottes zu sein. Gerhard Schröder hatte als deutscher Bundeskanzler, noch vor Beginn des Irakkrieges, George W. Bush im Mai 2002 in Berlin erlebt und anno 2006 in seinen Memoiren beschrieben, wie sehr sich dieser Präsident selbst als »gottesfürchtig« deutete. Schröder: »Ich kann gut verstehen, wenn jemand ein sehr gläubiger Mensch ist und sein privates Leben an der Zwiesprache mit Gott ausrichtet, in diesem Fall im Gebet. Das Problem, das ich mit einer solchen Position habe, beginnt dort, wo sich der Eindruck aufdrängt, politische Entscheidungen seien die Folge des Gesprächs mit Gott. Wer politische Entscheidungen so legitimiert, kann nicht zulassen, dass diese durch Kritik oder Gedankenaustausch mit anderen verändert oder auch nur relativiert werden. Ließe er das nämlich zu, verstieße er gegen einen Auftrag Gottes, den er im Gebet erhalten hat« (156). Damit erklärt Schröder meiner Meinung nach sehr gut das uneinsichtige Verhalten Bushs, das man auch pathologisierend als größenwahnsinnig bezeichnen kann. Gleichzeitig ist George W. Bush ein Beispiel dafür, dass leicht *gläubig* und *leicht* gläubig zu sein mental dieselben Voraussetzungen hat.

Moral als Ideologie

Seit Adam und Eva im Paradies vom »Baum der Erkenntnis« gegessen haben, wissen sie, »was gut und böse ist«. So beschreiben es die Verfasser der Schöpfungsgeschichte im Alten Testament. Als böse galt damals, nackt zu sein, weshalb die beiden ersten Menschen, sobald sie die verbotene Frucht gegessen hatten und also ihrer Nacktheit gewahr wurden, mit Hilfe von Feigenblättern ihre Blößen bedeckten. Jüdisch-christliche und danach auch muslimische Moral ist von Anfang an Sexualmoral, von Männern bestimmte Moral. In der katholischen Kirche halten sich, wie der Name schon sagt, die Moraltheologen für die Moral zuständig. Karol Wojtyla, der spätere Papst Johannes Paul II., lehrte als Professor für Moraltheologie in Krakau. Seine Gedanken kreisten während seines Pontifikats unablässig um die Sexualmoral, er kam immer wieder darauf zu sprechen. Ein Psychologe würde wohl sagen: Kein Wunder bei einem so vitalen Mann, der doch, durch den Zölibat gezwungen, auf jegliche Sexualität verzichten muss.

Schon vor seiner Amtszeit als Papst hatte Wojtyla wesentlich an der Enzyklika *Humanae Vitae* seines Vorgängers Paul VI. mitgewirkt, in der die »Pille« als Verhütungsmittel abgelehnt wird. Für Johannes Paul II. war Sexualität, die ausschließlich der Lust und nicht auch der Fortpflanzung dient, »fehlgeleitete Sexualität«. Das von den Päpsten so hochgehaltene »Ideal« der Ehelosigkeit lässt sich allerdings nicht aus der Bibel ableiten, im Gegenteil. Ausgerechnet der Weiberfeind Paulus berichtet in seinem Brief an die Gemeinde in Korinth (157) vom »Recht, eine Schwester als Ehefrau mit uns zu führen, wie die anderen Apostel«. »Wie die anderen Apostel«, das heißt, selbst Petrus, als dessen Nachfolger sich die Päpste verstehen, war demnach anscheinend kein Single. Der Zölibat, und damit die sexuelle Enthaltsamkeit, zu der neben den Mönchen die weltweit etwa 270 000 Diözesanpriester der katholischen Kirche verpflichtet sind, ist nach offizieller Definition des Vatikans kein Dogma, sondern eine »Disziplinarnorm«. Das hat mit Disziplin und gewiss auch mit Disziplinieren zu tun.

Selbst Kondome lehnte Johannes Paul II. ab – womit die katholische Kirche ein hohes Maß an Mitverantwortung sowohl für das ungebremste Wachstum der Menschheit gerade auch in den katholischen Ländern Lateinamerikas und Asiens als auch für die rasante Ausbreitung von Aids, vor allem in Afrika, trägt.

Hier leben archaische Vorstellungen weiter. Die Bibel berichtet im Buch Genesis von einem gewissen Onan, der beim Beischlaf offenbar den Koitus Interruptus praktizierte (»ließ er's auf die Erde fallen und verderben, wenn er einging ...«, 158). Dies galt den Verfassern der Schrift als so verwerflich, dass sie sofort deutlich machten, wie böse das für den Onan enden musste: »Dem HERRN missfiel aber, was er tat, und er ließ ihn auch sterben.« Dahinter steht der Gedanke eines besonderen Wertes des männlichen Samens. »Onanieren« gilt seither auch unter schlichten Christen als Sünde. Und nicht nur unter Christen: »Es entspricht der Vorstellung hinduistischer Philosophie, dass jeder Samenerguss eines Mannes einen Verlust an geistiger und psychischer Kraft mit sich bringt«, schreibt der Psychoanalytiker Mario Gmür (159). Die Vorstellung, »dass Sperma die Gesundheit erhalte und nicht ungestraft leichtfertig vergeudet wird, herrschte auch im alten Rom«, so Gmür. Und aus eben diesem Grund seien die Philosophen im 17. und 18. Jahrhundert größtenteils unverheiratet geblieben, »im 17. Jahrhundert waren es ohne Ausnahme alle: Descartes, Spinoza, Pascal, Leibniz, Malebranche, Gassendi, Hobbes«. Besonders extrem waren die Vorstellungen im 18. Jahrhundert bei Immanuel Kant. Gmür: »Er vermied jede Schweißabsonderung, verurteilte das Spucken als Verschwendung von

Lebenssaft und Masturbation als Vergießen von Pneuma und Selbstmord auf Raten. Der geschlossene Kreislauf der Körpersäfte, das Zurückhalten des Spermas war für ihn unabdingbar, um am Leben und bei Verstand zu bleiben.« Der große Philosoph kannte sich offenbar überall besser aus als in seinem eigenen Körper. Tatsächlich greift nicht der Verlust von Sperma das Gehirn an, sondern das Trinken von Alkohol. Und ausgerechnet diesen haben sich als Messwein in der katholischen Kirche die Männer vorbehalten.

Homosexualität als natürliche Veranlagung nicht nur unter Menschen, sondern bereits im Tierreich, etwa unter Gänsen, ist für die katholische Kirche, wie bereits für die Verfasser des Alten Testaments, schlicht »Sünde«. Dabei sind die Sexualpraktiken des Kirchenpersonals, solange sie nicht bekannt werden, ein ganz anderes Kapitel, was nicht mit »Moral«, sondern mit »Heuchelei« zu überschreiben wäre. Ich werde darauf gleich zurückkommen.

Nachdem im Jahre 2003 Gene Robinson, ein offen in einer Partnerschaft lebender Schwuler in den USA, zum Bischof der zur anglikanischen Gemeinschaft gehörenden Episkopalkirche gewählt wurde, geht ein tiefer Riss durch die Gemeinschaft der anglikanischen Kirchen. Die Bischofsweihe für einen Homosexuellen, aber auch die Existenz von Bischöfinnen, hatte zur Folge, dass anno 2005 die liberalen US-amerikanischen sowie auch die kanadischen Kirchen aus dem zentralen Versammlungsrat des anglikanischen Kirchenverbands ausgeschlossen wurden. Dafür haben die Konservativen vor allem aus den afrikanischen Nationalkirchen gesorgt. Auf einem »Krisengipfel« der Anglikaner in Daressalam in Tansania im Februar 2007 weigerten sich die Oberhäupter der konservativen anglikanischen Kirchen, gemeinsam mit der Leitenden Bischöfin der liberalen US-Kirche, Katharine Jefferts Schori, sowie dem Ehrenprimas der Anglikaner, dem Erzbischof von Canterbury, Rowan Williams, der die Kollegin eingeladen hatte, das Abendmahl zu feiern. Die Existenz von Bischöfinnen ist für die konservativen Anglikaner ein Sakrileg – und damit liegen sie auf einer Linie mit den Katholiken und den orthodoxen Kirchen. Christentum ist für diese Herren Männersache, genauer, Sache richtiger Männer. Und selbstverständlich berufen sie sich dabei auf Gottes Willen, den sie natürlich auch ganz genau kennen. Denn wozu gibt es die göttliche Offenbarung.

Von evangelischer Seite in Deutschland, die in einem mühsamen Prozess die traditionelle Frauenfeindlichkeit überwunden hat, wird sowohl die katholische Sexualmoral als auch die Spaltung zwischen »offizieller Sexualmoral und wirklichem Leben« massiv kritisiert, etwa durch die hannoversche Landesbischöfin Margot Käßmann, die damit die unverändert gebliebene Einstellung von Papst Benedikt XVI. beschreibt (160). Freilich propagieren auch die evangelischen Fundamentalisten, etwa die Pietisten in Deutschland, und die Evangelikalen, insbesondere in den USA, dieselbe rigide und zugleich verklemmte Sexualmoral wie der Vatikan. Für *Die Zeit* war es noch im Jahre 1965 ein »Wort des Jahres«, dass das Generalkirchenvikariat Köln festgestellt hatte: »Nackt duschen widerspricht katholischer Moral«.

Was moralisch und was unmoralisch ist, hängt davon ab, welche Bilder man sich macht. Das hat auch in anderen Bereichen eminent politische Konsequenzen. Wenn fromme Muslime nicht glauben würden, nach ihrem Tod als Märtyrer stracks in ein Paradies zu kommen, wo sie bereits von zahlreichen Jungfrauen erwartet werden, die ihnen zu Diensten sein wollen, gäbe es keine Selbstmord-Attentäter wie die vom 11. September 2001, die eben dies für sich erhofften.

Die evangelische Kirche führt, wie gesagt, die Auseinandersetzung mit dem eigenen Fundamentalismus nicht, wie immer wieder kritisch konstatiert werden muss. Wie immer gibt es jedoch auch einzelne rühmliche Ausnahmen von der Regel. So kritisierte der protestantische Theologe Friedrich Wilhelm Graf von der Universität München Ende September 2006 gegenüber dem *Evangelischen Pressedienst* die Debatte über den Islam in Deutschland als »hoch verlogen«. Mit einer ungeheuren moralischen Arroganz werde auf die Überwindung der Gewalt durch das Christentum hingewiesen. Dabei werde ausgeblendet, dass diese Entwicklung nicht *in* den Kirchen, sondern zum Teil *gegen* sie verlaufen sei (161).

In den 50er und 60er Jahren wurden in der Bundesrepublik in kirchlichen wie in staatlichen »Erziehungsanstalten« Kinder oft brutal misshandelt. Jugendliche mussten bis zu 16 Stunden täglich Schwerarbeit leisten. Kinder und Jugendliche wurden von Erziehern sexuell misshandelt. Schläge, drakonische Strafen, Einzelhaft und Einweisung in die Psychiatrie gehörten zu den Disziplinierungsmitteln. Erst nachdem der

Spiegel-Redakteur Peter Wensierski darüber ein Buch, *Schläge im Namen des Herrn*, veröffentlicht hatte, kam es anno 2006 darüber zu einer öffentlichen Diskussion. Der Petitionsausschuss des Deutschen Bundestags hörte im Dezember 2006 erstmals Bittsteller persönlich an, und zwar solche aus der Gruppe der ehemaligen Heiminsassen. Niemand könne mehr behaupten, es habe sich um Einzelfälle gehandelt, sagte danach der Sprecher des »Vereins ehemaliger Heimkinder«, der Hamburger Rechtsanwalt Gerrit Wilmans. Bis zu einer halben Million Heimkinder seien Opfer dieser Erziehungspraktiken geworden. Für den *Bundesverband katholischer Einrichtungen und Dienste der Erziehungshilfen* handelte es sich um »Einzelfälle, die sich allerdings mächtig häufen« (162). Jedenfalls waren in den 1960er Jahren nicht die Kirchen Vorreiter einer gewaltfreien, menschenwürdigen Erziehung, sondern die politisch engagierten Linken der 1968er-Generation. Ulrike Meinhof schrieb 1968 für den Südwestfunk »Bambule«, woraus eine TV-Dokumentation wurde, worin sie die autoritäre Heimerziehung in Deutschland anprangerte. Dass dann die »antiautoritäre Erziehung« zu einer neuen, weltlichen Heilslehre wurde, mit zum Teil ebenfalls schrecklichen Folgen, schmälert nicht das Verdienst der Aufklärung über die damaligen Zustände.

Auch die katholische Kirche ändert glücklicherweise gelegentlich ihre Deutungen der Welt. Der Theologe Friedrich Wilhelm Graf nennt ein Beispiel: »Vor 60 Jahren wurde vom Vatikan kein Text produziert, in dem nicht der Begriff Menschenrechte negativ besetzt war: Menschenrechte sind liberalistisch, sind falsche Aufklärung. 60 Jahre später hat diese Institution es geschafft, sich als jemand hinzustellen, der die einzig gültige Deutungskompetenz für Begriffe wie Menschenwürde und Menschenrechte hat: ein klassischer Fall interner Modernisierung über eine neue Auslegung religiöser Symbole« (163).

In der westlichen Welt ist die Stammzellforschung an menschlichen Embryonen aus moralischen Erwägungen höchst umstritten. Auch hier spielen die Bilder, die man sich macht, die entscheidende Rolle. Für die einen ist mit der Verschmelzung von Ei- und Samenzelle bereits ein beseeltes Menschenkind entstanden. Für die anderen ist dies für einige Zeit nur ein Zellklümpchen, das zum Zeitpunkt der Nutzung aus etwa acht Zellen besteht, mit dem *Potential*, dass daraus ein Mensch werden könnte. Dazu müssen aber viele Stadien durchschritten sein. Mit dem im Labor fusionierten Zellklümpchen, so meinen die Biologen, könne man ohne moralische Bedenken wissenschaftlich arbeiten; zumal, da es hier um Forschung geht, die mit der Hoffnung verknüpft ist, damit eines Tages kranken Menschen helfen zu können. »Forschungsfreiheit ist ein hohes Gut, das in Europa gegen die Kirchen erkämpft werden musste«, sagt Graf. »Die Kirchen haben keinen Monopolanspruch darauf, sich als Moralagenturen der Gesellschaft zu definieren« (113).

Fromme Heuchler

Sigmund Freud schrieb im Jahre 1915, die Gesellschaft habe »eine große Zahl von Menschen zum Kulturgehorsam gewonnen, die dabei nicht ihrer Natur folgen. ... Wer so genötigt wird, dauernd im Sinne von Vorschriften zu reagieren, die nicht der Ausdruck seiner Triebneigungen sind, der lebt, psychologisch verstanden, über seine Mittel und darf objektiv als Heuchler bezeichnet werden« (*Zeitgemäßes über Krieg und Tod*). Es gebe, so Freud, »ungleich mehr Kulturheuchler als wirklich kulturelle Menschen«.

Die originellsten Methoden der Heuchelei haben die ultraorthodoxen Juden in Israel entwickelt, um das alttestamentarische Gebot zu umgehen, den Sabbat als Ruhetag einzuhalten. Während des Einmarsches der israelischen Armee in den Libanon im Jahre 2006 gaben die Rabbiner den frommen Soldaten in den Schreibstuben allen Ernstes den Rat, am Samstag mit einer (eigens dafür entwickelten) Tinte zu schreiben, die sich nach vier Tagen auflöst, und den Text nach dem Sabbat in den Computer zu übertragen. Nach vier Tagen gäbe es keinen Beweis mehr für die Übertretung des – nach biblischer Überlieferung – von Gott selbst ausgesprochenen Sabbatruhe-Gebots. Die Ultraorthodoxen wollten ihren Gott, der ihrer Meinung nach wohl nur bis drei zählen kann, auf diese schlichte Weise überlisten. Er hat sie freilich den Krieg auch nicht gewinnen lassen. Weil der Gott der Ultraorthodoxen nach deren Vorstellung auch von Elektronik nichts versteht, nutzen sie am Sabbat ein besonderes Telefon. Sie tippen gewissermaßen spielerisch eine Nummer in das abgeschaltete Handy ein. Ein elektronischer Sensor, der

Le Curé.

Oui, mes frères, abstenez vous... ils sont attendris, comme je prêche bien!...
appelez la dîme volontaire serrez cela Jeannette... Jeannette...

Der Pfarrer, wie ihn Honoré Daumier gesehen hat: »Ja meine Brüder, übt Enthaltsamkeit ... sie sind gerührt, wie gut ich predige! Bringt eine freiwillige Spende mit,
... schließ das weg, Jeannette.«

das Handy automatisch alle zwei Sekunden scannt, aktiviert das Telefon dann »selbständig« und wählt ebenso »selbständig« die eingegebene Nummer (164).

Heucheln gehört in gewisser Weise durchaus zur Kultur.

Das lob ich mir die Höflichkeit, / das zierliche Betrügen.

Du weißt Bescheid, ich weiß Bescheid, / und allen macht's Vergnügen.

So dichtete einst Wilhelm Busch. Und wer würde den Charme dieser Umgangsweise bestreiten? Es kommt wohl auf die Dosis an. Wer als Deutscher zum ersten Mal in den USA ist, den überrascht gemeinhin, dass die Amerikaner alles *great* finden und *wonderful*, jedenfalls eben dies ständig behaupten; Ausdruck von Höflichkeit, die das Zusammenleben leichter macht als das in Deutschland eher übliche Nörgeln.

Wenn freilich der Heuchler – vor allem, wenn es um das Sexualleben geht – erwischt wird, kennt die amerikanische Gesellschaft kein Erbarmen. Etwa mit dem republikanischen Abgeordneten Marc Foley. Jahrelang traktierte er minderjährige männliche Praktikanten im Kapitol mit eindeutigen sexuellen Angeboten. Das war zunächst nicht das Problem. Als dann aber im Herbst 2006 herauskam, dass ausgerechnet Mr. Foley ein Komitee zum Schutz Minderjähriger vor sexuellen Übergriffen geleitet hatte, musste der Abgeordnete seinen Hut nehmen.

Der von den Auswanderern einst in die USA eingeschleppte Puritanismus gilt als Hauptquelle für die amerikanische Scheinheiligkeit (*hypocrisy*). Der spezifische Beitrag des Puritanismus zur amerikanischen *hypocrisy* bestehe darin, dass er Sünden nicht vergeben könne, kommentierte *Die Zeit* (165) den Sachverhalt.

In Waco im US-Bundesstaat Texas ist im Dezember 2006 ein vierjähriger Junge wegen »sexueller Belästigung« vom Unterricht in der Vorschule ausgeschlossen worden. Er habe eine Frau umarmt und dabei deren Brüste berührt, so die zuständige Behörde. Auf die Beschwerde des Vaters bei der Schulbehörde änderten die Bürokraten die Formulierung »sexuelle Belästigung« in »unangebrachten physischen Kontakt« (166).

In religiösen Gemeinschaften mit besonders rigider Moral passiert es sehr leicht, dass die aggressivsten »Moralapostel« an ihren eigenen Prinzipien scheitern. Im November 2006 trat Pastor Ted Haggard vom Vorsitz der *National Association of Evangelicals* zurück, einer fundamentalistischen evangelischen Gemeinschaft in den USA mit 30 Millionen

Mitgliedern. Wenige Tage später wurde er auch von der von ihm selbst gegründeten Megakirche *New Life Church* entlassen. Ein Stricher, Mike Jones, hatte in Interviews beschrieben, wie er über drei Jahre lang mit Haggard bezahlten Sex hatte. Pfarrer Haggard war nicht nur der engste religiöse Berater von US-Präsident George W. Bush, sondern auch die treibende Kraft einer Anti-Schwulen-Kampagne der Republikaner. Als Megakirche (*megachurch*) gilt in den USA eine Kirche, die in der Woche mehr als 2000 Besucher anlockt. Davon gab es in den Vereinigten Staaten nach Recherchen des *Spiegels* anno 2006 mehr als 1200, nahezu doppelt so viele wie im Jahr 2000 (163).

Sigmund Freud erhoffte, mitten im Ersten Weltkrieg, »bei jeder neuen Generation eine weitergehende Triebumbildung als Trägerin einer besseren Kultur.« Diese Hoffnung ist uns mittlerweile abhanden gekommen. Allerdings ist Moral ein Forschungsgegenstand geblieben. Der Evolutionspsychologe Marc Hauser von der Harvard-Universität kommt als Ergebnis vergleichender Untersuchungen zu dem Schluss, dass alle Menschen über eine »universelle moralische Grammatik« verfügen, »eine Fähigkeit des Geistes, die im Laufe von Millionen Jahren entstanden« sei – als Ergebnis der Evolution (167).

Entwicklungspsychologen untersuchen heute auch die Ausbildung moralischer Motivationen bei Kindern. Gertrud Nunner-Winkler vom Münchner Max-Planck-Institut für Kognitions- und Neurowissenschaften hat Kindern von vier, sechs und acht Jahren Bildergeschichten vorgelegt, in denen der Held einfache moralische Regeln unserer Gesellschaft übertritt, zum Beispiel Bonbons klaut. Anschließend wurden die Kinder befragt, was sie davon halten: Darf man Süßigkeiten stehlen? Fast alle Vierjährigen (98 Prozent) wussten bereits: Das darf man nicht, das ist böse. Allerdings antworteten 80 Prozent aller untersuchten Kinder auf die Frage, wie sich der Dieb denn nun fühle: »Gut« – denn immerhin habe er ja jetzt die Bonbons. Ein Ergebnis, das sich auch in anderen Studien bestätigte und den Namen *Happy Victimizer Phenomenon* bekam (168).

Zumindest wenn sie entdeckt werden, fühlen sich allerdings die Moral-Heuchler nicht mehr so gut. Auch Pfarrer Haggard, der sich wohl mit dem Strichjungen »gut« gefühlt haben muss, denn sonst hätte er sich nicht regelmäßig mit ihm getroffen, klagte sich, nachdem sein heimliches Leben offenbar geworden war, selbst öffentlich an, als »ein Betrüger und ein Lügner«. Aber öffentlich Reue zu zeigen ist nicht mehr als ein gesellschaftliches Ritual. Nur wenige Wochen später teilte Haggard übrigens seinen Fans per E-Mail mit, der Heilige Geist habe ihn geheilt, er sei nunmehr »durch und durch heterosexuell« (169).

Auch in Deutschland ist das fromme Heucheln nichts Ungewöhnliches. Bayerns Innenminister Günther Beckstein, Protestant und Synodal-Mitglied, hat Parteifreunden offen den Unterschied zwischen Reden und Handeln erläutert. Das neutestamentliche Prinzip, wenn man auf die rechte Backe geschlagen werde, auch die linke hinzuhalten, so sagte er außerhalb der Tagung der Synode der Evangelischen Kirche in Deutschland (EKD) in Würzburg im Herbst 2006, »das mag ich nachher bei der EKD-Synode vielleicht so vertreten, mein Prinzip heißt: Auge um Auge, Zahn um Zahn« – womit sich der bayerische Ordnungshüter als Verfechter der alttestamentlichen Steinzeitmoral zu erkennen gab (170).

Eine sehr spezielle Tugend der Frömmigkeit pflegte der Heidelberger Theologieprofessor Klaus Berger. Er lehrte bis zu seiner Emeritierung im Jahre 2006 etwa 30 Jahre lang an der evangelischen Fakultät der Universität das Fach Neues Testament. Der getaufte Katholik Berger wollte nach eigenen Angaben zunächst katholischer Priester werden. Seine Doktorarbeit an der Universität München sei wegen »Irrlehren« von der katholischen Fakultät nicht angenommen worden. Daraufhin trat Berger flugs in die evangelische Kirche ein, heiratete und machte hier seine wissenschaftliche Karriere. Nach der Emeritierung wurde er dann wieder katholisch. Klaus Berger, Autor zahlreicher Fachbücher wie auch populär-theologischer Schriften, ist also eine ganz besondere Art von Überzeugungstäter.

Beispiele für den Missbrauch

Wer sich im Besitz der absoluten Wahrheit weiß, könnte es nur schwer aushalten, wenn ihm diese Gewissheit genommen würde. Es wäre dies eine ungeheure Kränkung. Aber wie hält es derjenige, der die Wahrheit weiß, aus, dass es andere gibt, die diese Wahrheit mit ihm nicht teilen?

Wenn er die Macht dazu hat, geht er gegen die Ungläubigen mit Gewalt vor. Das belegt die Geschichte aller Religionen.

Der aufmerksame Zeitungsleser findet regelmäßig Meldungen darüber, wie sich die Kirchen heute dort verhalten, wo sie Macht haben, das heißt, ihrem eigenen Personal und den Gläubigen gegenüber.

Im Januar 2006 wurde dem katholischen Theologen Gotthold Hasenhüttl von der Universität Saarbrücken die kirchliche Lehrerlaubnis entzogen. Hasenhüttl hatte am Rande des »Ökumenischen Kirchentags« in Berlin im Jahre 2003 zusammen mit Katholiken und Protestanten das Abendmahl gefeiert – wie dies im übrigen heute bereits »tausendfach« (Jörns) geschieht, wenn auch nicht als Medienereignis wahrgenommen. Der zuständige Bischof Reinhard Marx von Trier, »Bischof Gnadenlos« (171), hat daraufhin den bereits zur Prüfung bei Hasenhüttl angemeldeten Studenten und zukünftigen Religionslehrern die Anerkennung versagt. Das Saarbrücker Bildungsministerium wies den Bischof vergeblich auf den »Vertrauensschutz« für die angehenden Prüflinge hin. Auch beim katholischen Kirchentag in Saarbrücken im Mai 2006 hatte Hasenhüttl Auftrittsverbot. Freilich geht man selbst in der katholischen Kirche bisweilen pragmatisch vor; man kann auch sagen, es wird geheuchelt. Der zum Papst gewählte Kardinal Joseph Ratzinger hatte, allen Regeln zum Trotz, bei der Beisetzung seines Vorgängers, Johannes Paul II., in Rom am 8. April 2005 dem Protestanten und Gründer der Bruderschaft von Taizé, Roger Schutz, persönlich bei der Eucharistie-Feier die Hostie gereicht. Seither wird gemutmaßt, Schutz sei bereits in den 1970er Jahren heimlich zum Katholizismus übergetreten. Dann hätte Ratzinger zwar kirchenrechtlich korrekt gehandelt – aber der Vorwurf des Heuchelns bliebe bestehen. Vielleicht ist ihm das auch aufgefallen. Jedenfalls hat der Papst in einem »Apostolischen Schreiben« im März 2007 »die Möglichkeit der Zulassung einzelner nicht katholischer Christen zur Eucharistie« eingeräumt, obwohl dies »für nicht katholische Christen allgemein unmöglich ist« (172).

Im April 2006 erklärte der Vatikan den Entzug der Lehrbefugnis (*Missio canonica*) für den Religionslehrer einer Berufsschule, Paul Winkler, durch den Regensburger Bischof Gerhard Ludwig Müller für rechtens. Winkler ist in Regensburg Vorsitzender der Kirchenvolksbewegung »Wir sind Kirche«. Der Vatikan hat die Beschwerde Winklers gegen das Berufsverbot insbesondere deswegen zurückgewiesen, weil der Pädagoge sich öffentlich für eine Priesterweihe von Frauen ausgesprochen hatte. Damit habe er eine definitive Lehraussage der Kirche öffentlich in Zweifel gezogen. Die katholische Kirche mag öffentlichen Widerspruch nicht, auch wenn inoffiziell sehr viel toleriert wird.

Bischof Müller kürzte im August 2005 auch dem Priester Siegfried Felber wegen einer von diesem bei der Trauung eines konfessionsverschiedenen Ehepaares zelebrierten Eucharistiefeier, dem gemeinsamen Abendmahl also, die Pension um monatlich 600 Euro. Felber ist Mitglied im kirchenkritischen »Aktionskreis Regensburg«. Bereits im Jahr zuvor hatte Müller einem anderen von ihm in Pension geschickten »aufmüpfigen« Pfarrer, Hans Trimpl, die Pension gekürzt.

Müller hat im November 2005 das System der Laien-Mitverantwortung in seiner Diözese abgeschafft, den Diözesanrat und die 33 Dekanatsräte. Stattdessen gründete er einen Pastoralrat, dessen Laien-Mitglieder freilich nicht mehr, wie im abgeschafften Gremium, gewählt, sondern von ihm ernannt werden. Ferner ein Diözesankomitee, in das die katholischen Verbände nur dem Bischof genehme Delegierte entsenden dürfen. In den Pfarrgemeinderäten darf nicht mehr, wie zuvor üblich, ein Laie Vorsitzender sein, sondern nur der Pfarrer. Proteste dagegen in Rom wies der Vatikan förmlich zurück. Im Originalton liest sich das so (173): »Der Bischof von Regensburg hat den Bestimmungen der Interdikasterialen Instruktion Ecclesiae de mysterio (Praktische Verfügungen, Art. 5 §5) Folge geleistet, wo es in Bezug auf die Organe, die ›in der Vergangenheit auf der Basis örtlicher Gewohnheiten oder besonderer Umstände entstanden sind‹, heißt, dass die nötigen Mittel anzuwenden sind, ›um sie mit dem geltenden Recht der Kirche in Einklang zu bringen‹, denn diese können keine ›Parallelorganisationen darstellen‹ oder den vom Recht vorgesehenen Organen ›die ihnen eigene Verantwortung entziehen‹.« Alles klar? Die vatikanische »Kongregation für die Glaubenslehre«, deren Chef Kardinal Josef Ratzinger war, bevor er zum Papst gewählt wurde, hat dem Bischof Müller für seine Neuordnung der diözesanen Räte ausdrücklich ihren Dank ausgesprochen (174).

In einer Grundschule in Gamme, einer katholischen Enklave im protestantischen Niedersachsen, hat der siebenjährige Robin seine Religionslehrerin damit provoziert, dass er sagte: »Der liebe Gott hat Stinkefüße«. Die Lehrerin schickte den aufmüpfigen Jungen vor die Tür. Weil er obendrein nicht getauft ist, wurde er durch die Schulleitung vom Religionsunterricht suspendiert (175).

Im bayerischen Pappenheim haben es die Christen neuerdings mit einer aggressiven islamistischen Minderheit unter den Muslimen im Ort zu tun. Die Reaktion der Gemeinde: Während die Kirchenglocken zuvor jeweils 40 Sekunden lang läuteten, hat man das Glockenläuten nach Angabe des Bürgermeisters jetzt auf jeweils vier Minuten verlängert.

Seit 1992 existiert das interreligiöse Musikfestival *Musica Sacra International*. Schirmherren sind unter anderem der bayerische Ministerpräsident und die UNESCO. Jeweils zu Pfingsten kommen Musiker auch aus nichtchristlichen Religionen in das Allgäu um dort geistliche Musik zu machen. Im Jahre 2006 durften die katholischen Kirchen in der Diözese Augsburg keine nichtchristlichen Musiker mehr in ihre Kirchen einladen; denn, so Prälat und Domkapitular Bertram Meier im Januar 2006, katholische Kirchen sind »Orte höchster christlicher Identität«, deshalb gelte es, sie vor geistlicher Musik anderer Religionen zu schützen. Meier: »Das sind wir Jesus Christus auch schuldig.«

Bereits für das Pfingsttreffen 2002 verbot der zuständige evangelische Dekan Hans Gerhard Maser den Auftritt tanzender Derwische für *Musica Sacra International* in der protestantischen Kirche St. Mang in Kempten, damit das Gotteshaus »seine Würde behält«. Ein Derwisch ist ein islamischer Bettelmönch, Angehöriger eines seit dem 12. Jahrhundert existierenden Ordens, der seinen Glauben unter anderem in mystischer Versenkung und ekstatischen Tänzen lebt. Im Januar 2006 begründete der evangelische Regionalbischof von Augsburg und Schwaben, Ernst Öffner, für seine Kirche das Verbot so: »Aus der Sorge um die eigene Identität, den eigenen Glauben, die eigene Position als evangelische Kirche können wir die evangelischen Kirchen nicht einfach öffnen für den Ausdruck des Glaubens einer anderen Religion, die immer auch verkündenden Charakter hat« (176).

Wo immer sie können, versuchen Repräsentanten der Kirchen auch politische Macht auszuüben. Joseph Ratzinger, damals noch Chef der Glaubenskongregation im Vatikan, schrieb im Präsidentschaftswahlkampf 2004 der USA an die katholischen Bischöfe in Amerika und empfahl, den demokratischen Präsidentschaftskandidaten John Kerry und seine Wähler zu exkommunizieren, da Kerry Abtreibung und Euthanasie befürworte. Ratzinger damals: »Nicht alle moralischen Fragen haben das gleiche moralische Gewicht wie Abtreibung und Euthanasie ... Bei den Themen Krieg und Todesstrafe mag es selbst unter Katholiken legitime Meinungsverschiedenheiten geben, nicht aber bei den Themen Abtreibung und Euthanasie« (177). Das heißt, Abtreibung ist schlimmer als Krieg. Im Sommer 2006 kündigte folgerichtig der kolumbianische Kardinal Alfonso López Trujillo, der zugleich den Päpstlichen Familienrat leitet, an, alle Katholiken exkommunizieren zu wollen, die an einer staatlich erlaubten Abtreibung beteiligt waren. Diese Abtreibung hatte man an einem vergewaltigten elfjährigen Mädchen vorgenommen. Nur das Mädchen selbst ist nach dem Kirchenrecht vor einer Exkommunikation geschützt (178).

Im August 2005 beklagte der UN-Sonderbeauftragte für Aids in Afrika, Stephen Lewis, dass die USA die Lieferungen von Kondomen nach Uganda systematisch blockierten; Folge einer Politik der USA, die – wie dies sowohl die Evangelikalen als auch die Katholiken fordern – Enthaltsamkeit als wichtigstes Mittel im Kampf gegen Aids propagieren (179).

Der Kölner Kardinal Joachim Meisner forderte im Juni 2005 die Unionsparteien auf, das C aus ihrem Parteinamen zu streichen: »Was christlich ist, kann nicht die CDU definieren, das machen wir«, so der Kardinal gegenüber der *Westdeutschen Zeitung* (180).

Macht auszuüben, wo immer es möglich ist, ist freilich kein Charakteristikum der christlichen Kirchen allein. In Saudi-Arabien ist im November 2005 der Lehrer Mohammad el-Harbi zu 40 Monaten Gefängnis und 750 Stockschlägen verurteilt worden, weil er den Islam lächerlich gemacht habe. Der Mann hatte, so meldete die *Katholische Nachrichtenagentur*, im Schulunterricht über die Bibel diskutiert und sich positiv über das Judentum geäußert. Daraufhin hätten ihn Schüler und Kollegen angezeigt (181).

Die Rückkehr der Frömmler

Der anglikanische Theologe George Kovoor, ein indisch-stämmiger Brite, sagte am Pfingstsonntag 2006 bei einem Treffen des *Bundes Freier evangelischer Gemeinden* in Bochum voraus, es würden in wachsender Zahl Missionare aus den Kirchen des Südens nach Europa kommen um hier zu missionieren. Man habe die Alternative, sie einzuladen oder nicht einzuladen: »Aber wenn die Einladung nicht ausgesprochen wird, werden sie ihrem Herrn gehorchen und dennoch kommen« (182). Der Fundamentalismus kommt zurück.

Einst brachten dieses Gedankengut europäische Auswanderer nach Amerika, englische Puritaner und deutsche Pietisten. Diese besonders frommen Leute verließen ihre Heimat, weil sie merkten, dass sie im Alten Europa ihre kleinkarierten Vorstellungen von christlichem Leben nicht hinreichend verwirklichen konnten. Das heißt, sie fühlten sich als Außenseiter.

»Puritaner« nannte man im 16. Jahrhundert in England calvinistisch-protestantische Kritiker der anglikanischen Staatskirche. Sie pflegten eine sittenstrenge, »biblische« Lebensführung, wozu gehörte, dass sie Theater und Kunst ablehnten – ein Kontrastprogramm zur Kultur des elisabethanischen Zeitalters und der Blüte des Theaters unter William Shakespeare. Die puritanischen »Pilgerväter«, eine Gruppe von englischen Auswanderern, gründeten anno 1620 an der Ostküste Nordamerikas die Kolonie Massachusetts. Dort sowie in New Hampshire und Connecticut duldeten die Puritaner auch nur Anhänger ihrer Überzeugung. Anders als in dem von dem Katholiken Lord Baltimore 1632 gegründeten Maryland oder dem 1682 von dem Quäker William Penn gegründeten Pennsylvania, wo religiöse Toleranz herrschte. Die erste von Protestanten begründete Kolonie, die ihren Bewohnern Religionsfreiheit gewährte, war das von dem Puritaner Roger Williams 1636 gegründete Rhode Island.

Der Pietismus ist eine Strömung innerhalb des deutschen Protestantismus. Seine Anhänger pflegen eine verinnerlichte Religiosität. Während die Reformation Martin Luthers den Christen darauf hinwies, von sich selbst abzusehen und auf Jesus zu schauen, lehren die Pietisten eine vertiefte Selbstbeobachtung: Der eigene Glauben muss fühlbar

»Traulich wallen sie zu zweit / Als zwei fromme Pilgersleut« – Helene und ihr Vetter Franz, wie sie Wilhelm Busch skizzierte. Es nutzt alles nicht, am Ende »verkohlt dies fromme Frauenzimmer«. Einst sind die Frömmler, wenn sie im eigenen Lande nur Spott ernteten, nach Amerika ausgewandert, nun kehren sie als Evangelikale zurück.

sein, die eigenen Werke müssen daraufhin beobachtet werden, ob sie auch fromm genug sind. Weltliche Vergnügungen lehnen die Pietisten wie die Puritaner ab: Tanz, Kartenspiel, Theater, profane Lektüre. Stattdessen wird in der Bibel gelesen, außerhalb des Gottesdienstes in sogenannten Bibelstunden; Treffen der Frommen, die auch als Laien die Bibel auslegen. Vor allem Philipp Jacob Spener (1635–1705), ein evangelisch-lutherischer Theologe aus dem Elsass, der in Frankfurt a. M., in Dresden und schließlich in Berlin wirkte, prägte den deutschen Pietismus. Einige seiner Anhänger kamen zu dem Schluss, die Kirche als Ganzes sei nicht zu retten, man müsse reine, kleine Kirchen gründen, was Spener selbst nicht wollte, aber nicht verhindern konnte. Und so wanderten deutsche Pietisten nach Pennsylvania aus und gründeten dort 1683 die »reine, kleine Kirche« *Germantown*, heute ein Stadtteil von

Philadelphia. Auch andernorts ließen sich unter den lutherischen und reformierten Protestanten zahlreiche Pietisten nieder. Spektakulär war in den Jahren 1709/10 der Exodus von etwa 13 000 Frommen aus Südwestdeutschland, bis heute eine Hochburg des deutschen Pietismus, nach Angeboten aus South Carolina, in die Neue Welt zu kommen, oder, wie die Pietisten damals sagten, in das »Neue Jerusalem«. Die Nachfahren der pietistischer Auswanderer aus Deutschland in die USA sowie die Opfer ihrer Missionsbemühungen in aller Welt sind die heutigen Evangelikalen.

Der Erfolg der Evangelikalen

Das Wachstum der Christenheit geht heute fast allein auf das Konto der Evangelikalen, wenn man die Pfingstler und Charismatiker dazuzählt. Immer mehr zur Minderheit werden dagegen die aufgeklärten Protestanten. Allerdings gibt es in Sachen Religionszugehörigkeit nur Schätzungen. Die Religion ist in vielen Ländern ein Politikum, etwa in China oder Indien. In Deutschland werden alle Kirchensteuerzahler als Christen gezählt, obwohl nur eine Minderheit von ihnen die Gottesdienste besucht. Das Wachstum der Evangelikalen beruht vor allem auf Konversionen – von Katholiken, etwa in Lateinamerika, und besonders von Protestanten. Die Evangelikalen selbst erklären die Konversion von Protestanten damit, dass deren Glaubensgrundlage durch die bibelkritische Theologie »zersetzt« worden sei.

Die weltweit größte einzelne Pfingstkirchgemeinde ist laut Guinnessbuch der Rekorde die *Yoido Full Gospel Church* im südkoreanischen Seoul, nach eigenen Angaben mit 750 000 Gemeindmitgliedern, 621 Pastoren und 632 Missionaren. Am Sonntag besuchen im 80-Minuten-Takt in der Kathedrale in Seoul jeweils mehr als 20 000 Menschen die sieben Gottesdienste. Gründer Cho Yong-gi hat dank fleißiger Spenden seiner Schäfchen ein Glaubensimperium mit Zeitung, Rundfunk- und Fernsehstation sowie größerem Immobilienbesitz geschaffen. Ein sehr erfolgreiches religiöses Geschäftsgebaren, bei dem auf reichlich Spenden, kombiniert mit penetranter Mission, großen Wert gelegt wird. Die Pfingstgemeinde ist mit ihren Wunderheilungen, Exorzismen und den üblichen ekstatischen Abläufen während der Gottesdienste, beeinflusst von den Evangelikalen der USA, deren Missionare bereits Ende des 19. Jahrhunderts in Korea die ersten protestantischen Gemeinden gründeten, aber verwurzelt in der koreanischen Kultur mit Schamanismus und Volksglauben (183).

In Unwissenheit halten

Die christlichen Glaubensbekenntnisse sind, wie schon angesprochen, Konstruktionen, die sich der Mythen ihrer Zeit bedienten. Leben und Sterben Jesu selbst sind zu einem Mythos geworden – dem Mythos eines Planes Gottes mit den Juden, ja sogar der ganzen Menschheit. Diese globale Sicht ist Ergebnis der Interpretationen des Apostels Paulus, nach 14 Jahre langem Nachdenken sowie aufgrund einer »Offenbarung«, wie sich aus seinem Brief an die Galater (184) erschließen lässt. Es bezeugt den Rang der Bibel und besonders auch der Bücher des Neuen Testaments, dass die Menschheit seit fast 2000 Jahren darüber nachdenkt. Ich will mir gewiss nicht anmaßen, dies kleinzureden. Es ist auch eine Tatsache, dass die großen christlichen Kirchen das Wissen von Jesus tradiert und als *Frohe Botschaft* über die Jahrtausende den Menschen haben vermitteln können. Die großen Kirchen haben verhindert, dass das Christentum völlig ins Sektiererische abgerutscht ist. Insofern ist verständlich, wenn Papst Benedikt XVI. unermüdlich, wie bei seinem Besuch in Polen im Mai 2006, vor einer individuellen Auslegung der christlichen Lehre warnt. In einer schriftlichen Botschaft zum gleichzeitig stattfindenden Katholikentag in Saarbrücken mahnte der Papst: »Das Zeugnis der Kirche ist nur glaubwürdig, wenn das Zeugnis der Laien in Einheit mit dem Papst und den Bischöfen erfolgt.« Ja, wenn der Papst und die Bischöfe wenigstens auf ihre eigenen Theologen hören würden!

Im letzten Jahrhundert differenziert sich der christliche Glaube, allen Wünschen der Etablierten zum Trotz, rasant in immer mehr unterschiedliche Bekenntnisse. Nach Angaben des evangelischen Theologen Friedrich Wilhelm Graf wurden um das Jahr 1900 rund 1800 christliche Bekenntnisse gezählt, im Jahre 2000 waren es bereits weltweit 34 000 (163). Das Christentum versteht sich als Offenbarungsreligion. Bei

34 000 Varianten könnten einem dann doch Zweifel kommen, ob sich der Offenbarer so unklar ausgedrückt hat oder ob man nicht mit dem Begriff Offenbarung ein wenig vorsichtiger umgehen sollte.

Nach biblischer Tradition legen Christen »Zeugnis« ab, bezeugen also etwas, dessen Zeuge sie sein wollen. Das ist für die Jünger Jesu erklärlich, sie bezeugen bestimmte Erfahrungen, die sie mit Jesus gemacht haben. Sie konnten schwerlich zwischen Erfahrung und Interpretation unterscheiden – wie das heute selbstverständlich die Theologen tun und wie dies insbesondere im Lichte der neurowissenschaftlichen Erkenntnisse sehr differenziert möglich ist. Es ist unredlich, dass ein »Lehramt« das »Zeugnis der Kirche« ein für allemal definiert.

Genau dies ist jedoch Gegenstand der katholischen im Gegensatz zur evangelischen Verkündigung. Insbesondere unter den protestantischen Fundamentalisten kommt noch das Zeugnis einer datierbaren individuellen Gotteserfahrung hinzu, Wiedergeburt genannt, wie sie zum Beispiel US-Präsident George W. Bush für sich reklamiert. Tatsache ist, dass der sich christlich firmierende Aberglaube, der Fundamentalismus, weltweit im Vormarsch ist, ja, wie angedeutet, die Glaubensgemeinschaften selbst zum großen Teil bestimmt. Da empfiehlt sich dringend, das Zweifeln zu lernen.

Offensichtlich haben die Kirchen Angst vor der Auseinandersetzung um die Fundamente ihres Weltbildes im Lichte der modernen Wissenschaften. Denn die Fundamente der christlichen Lehre sind brüchig. Das wissen die Theologen, Historiker und Archäologen längst und belegen es in immer weiteren Einzelstudien. Überdies sind die biologischen und psychologischen Gegebenheiten mittlerweile so gut erforscht, dass wir erkennen können: Glaubensgewissheit kann wohl der einzelne Mensch haben, kann aber ehrlicherweise keine Kirche lehren. Doch die Macht der Kirchen würde bröckeln, wenn sie den Gläubigen sagen würde, dass sie keine Gewissheiten predigen kann, sondern allenfalls Hoffnung. Wer wäre wohl bereit, dafür – wie bis heute in Deutschland üblich – Kirchensteuern zu bezahlen? Freilich sind sogar die deutschen Lotto-Tipp-Freunde für ein kleines bisschen Hoffnung durchaus bereit, Woche für Woche sehr viel Geld auszugeben.

Mit dem Aufkommen der modernen Theologie gilt für die Kirchen die Maxime, man dürfe die Gläubigen nicht beunruhigen. Und das vermeiden sie denn auch konsequent. Die Folge ist, dass die Intellektuellen aus den Kirchen großenteils ausgezogen sind – jedenfalls nicht in großer Zahl am Sonntag in den Kirchen sitzen.

Eine Umfrage unter zwölfeinhalb tausend Menschen in einigen Ländern Europas und den USA Anfang des Jahres 2007 ergab, dass Deutsche, Spanier und Italiener den religiösen Fanatismus als Problem ansehen, das sie am meisten beunruhigt, vor der globalen Erderwärmung und vor dem Terrorismus. In den USA wie in Großbritannien ist für die Befragten nach dem Terrorismus und der Erderwärmung der religiöse Fanatismus das drittgrößte Problem; dabei standen auch die Stichworte Krieg, Globalisierung, Übervölkerung und andere zur Auswahl. Die Umfrage machten der französische TV-Sender *France 24* und die *International Harald Tribune* (185). Zwar sind gewiss nicht alle Fundamentalisten zugleich Fanatiker, wohl aber sind umgekehrt alle religiösen Fanatiker auch religiöse Fundamentalisten. Und der Fundamentalismus ist jedenfalls eine anti-intellektuelle Weltsicht. Voltaire, der französische Philosoph der Aufklärung, schrieb im 18. Jahrhundert (*Philosophisches Wörterbuch*): »Je weniger Aberglaube, desto weniger Fanatismus, und je weniger Fanatismus, desto weniger Unheil.«

Allerdings ist, wie schon gesagt, die Sehnsucht nach spiritueller Erfahrung in unserer Zeit groß, auch unter Intellektuellen, anscheinend wächst sie sogar noch. Darum setzt zum Beispiel die katholische Kirche auf jene jungen Leute, die dem Motto »fraglos glauben« folgen. Und traditionell sind evangelische wie katholische Kirchentage Orte, in denen sich Gemeinschaftsgefühl, sozusagen die Erfahrung von Pfingsten, entwickelt. Es sind diese und andere »Events«, die den Eindruck vermitteln, die Kirchen seien gefragt – ohne dass sie sich in Frage stellen lassen.

Gefragt sind, in der Europäischen Union mittlerweile von Rechts wegen, die Berufsethiker unter den Theologen. Sie dürfen in allerlei Gremien über die moralischen Grenzen insbesondere auch von Forschung und Entwicklung ihr Votum abgeben. Das hat eine uralte Tradition. Bereits das Judentum ist eine Gesetzesreligion. Das ganze 3. Buch Mose im Alten Testament besteht aus Moralgesetzen – etwa über Brandopfer, über Speiseopfer, über Dankopfer, über Sündopfer, über Schuldopfer. Seit der Steinzeit verlangen die Götter, dass man ihnen opfere.

Heute nennt man das Kollekte oder Kirchensteuer oder – etwa in Bayern zusätzlich zur Kirchensteuer – Kirchgeld.

Macht und Geld sind für die Kirchen nicht minder zentral als für weltliche Herrschaften. Nur die christliche Kirche nimmt sich allerdings das weitestgehende Recht, bei Zuwiderhandeln Strafen für alle Ewigkeit auszusprechen; genauer: über den Zugang zu Himmel oder Hölle zu entscheiden. Weil mittlerweile der Glaube daran nicht mehr sehr ausgeprägt ist, schwindet auch die Macht der Kirchen. Dafür ist die Angst das zentrale Machtinstrument der Sekten geblieben. Und die Angst vor der Hölle steht nach wie vor im Zentrum des gelebten Islam.

Missbrauch von Ängsten

Auf dem nordschwäbischen Gut Klosterzimmern in Bayern lebt die Glaubensgemeinschaft »Zwölf Stämme«, die sich als »urchristlich« versteht. Dazu gehört, dass man die Bibel, die Schöpfungsgeschichte eingeschlossen, wörtlich nimmt, und dass man schreckliche Angst vor der Sexualität hat. Deshalb weigern sich die Mitglieder der »Zwölf Stämme« seit Jahren, ihre Kinder in eine öffentliche Schule in Bayern zu schicken, weil die ja bekanntlich vom Teufel ist. Buß- und Zwangsgelder und selbst der Aufenthalt im Gefängnis haben sie nicht davon abbringen lassen. Im Gegenteil, sie beziehen in aller Bescheidenheit den dem Apostel Petrus in völlig anderem Zusammenhang zugeschriebenen Satz »Man muss Gott mehr gehorchen als den Menschen« (186) auch auf ihre Weigerung, das Gesetz der Schulpflicht einzuhalten. Damit haben sie sich gegenüber dem bayerischen Kultusministerium Anfang des Jahres 2006 durchgesetzt. Zwei Mitglieder der Gemeinschaft, die ausgebildete Lehrer sind, unterrichten die etwa 30 Kinder selbst. Über die Evolution und über Sexualität werden die Schüler dabei freilich nichts erfahren. Auch der Leiter des Katholischen Büros Bayern, der Kontaktstelle der Bischöfe zur Staatsregierung, Peter Beer, kritisiert die vor allem von evangelikalen Gruppen geförderte Tendenz, die allgemeine Schulpflicht zu lockern: »Das Zusammenleben muss trotz und gerade wegen unterschiedlicher Standpunkte und Überzeugungen in Gemeinschaft eingeübt werden« (187).

Die »Zwölf Stämme« sind kein Einzelfall in Deutschland. In Paderborn weigern sich russlanddeutsche Baptisten, ihre Kinder zum Unterricht zu schicken, Fälle dieser Art gibt es in Hessen, Baden-Württemberg und in Sachsen-Anhalt. Im Juni 2006 bestätigte das Bundesverfassungsgericht die Bestrafung von Eltern aus Hessen, die der »Bekennenden Evangelisch-Reformierten Gemeinde« angehören und ihre drei ältesten Kinder nicht in die örtliche Gesamtschule schicken. In dem Urteil heißt es, die Allgemeinheit habe »ein berechtigtes Interesse daran, der Entstehung von religiösen oder weltanschaulich motivierten ›Parallelgesellschaften‹ entgegenzuwirken« (188). Vermutlich wird auch hier die Bestrafung nichts nutzen. Im Jahre 2006 hinderten in Deutschland die Eltern von schätzungsweise 550 Schulpflichtigen ihre Sprösslinge aus »religiösen Gründen«, dass heißt aus ihrer Angst vor dem Biologieunterricht mit Sexualkunde und Evolutionslehre, daran, der Schulpflicht nachzukommen (189). In den USA werden knapp drei Millionen Kinder von ihren evangelikalen Eltern darwinfrei unterrichtet, in Großbritannien einige zehntausend.

Solcherart Frömmigkeit hat sehr viel mit Angst zu tun, Angst vor den eigenen mächtigen, unbewussten Kräften der Sexualität, zwanghafter Angst davor, von Gott verworfen zu werden, wenn man nicht fromm genug ist, und das heißt, dass diese Menschen gerade auch das glauben, was der Verstand als unsinnig identifiziert. Mit ihren Ängsten machen die frommen Schulverweigerer vor allem ihren Kindern Angst und verhindern, dass diese ein normales Verhältnis zu ihrem Körper, ihrer eigenen Sexualität und der des anderen Geschlechts entwickeln. Glücklich sind Menschen, in deren Leben die Angst vor der »Sünde« im Mittelpunkt steht, ohnedies nicht.

Im Juli 2005 starb im Kreiskrankenhaus Landau an der Isar eine 32-jährige Frau bei der Geburt ihres Kindes. Sie erlitt plötzlich starke Blutungen, weigerte sich aber, eine Bluttransfusion vornehmen zu lassen. Diese wäre für die Ärzte die Voraussetzung dafür gewesen, überhaupt nach den Ursachen der starken Blutung suchen zu können. Eine Krankenschwester hielt der Mutter ihr neugeborenes Kind vor Augen, um sie noch umzustimmen – vergeblich. Die Angst der jungen Frau, einer Zeugin Jehovas, vor der Hölle war größer als die Mutterliebe (190).

Die Zeugen Jehovas haben nämlich eine Vorstellung übernommen, die viel älter ist als das Alte Testament. Bereits in der Altsteinzeit war den Menschen aufgefallen, dass sie selbst wie die Tiere im Falle einer Verwundung verbluten und sterben, wenn der Blutverlust zu groß ist. Deshalb identifizierten sie das Blut als den Sitz der als unsterblich angesehenen Seele. »Denn des Leibes Leben ist im Blut«, heißt es im 3. Buch Moses (191). Die steinzeitlichen Jäger und später auch die Juden opferten mit dem Blut der von ihnen erlegten Tiere auch die Seele der Gottheit und bekämpften damit zugleich ihr eigenes schlechtes Gewissen, das sie beim Töten der Tiere hatten (Martin Urban, *Warum der Mensch glaubt*, Eichborn Berlin 2005). Der Blutopfer-Gedanke spielt, wie bereits erläutert, bis heute beim Ritual des christlichen Abendmahls (der Eucharistie) die Hauptrolle. Noch in der Apostelgeschichte fehlt nicht der Hinweis, auch die nichtjüdischen Christen sollten sich, wie traditionell die Juden, »enthalten ... vom Blut« (192). Freilich ist dieser Teil des Neuen Testaments erst etwa um das Jahr 120 nach Christus verfasst worden – und alles andere als eine zeithistorische Quelle für das Leben Jesu. Im ältesten Evangelium, dem des Markus, wird Jesus mit dem Satz zitiert: »Es gibt nichts, was von außen in den Menschen hineingeht, das ihn unrein machen könnte« (193). Aber zu differenzieren, gar die Bibel zu interpretieren, ist nicht Sache der fundamentalistischen Christen. Ihnen genügt, dass der Hinweis in der Apostelgeschichte steht.

Die Zeugen Jehovas haben sich übrigens für das Land Berlin nach endgültigem Urteil des Bundesverwaltungsgerichts im Jahre 2006 den Status einer Körperschaft des öffentlichen Rechts erstritten und sind damit den großen Kirchen rechtlich gleichgestellt. Das heißt, sie könnten, wenn sie wollten, eigene Schulen einrichten, hätten Anspruch auf Mitwirkungen in den Gremien des öffentlich-rechtlichen Rundfunks und Fernsehens. Eine demokratische, der Aufklärung verpflichtete Gesellschaft muss wachsam sein, dass fundamentalistische Vorstellungen nicht die Fundamente ihrer Existenz bedrohen.

Wer dran glaubt, kann sich per Ablass den Aufenthalt im Fegefeuer verkürzen. Für
Martin Luther war dieses Geschäft mit der Angst Grund für seine Thesen gegen den
Ablasshandel, die zur Reformation führten. Im Bild: Ablasshandel, Hans Holbein d. Ä.
zugeschrieben, Anfang 16. Jahrhundert.

Das Geschäft mit der Angst

Viele Jahrhunderte lang hatten die Menschen Angst vor dem Jenseits.
Heute ist die Angst ganz diesseitig. Geschäfte lassen sich damit zu jeder
Zeit machen.

Im Mittelalter erschloss sich die katholische Kirche eine sprudelnde
Geldquelle. Pfiffige Dogmatiker hatten die Lehre entwickelt, der Papst,
der sich ohnedies die Schlüsselgewalt über Himmel und Hölle zu-
schreibt und sich dabei auf das Matthäus-Evangelium beruft (194), sei
auch der Verwalter des *thesaurus bonorum operum*, des »Schatzes der
überschüssigen Verdienste der Heiligen«. Damit habe der Nachfolger
Petri das Recht, selbst den Toten gegen Bezahlung »Ablass« zu gewäh-
ren, das heißt, ihnen posthum den Aufenthalt im Fegefeuer zu erlassen, jenem Ort, der nach katholischer Lehre zur Abbüßung zeitlicher
Sündenstrafen – wo auch immer – eingerichtet worden ist. »Wenn das
Geld im Kasten klingt, die Seele aus dem Fegefeuer springt«, so die
zum Sprichwort gewordene Redensart. Der Dominikanermönch Johann Tetzel, ein besonders rabiater Geldeintreiber Roms, soll es so for-

muliert haben: »So balde der pfennige jns becken geworffen vnd clunge, so balde vere die sele, dofur er geleget, gen hymel« (195). Tetzel hatte Anfang des 16. Jahrhunderts für die Päpste Julius II. und Leo X. Geld zum Neubau der Peterskirche in Rom gesammelt. Sein Treiben war der unmittelbare Anlass für den Augustinermönch Martin Luther, in Wittenberg am 31. Oktober 1517 mit 95 Thesen gegen den Ablass eine Bewegung zu initiieren, die letztlich zur Reformation und zum Entstehen der Evangelisch-Lutherischen Kirche geführt hat. Der Ablass wird von der katholischen Kirche immer noch versprochen, wenn auch das Interesse daran, jedenfalls hierzulande, eher mäßig ist. Zuletzt erregte das Ritual als ein »Sonderablass« besonderes Aufsehen beim Weltjugendtreffen der Katholiken in Köln im Jahre 2005 mit dem frisch gewählten Benedikt XVI.

Die Angst der Menschen vor dem Fegefeuer, solange dessen Existenz nicht bezweifelt wurde, ließ die katholische Kirche reich werden. Die profanen Ängste der Menschen heute werden nicht weniger ausgenutzt. Immer geht es darum, dass der Einzelne komplexe Zusammenhänge nicht durchschaut und auf »höhere Weisheit« angewiesen ist. Wie oben beschrieben, hat der Mensch keinen Sinn für den Zufall. Er kann sich normalerweise nicht vorstellen, welchen Risiken er sich aussetzt, oder auch, siehe Lotterie-Spiel, welche Chancen er tatsächlich hat. Andererseits werden ihm durch die Medien die Bilder aller Schrecken dieser Welt vorgeführt, auch solcher, von denen er sich selbst bedroht fühlen muss. Mit diesen seinen Ängsten konfrontieren die Bürger ihre gewählten Politiker. Und diese sehen sich zum Handeln gezwungen, unabhängig davon, wie sinnvoll das ist. Von der Gefahrenabwehr und Schadensvorsorge leben dann ganze Industrien.

Wenn uns etwas sehr überrascht, wundern wir uns, das »ausgerechnet« dies passiert ist. Wir haben es uns eben gerade *nicht* ausgerechnet, selbst dann nicht, wenn wir mit *allem* »gerechnet« haben.

Im November 2000 entdeckte man das erste Kalb in Deutschland, das mit dem Erreger der Seuche BSE, des »Rinderwahnsinns«, infiziert war. Damals wurde in der Bundesrepublik eine gigantische Maschinerie in Gang gesetzt, um die hoch besorgten Menschen vor dem Ausbruch der Seuche zu schützen. Seither wurden in aufwändigen Massentests bis Anfang Mai 2007 genau 400 infizierte Tiere entdeckt, im Jahre

2006 waren es noch 16 Fälle. Kein Rind und erst recht kein Mensch in Deutschland ist an BSE gestorben.

Nach dem Zweiten Weltkrieg sind in Deutschland Generationen von Füchsen als potentielle Überträger des Tollwut-Virus getötet worden. Mittlerweile wird geimpft. An der Tollwut, die er sich etwa in Deutschland geholt hätte, ist hierzulande kein Mensch gestorben. 1996 starb ein Bundesbürger, der in Sri Lanka von einem tollwütigen Hund gebissen worden war, anno 2004 ein anderer, der in Indien Kontakt mit einem streunenden Hund hatte.

Hierzulande sterben jedes Jahr über 5000 Menschen durch das Auto (1970 waren es sogar noch 21 000). Deutschland ist das einzige Land auf der Welt, das keine generelle Geschwindigkeitsbegrenzung auf Autobahnen kennt. Das Risiko, dass ein Fehler am Steuer tödlich endet, steigt mit der Geschwindigkeit. Andererseits muss jedes deutsche Auto alle zwei Jahre zum TÜV. Der Nutzen dieses Rituals für die Sicherheit des Autofahrers ist mehr als fragwürdig; zumal, da man etwa in der Schweiz mit selteneren Untersuchungen gut fährt. Der Nutzen für Autowerkstätten und den TÜV selbst dagegen ist gewiss.

In der Bundesrepublik setzt die Gesundheitspolitik auf die sogenannte Krebs-Vorsorge. Diese ist in Wahrheit keine Vorsorge, sondern es geht um Diagnose. Sie nützt gewiss den Ärzten, die diese Diagnose vornehmen. Der Nutzen für die Patienten ist jedoch in vielen Fällen höchst zweifelhaft.

Zum Beispiel beim Prostatakrebs: Bei der Hälfte aller 80-Jährigen finden sich Krebszellen in der Prostata. Doch die meisten Männer sterben *mit*, nicht *an* dem Tumor. Zwischen 30 und 70 Prozent aller Prostatakrebse gelten als Überdiagnosen, weil sie nie aufgefallen wären.

Krebsuntersuchungen können neben richtigen zu falsch-positiven und zu falsch-negativen Ergebnissen führen. Das heißt, es wird fälschlich ein Krebs entdeckt, der die Betroffenen in Angst und Schrecken versetzt, oder es wird fälschlicherweise kein Krebs entdeckt, was die Untersuchten in falscher Sicherheit wiegt. Vorsorgliche Untersuchungen der Frauen auf Brustkrebs, wie das in Deutschland geschieht, sind jedenfalls nicht eindeutig zu empfehlen. Man muss vielmehr differenzieren.

An Brustkrebs erkranken in der Bundesrepublik etwa 48 000 Frauen im Jahr und rund 18 000 sterben daran. Frauen zwischen 50 und 70

Jahren profitieren wohl im statistischen Mittel von der Mammographie. Neun von 1000 Frauen haben in diesem Alter einen unentdeckten Tumor. Bei einer Mammographie wird der Krebs in drei von diesen 1000 Fällen übersehen, in sechs Fällen entdeckt, und bei früher Diagnose ist die Überlebenschance entsprechend größer. In 50 von 1000 Fällen wird den Frauen jedoch nach dem Test fälschlicherweise ein positiver Befund mitgeteilt. Die Zahl der falsch-positiven Befunde bei den unter 50-Jährigen ist deutlich größer – in 100 von 1000 Fällen. Das hängt mit der größeren Dichte des Brustgewebes jüngerer Frauen zusammen, wodurch der Krebs schwerer zu diagnostizieren ist. Außerdem haben in diesem Alter ohnedies nur drei von 1000 Frauen einen unentdeckten Brusttumor (196).

Die Verhältnisse sind also hochkompliziert. Die Angst kann zwar dazu motivieren, zum Arzt zu gehen, und das kann gut sein. Angst allein aber ist jedenfalls ein schlechter Ratgeber. Es bedarf oft großer Mühe, guten Rat zu bekommen; insbesondere in einem Gesundheitssystem, das dem Arzt kaum mehr Zeit einräumt, seine Patienten gut zu beraten. Einem System, das obendrein verhindert, dass der Patient sich über die Kompetenz einer Klinik korrekt informieren kann. Offensichtlich profitieren allzu viele davon, dass die Menschen für dumm verkauft werden können.

Denn Gesundheit und Krankheit, die Entwicklung oder gar der Ausbruch einer Epidemie sind hochkomplexe, das heißt, wie schon mehrfach erwähnt, nichtlineare Prozesse. Für den Einzelnen sind sie nicht durchschaubar und kaum berechenbar.

Das gilt übrigens auch für das Gesundheitssystem selbst. Es ist sicher nicht nur Zynismus der Politiker oder gar böser Wille, wenn die Ergebnisse ihrer Reformen den Erwartungen nicht entsprechen. Es hat nicht nur, wenn auch gewiss nicht unerheblich, mit dem übergroßen Einfluss der Lobby in diesem Land zu tun. Der Hauptgrund ist, dass das System so komplex ist, dass Veränderungen in ihren Auswirkungen unberechenbar sind.

Franz Porzsolt, Professor für Klinische Ökonomik an der Universität Ulm, hat einen besonderen Ansatz, das menschliche Bedürfnis nach Sicherheit zu untersuchen. Unter »Ökonomik« ist hier der Wert bestimmter Maßnahmen im Krankenhaus für den Patienten gemeint.

Zum Beispiel der Wert blutdrucksenkender Maßnahmen. Ein niedriger Blutdruck ist ebensowenig ein Wert an sich wie ein hoher Blutdruck ein Manko an sich ist. Der Blutdruck ist vielmehr nur ein Anhaltspunkt neben anderen dafür, wie hoch das statistische Risiko eines Menschen ist, einen Herzinfarkt oder einen Schlaganfall zu erleiden.

Porzsolt fasst die bekannten Daten zur Mammographie so zusammen: Wenn in Deutschland tausend Frauen jeweils alle zwei Jahre eine Mammographie machen lassen, sterben in zehn Jahren vier von ihnen an Brustkrebs. Wenn diese tausend Frauen keine Mammographie vornehmen lassen, sterben fünf statt vier von ihnen an Brustkrebs. Die Befürworter der vorsorglichen Mammographie sprechen von einer Erfolgsquote der Mammographie von 20 Prozent. Für Laien ist diese Aussage freilich äußerst irreführend. Man könnte nämlich auch sagen, die Krebsrate verringert sich, statistisch gesehen, von fünf auf vier Promille. Bei dieser Formulierung würde freilich die Neigung zur Brustkrebsvorsorge weniger ausgeprägt sein. Und das wäre für die einschlägig arbeitende Ärzteschaft ein echter wirtschaftlicher Verlust.

Porzsolt sprach auf einer Pressekonferenz des Komittees *Forschung Naturmedizin* in München Ende 2006 vom Prinzip der »gefühlten Sicherheit«. Auf solcherart Sicherheit spekulieren auch Hersteller von Arzneimitteln, von Vitaminpräparaten und anderen »Nahrungsergänzungsmitteln«, ebenso wie die Anbieter mancher vorsorglicher Untersuchung. Um nicht missverstanden zu werden: Vorsorge, die mehr Sicherheit gibt, nicht zu erkranken, ist vernünftig. Problematisch ist, was nur die »gefühlte Sicherheit« verstärkt. Übrigens bieten alle Religionen ein Mehr an »gefühlter Sicherheit« an.

Missbrauch des Gebets

Im Gebet drückt sich für viele Menschen der Wunsch, die Hoffnung und die Erfahrung aus, mit Gott ganz persönlich sprechen zu dürfen. Manche Glaubensgemeinschaften vermitteln allerdings die Vorstellung »viel hilft viel« in dem Sinne, dass es hilfreich sei, in ein und derselben Angelegenheit möglichst viele Menschen zum Gebet antreten zu lassen. Die *Harvard Medical School* in den USA hat 1802 Bypass-Patienten an sechs Krankenhäusern im Verlauf von zehn Jahren an einer Studie teilnehmen lassen. Die Kranken waren in drei Gruppen eingeteilt worden: Für zwei Gruppen wurde gebetet, für die dritte nicht. Die eine Hälfte der Patienten wurde darüber informiert, dass für sie gebetet werde, die andere wurde darüber im Ungewissen gelassen. Die Fürbitten sprachen Mönche und Nonnen in zwei Klöstern sowie Mitglieder eines Gebetsseminars. Sie erfuhren nur die Vornamen und die Anfangsbuchstaben der Nachnamen der Kranken. Alle mussten denselben Gebetstext sprechen, »für eine erfolgreiche Operation, eine schnelle Genesung und keine Komplikationen«. Die Ergebnisse der Studie wurde anno 2006 publiziert. 51 Prozent der Patienten, die im Unklaren gelassen wurden, ob für sie gebetet werde, erlitten Komplikationen. Von den Kranken, die wussten, dass für sie gebetet wurde, bekamen 59 Prozent Komplikationen (197). Denen, die wussten, dass für sie vor, während und nach einer Herzoperation gebetet wurde, ging es also sogar etwas schlechter als denen, für die nicht gebetet wurde.

Dies ist nicht die einzige wissenschaftliche Studie in den USA zu diesem Thema. Ein Experiment mit 700 Herzpatienten in neun Kliniken sollte bereits früher Aufschluss geben, ob das Beten in Gruppen außerhalb des Krankenhauses nützlich ist. Für eine Hälfte der Patienten wurde gebetet, für die andere nicht. Fazit: »Beten für Patienten, die andernorts behandelt werden ... verbessert nicht messbar die klinischen Ergebnisse.« (198) Das ist freilich kein Beweis für oder gegen die Kraft eines Gebets. Der Theologe Mark Coppenger wird in dem Bericht der *Harvard Medical School* mit dem Satz zitiert: »Ich habe erfahren, dass Gott unsere Gebete erhört, aber ich habe es noch nicht erlebt, dass er bei einem Test mitmacht.«

Die Evangelische Kirche in Deutschland versucht, eine Grenze zu Esoterik und charismatischer Wunderheilung zu ziehen. »Ob der Gottesdienst etwas heilt oder nicht, hängt nicht davon ab, wie intensiv der Gottesdienstbesucher glaubt«, so die Kieler Pastorin Renate Ebeling (199). Sie salbt Gottesdienstbesucher nach uralter biblischer Weise, indem sie mit Öl das Kreuzeszeichen auf Stirn und Hände zeichnet. Das Olivenöl, gemischt mit Myrrhe, Zimt, Kalmus und Kassia (diese tropische Pflanze zählt zu den Hülsenfrüchtlern) wird nach einem Rezept aus dem Alten Testament hergestellt (200).

Seit langem ist das Phänomen der Spontanheilung selbst von schwersten Leiden medizinisch gut dokumentiert – und nach wie vor unverstanden. Sicher ist, dass eine unerwartete Genesung nicht davon abhängt, wie gläubig ein Mensch ist. Der Onkologe und wissenschaftliche Beobachter von Spontanheilungen, Walter M. Gallmeier vom Klinikum Nürnberg, hat 1995 das Resümee gezogen, »dass Spontanremissionen mit keiner Methode angestrebt, erreicht oder gar erzwungen werden können« (201). Wenn man die Spontanheilung zur Angelegenheit des richtigen Tuns oder Verhaltens eines Patienten mache, laste man dem Kranken ungerechtfertigterweise eine Bürde auf, »die das hoffnungsvolle Geschehen zur Quelle von Schuld und Verzweiflung machen kann.« In Deutschland glauben freilich zunehmend mehr Menschen ganz allgemein an Wunder, wozu sie vor allem das genannte Phänomen der plötzlichen Gesundung zählen. Vor sechs Jahren glaubten nach einer Allensbach-Umfrage 29 Prozent der Befragten an Wunder, anno 2006 waren es 56 Prozent (202). Nach meinem Verständnis ist dies ein Beleg dafür, dass der Aberglaube zunimmt.

Nach älteren Studien in den USA (201) spielen zwar die Religiosität und das Beten nach dem Selbstverständnis der Genesenden eine große Rolle. Sie sind vor allem für jene hilfreich, die eine »intrinsische« Religiosität pflegen, das heißt nachdenkliche und tolerante Gläubige sind – im Gegensatz zu Menschen mit »extrinsischer« Religiosität, die ihren Glauben öffentlich zeigen, indem sie zur Kirche oder in die Synagoge gehen. Allerdings sind die Ergebnisse solcher Studien statistisch nicht signifikant.

Bezeichnenderweise gibt die Regierung von US-Präsident George W. Bush ansehnliche Summen, 2,3 Millionen Dollar seit Amtsantritt bis zum Frühjahr 2006, dafür aus, die Kraft von Gebeten für Unbekannte zu beweisen. George W. Bush betont ständig öffentlich, dass er für diese oder jene Leute bete. Er hält sich sogar für persönlich von Gott auserwählt und verstieg sich schon zu der Aussage: »Gott möchte, dass ich Präsident werde ...« Madeleine Albright, Außenministerin unter Bushs Vorgänger Bill Clinton, kritisiert dies und sagt den gutgläubigen Frommen: »Wir können Gott nicht allein beanspruchen«. Und gegen die Äußerung Bushs, »Gott ist auf unserer Seite«, setzt sie den Satz Abraham Lincolns, des US-Präsidenten in den 1860er Jahren, der betont habe, »dass *wir* auf Gottes Seite sein müssten« (203).

Die »liberale Gegenstrategie, Glauben in die Privatsphäre abzudrängen und so im öffentlichen Raum die destruktiven Kräfte des Religiösen zu neutralisieren, scheint, wie die Symbolkämpfe um Kreuz und Kopftuch in Klassenzimmern zeigen, gescheitert zu sein«, mein Friedrich Wilhelm Graf. Damit erinnert er gleichzeitig daran, dass wir es hier nicht nur mit einer Problematik fernab von Deutschland zu tun haben.

Zurück zum öffentlichen Beten. Der Verfasser des Matthäus-Evangeliums zitiert Jesus mit den folgenden Sätzen (204): »wenn ihr betet, sollt ihr nicht sein wie die Heuchler, die gern in den Synagogen und an den Straßenecken stehen und beten, damit sie von den Leuten gesehen werden. ... Wenn du aber betest, so geh in dein Kämmerlein und schließ die Tür zu und bete zu deinem Vater, der im Verborgenen ist...«

Das ritualisierte Beten, wie es etwa die katholische Kirche ihren Priestern vorschreibt und wie es in den Prozessionen, etwa am Feiertag »Fronleichnam«, alle Gläubigen pflegen, gibt diesen wohl eine Struktur für ihr Leben vor, hat aber gewiss auch etwas Zwanghaftes. Georg Ratzinger, Priester und älterer Bruder von Papst Benedikt XVI., beschreibt das Freizeitverhalten seines Bruders so: »Er ist vernünftig, er schaut, dass er Bewegung hat. Mit seinen beiden Sekretären macht er jeden Tag einen Spaziergang, da beten sie spazierengehenderweise den Rosenkranz. Und er macht am Abend relativ früh Schluss. Um sieben Uhr sind die Audienzen vorbei, dann betet er Brevier, um halb acht ist Abendessen, um acht schauen sie die italienischen Nachrichten an und machen danach noch mal einen Spaziergang. Dann betet er das restliche Brevier und geht schlafen« (205).

Wenn Mitleid fehlt

Die Maxime »Auge um Auge, Zahn um Zahn« ist uraltes jüdisches Gesetz der Thora (206). Jesus setzte dagegen auf die Liebe, sogar den Feinden gegenüber (207). Er hatte Mitleid, was in der Lutherbibel übersetzt wird mit »es jammerte ihn«. Die sich auf Jesus berufenden Christen handeln freilich seit 2000 Jahren allzu oft mitleidlos im Dienste einer höheren Sache. Sie unterscheiden sich darin nicht von anderen Glaubensgemeinschaften.

Parzival, eine der großen Erzählungen des christlichen Mittelalters, die Wolfram von Eschenbach um 1200, während der Zeit der besonders mitleidlosen Kreuzzüge geschrieben hat, handelt vom Mitleid. Der Held der Geschichte, der vaterlos aufwachsende Parzival, auch Tumbetor, dummer Junge, genannt, ließ sich von einem gewissen Gurnemanz von Graharz den Rat geben: »Frag nicht wie ein Knabe nach allen Dingen, die dich erstaunen machen.« Ein dummer Rat, der auch heute noch Ausdruck eines Erziehungsprogramms ist und im krassen Gegensatz zu den natürlichen Bedürfnissen der Kinder und dem Wissen der Pädagogen steht. Parzival nahm den Ratschlag dann auch noch ernst, als er einen Kranken eigentlich spontan nach der Ursache seines Leides fragen wollte, sich aber nicht traute, weil er doch kein Kind mehr war. Wegen dieses Versagens muss er einen langen Umweg gehen, ehe er – was im Roman bereits im Mittelalter leichter möglich ist als im richtigen Leben – eine zweite Chance bekommt, das Versäumte nachholen und Herr der Gralsburg werden kann.

Ich erinnere mich, wie ich als vier, höchstens fünf Jahre altes Kind in Berlin auf der Straße einen fremden älteren Herrn, den eine jüngere Dame begleitete, gefragt habe: »Onkel, warum trägst du einen Stern?« Ich bekam natürlich keine Antwort, fragte zu Hause nach und habe noch das Entsetzen in der Stimme meiner Eltern im Ohr: »Was, das hast du wirklich gefragt?« Freilich war ich damals nicht mitleidsvoll, sondern lediglich neugierig und kindlich-unbefangen.

Weinen löst bereits bei Neugeborenen ein Mitweinen aus. Und Mitleidlosigkeit beobachten Gewaltforscher in extremer Form bei Menschen, die bereits als Kind Opfer von Gewalt geworden sind.

In den 1960er Jahren ist Stanley Milgram von der Yale-Universität in New Haven/USA mit Experimenten berühmt geworden, in denen er nachweisen konnte, unter welchen Umständen Menschen mitleidlos mit anderen umgehen. Milgrams Versuchspersonen sollten vorgeblich den Einfluss von Strafen auf das Lernen studieren. Studenten, die sich für die Experimente im Dienste der Wissenschaft zur Verfügung gestellt hatten, sollten andere Versuchspersonen, wenn diese irgendwelche Fehler machten, mit Elektroschocks steigender Intensität traktieren. Was die Strafenden nicht wussten, war, dass die zu Bestrafenden den Schmerz nur simulierten. Das heißt, die Täter meinten nur, Stromschläge auszuteilen, allerdings in einer Stärke, die, wenn sie echt gewesen wären, die Opfer schwer geschädigt hätten. Auf Anweisung des Versuchsleiters teilten die Täter, die sämtlich keineswegs Sadisten waren, tatsächlich in erschreckendem Ausmaß Stromschläge aus. Die übergroße Mehrzahl der Versuchspersonen fügte sich letztlich entsprechenden Anweisungen des Versuchsleiters, auch wenn sie ihr Missbehagen zuvor deutlich ausgedrückt hatten. Nur ein Drittel verweigerte die Fortführung des Experiments, aber die meisten von diesen auch erst, nachdem sie den Opfern Stromstöße verabreicht hatten, die diese – wenn sie echt gewesen wären – ernsthaft geschädigt hätten.

An diesem Experiment wurde sehr deutlich, dass Gewalt im Dienste einer »guten Sache«, und sei es die der Wissenschaft, in einem von Autorität bestimmten Klima stärker als jedes natürliche Mitleid ist. Die Arbeiten Milgrams sind von anderen Wissenschaftlern fortgesetzt worden. Der amerikanische Psychologe David Mark Mantell hat für die Forschungsstelle für Psychopathologie und Psychotherapie der Max-Planck-Gesellschaft in München Anfang der 1970er Jahre in ausführlichen Interviews US-Kriegsdienstgegner mit amerikanischen Vietnam-Kriegsfreiwilligen verglichen. Er kam zu dem Schluss, dass Gewaltlosigkeit wie Gewalttätigkeit erlernte Lebensweisen seien: In der Familie, in der Schule, in sozialen Gruppen und durch Massenmedien. Als besondere Charakteristika von Kriegsdienst-Verweigerern erkannte Mantell: »Ihre Skepsis gegenüber Ideologien und Massenbewegungen, ihre Ablehnung von Machtpolitik, selbst als Mittel zu den Zielen, die sie unterstützen, und ihre Fähigkeit, völlig allein zu protestieren« (208). Diese Erkenntnisse sind 1971 auch in den USA publiziert worden. Man kann nicht sagen, dass sie Einfluss auf die amerikanische Politik im »Krieg gegen den Terrorismus« hätten. Vermutlich stehen das Buch Mantells und die Arbeiten Milgrams auch nicht in der Bibliothek des US-Gefangenenlagers Guantanamo.

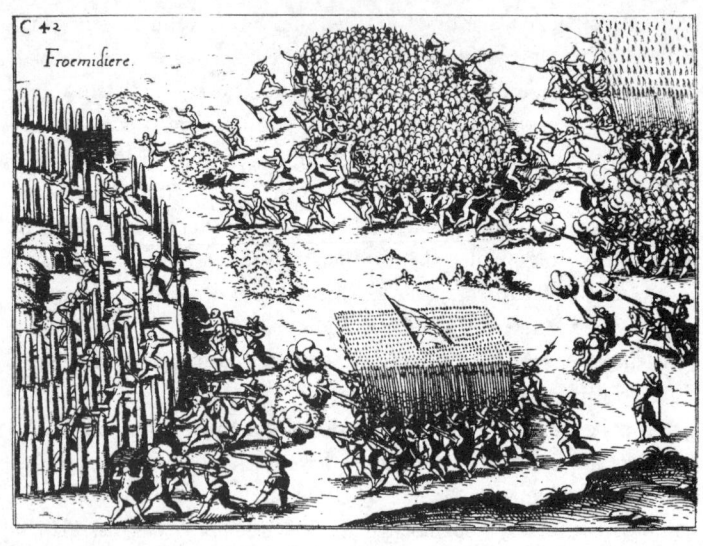

Zu viele junge Männer im Lande, die keine Perspektive haben, sind leicht in gewalttä-
tige Konflikte zu verwickeln. Nach Entdeckung der Neuen Welt zogen zahlreiche junge
Spanier nach Amerika und metzelten im Namen Gottes oder der Jungfrau Maria die
Eingeborenen. Ulrich Schmidel aus Straubing war im 16. Jahrhundert am Rio de la
Plata Augenzeuge. Papst Benedikt XVI. deutete die Erfahrungen der Eingeborenen am
13. 5. 2007 in Aparecida / Brasilien so: »Christus war der Erlöser, nach dem sie sich im
Stillen sehnten.«

Missbrauch von jugendlichem Enthusiasmus

Wenn junge Leute, die psychisch gesund sind, gewalttätig werden, dann
wird nicht selten jugendlicher Enthusiasmus missbraucht. Eine ganze
Generation junger Deutscher zog anno 1914 begeistert in den Ersten
Weltkrieg, im Glauben, das Vaterland retten zu müssen. Jahrhunderte
zuvor und heute wieder begehen junge Menschen Mord und Völkermord im Namen Gottes oder Allahs. Der Völkermord-Forscher Gunnar
Heinsohn an der Universität Bremen hat Vermutungen anderer Forscher empirisch überprüft und findet eine entscheidende Ursache für
Kriminalität, Krieg und Bürgerkrieg, Völkermord und Kolonisierung:

Zu viele junge Männer in einer Gesellschaft. »Immer dort, wo Mütter über Jahrzehnte oder gar Jahrhunderte im Schnitt sechs bis acht Kinder haben, also drei bis vier Söhne, da wird es brenzlig. Nur ein, höchstens zwei Söhne können mit gesellschaftlichen Positionen versorgt werden. Die überschüssigen dritten und vierten Brüder, ehrgeizig und im besten Kampfesalter, emigrieren – oder holen sich ihre Position mit Gewalt. Wo es zu viele junge Männer gibt, wird getötet … So lange, bis der Überschuss an Jünglingen weggetötet ist und die Geburtenzahl sinkt« (209). Allerdings, so Heinsohn, brauchen die jungen Leute für ihr Handeln eine gute Begründung, eine Idee, einen Vorwand (englisch *pretext*): »Ideologien und Religionen lösen das Problem, weil sie sagen: Du tötest nicht, du richtest. Da ist etwas Böses, Ungläubiges, das ausgerottet werden muss. Und die jungen Männer töten für ein frommes Land, für ein gerechtes Land, für ein großes Land.«

Die jungen Spanier, die nach der Entdeckung der Neuen Welt hinauszogen und die eingeborenen Völker Südamerikas im Namen Gottes oder der Jungfrau Maria metzelten, wurden von ihren Landsleuten *secundones* genannt, Zweitgeborene, womit auch dritte oder vierte »überschüssige« Brüder gemeint waren.

Gunnar Heinsohn hat in über 70 Ländern seine These überprüft und kommt zu der Schlussfolgerung: Wenn in einer Gesellschaft mehr als dreißig Prozent aller Männer zwischen 15 und 20 Jahre alt sind, dann kommt es sehr wahrscheinlich zu Gewalt. In den islamischen Ländern gibt es heute 300 Millionen Jungen unter 15 Jahren. Von diesen würden bestenfalls hundert Millionen zu Hause unterkommen, »200 Millionen bilden aber ein Gewaltpotenzial. Höchstwahrscheinlich in den Ländern selbst, eventuell aber auch international.«

Die katholische Kirche kämpft bekanntlich gemeinsam mit den islamischen Regierungen gegen Geburtenkontrolle.

Hirten und Schafe

Christen nennen sich selbst gerne Schafe und ihre Priester Hirten oder gar Oberhirten – ein Bild, das heute etwas seltsam anmutet. Es entstammt dem Alten Testament. Dort wird im 3. Buch Mose geschildert,

»Das Lamm« als Bild Jesu und sein Widerpart, »das Tier« mit Namen sechshundert-
undsechsundsechzig, spielen im biblischen Buch der Offenbarung eine wichtige Rolle.
In unsicheren Zeiten werden apokalyptische Vorstellungen virulent. (Druck von 1620)
Sammlung Dr. Helmut Urban

dass der Gott der Juden »Sündopfer« als Buße für die Sünden der Menschen forderte: Ein Schaf, eine Ziege oder eine Taube. Aaron, der Bruder
des Moses und sagenhafte erste Hohe Priester der Israeliten, sollte ein
besonderes Ritual vollziehen: Er musste einen lebendigen Ziegenbock
nehmen, »seine beiden Hände auf dessen Kopf legen und über ihm bekennen alle Missetat der Israeliten und alle Übertretungen, mit denen
sie sich versündigt haben, und soll sie dem Bock auf den Kopf legen und
ihn durch einen Mann, der bereit steht, in die Wüste bringen lassen,
dass also der Bock alle ihre Missetat auf sich nehme und in die Wildnis
trage; und man lasse ihn in der Wüste« (210). Dieses Ritual vollzogen
dann die Hohen Priester jeweils am »Versöhnungstag« (Jom Kippur).
Daher kommt der Begriff »Sündenbock«; im übertragenen Sinne ein
Mensch, der für die Schuld anderer büßen muss.

Später zitiert dann das Alte Testament den Propheten Jesaja mit dem rätselhaften Satz: »Wir gingen alle in die Irre wie Schafe, ein jeder sah auf seinen Weg. Aber der HERR warf unser aller Sünde auf ihn«, seinen »Knecht« (211). Jesaja lebte wahrscheinlich im 8. Jahrhundert vor Christus in Jerusalem. Spuren, die ihm zugeordnet werden können, finden sich an wenigen Stellen im Buch »Jesaja«, das ein Sammelname ist für Texte aus mehreren Jahrhunderten, die in der Mitte oder am Ende des 5. vorchristlichen Jahrhunderts zusammengefasst wurden. Die Theologen erfanden für die Verfasser von Textteilen Namen wie Deuterojesaja und Tritojesaja. Die Stücke, in denen vom Knecht Gottes gesprochen wird, bezeichnen die Wissenschaftler als »Gottesknechtlieder« und streiten, ob der Knecht Gottes als eine individuelle Gestalt oder ein Kollektiv (nämlich Israel) zu verstehen sei. Der Verfasser des 23. Psalms sagt von Gott: »Der Herr ist mein Hirte«. Der Autor des nach dem Jahre 90 aufgezeichneten Johannes-Evangeliums des Neuen Testaments interpretiert den Knecht Gottes als die Person des gekreuzigten Jesus, lässt aber auch Jesus selbst sich als guten Hirten bezeichnen, der sein Leben für die Schafe gibt, und lässt Johannes den Täufer über Jesus sagen: »Siehe, das ist Gottes Lamm, das der Welt Sünde trägt« (212). Und nun verstehen sich die Christen als Schafe, die allerdings von sehr irdischen Hirten geleitet werden. Walter Mixa, der katholische Bischof von Augsburg, meint, ein Bischof müsse dafür sorgen, dass die Gläubigen sich nur in eine Richtung bewegten (213). Freilich ist Mixa, dem der Gleichschritt so wichtig zu sein scheint, auch Militärbischof. »Um ein tadelloses Mitglied einer Schafherde sein zu können, muss man vor allem ein Schaf sein«, formulierte einst Albert Einstein.

Der Stellvertreter

Jesus ist überall auf der Welt, nur nicht im Vatikan, spotten kritische Theologen: denn dort hat er einen Stellvertreter. Als Stellvertreter Jesu Christi auf Erden versteht sich der Papst. Grundlage für dieses Selbstverständnis ist eine Legende. Im Matthäus-Evangelium, das in den 80er oder 90er Jahren entstanden ist – und nur hier – ist eine Jesus zugeschriebene Bemerkung eingefügt, wonach er zu Petrus gesagt habe (214): »Du bist Petrus, und auf diesen Felsen will ich meine Gemeinde

Jesus hat nach katholischer Lehre, die sich auf das Matthäus-Evangelium bezieht, dem Petrus und allen seinen »Nachfolgern« die Schlüssel zu Himmel und Hölle übergeben (Bild um 1130).

(die Katholiken übersetzen: Kirche) bauen, und die Pforten der Hölle sollen sie nicht überwältigen. Ich will dir die Schlüssel des Himmelreichs geben: alles, was du auf Erden binden wirst, soll auch im Himmel gebunden sein, und alles, was du auf Erden lösen wirst, soll auch im Himmel gelöst sein.« Deutsche katholische Theologen interpretieren heute diese Formel neu (215). Der Neutestamentler Rudolf Pesch nimmt an, dass diese Sätze im Matthäus-Evangelium nicht aus der Urgemeinde stammen, sondern in die Zeit gehören, in der die entstehende Großkirche die Auseinandersetzungen zwischen Judentum und Heidenchristentum bewältigen musste. Für den Kirchenhistoriker Peter Stockmeier ist das »Jesuswort« eine Schöpfung der palästinensischen Gemeinde, die sich von Jesus her als eine auf Felsen gebaute, unüberwindliche Wirklichkeit verstanden habe.

Viele Indizien sprechen dafür, dass Petrus und Paulus in Rom um das Jahr 67 unter Kaiser Nero umgebracht wurden. Petrus und Jakobus waren nach dem Tode Jesu gemeinsam Vorsteher des Apostelkollegiums in Jerusalem. Zu Beginn der 40er Jahre kam Jakobus bei der ersten Christenverfolgung um, während Petrus fliehen konnte. Davon, dass Petrus dann in Rom eine isolierte Spitzenposition innegehabt hätte, ist in den frühesten Texten nirgends die Rede, im Gegenteil, Petrus und Paulus werden gewissermaßen als Doppelspitze immer gemeinsam erwähnt.

Die insbesondere von Papst Benedikt XVI. zur Unterscheidung von den Protestanten so stark betonte ununterbrochene Kette, angefangen bei Petrus und den Päpsten bis zu Benedikt, die sogenannte apostolische Sukzession, ist ein Märchen. Freundlicher ausgedrückt lässt sich belegen: »Sämtliche Papstlisten bis in die Mitte des 2. Jahrhunderts sind legendär.« So der Kirchenhistoriker Georg Denzler (215). Denzler zitiert seinen Kollegen Klaus Schatz mit dem Satz: »Hätte man einen Christen um 100, 200 oder auch 300 gefragt, ob es einen obersten Bischof gibt, der über den anderen Bischöfen steht und in Fragen, die die ganze Kirche berühren, das letzte Wort hat, dann hätte er sicher mit Nein geantwortet.« Auch hier wird der Glaube missbraucht, um Machstrukturen zu erhalten.

Vom Bild Gottes

Der Gott des Alten Testaments unterscheidet sich von allen anderen Göttern darin, dass er unerkannt sein will. »Ich werde sein, der ich sein werde«, mehr erfährt Moses nicht, als er SEINEN Namen wissen will. Bereits im ersten der zehn Gebote steht dann, dass der Gott der Juden »kein Bildnis noch irgendein Gleichnis« duldet, das die Menschen anbeten, »weder von dem, was oben im Himmel, noch von dem, was unten auf Erden, noch von dem, was im Wasser unter der Erde ist«. Gleichzeitig drückt sich bereits im Alten Testament das Dilemma aus, dass der Gott Israels nicht in irgendwelchen Bildern kenntlich gemacht werden will, seine Gläubigen aber eben dies nicht aushalten. Während Moses mit seinem Gott spricht, sucht das führerlose Volk etwas, das es anfassen, anschauen, verehren kann. »Auf, mach uns einen Gott, der vor uns hergehe!«, so fordert es von Aaron, dem Stellvertreter des Moses (216). Dieser sammelt den Goldschmuck seiner Leute, gießt daraus das berühmte »goldene Kalb« und sagt: »Das ist dein Gott, Israel« (217). Und die Israeliten tanzen um das goldene Kalb.

Der Philosoph Ludwig Feuerbach (1804–1872) deutete das Gottesbild des Menschen als eine Projektion, indem er den entsprechenden Satz aus der biblischen Schöpfungsgeschichte umdrehte: »Der Mensch schuf Gott nach seinem Bilde.« Bereits 2300 Jahre früher fiel dem griechischen Philosophen Xenophanes (um 570 bis etwa 470 vor Christus) auf: »Die Äthiopier behaupten, ihre Götter seien schwarz und stumpfnasig, die Thraker, blauäugig und rothaarig.« Und er schloss daraus: »Wenn die Pferde Götter hätten, dann sähen diese aus wie Pferde.« Das heißt, Xenophanes hat bereits die Anthropomorphie der Gottesdarstellung bemerkt: »Mit kritischem Blick sieht er, daß die Götter der alten Mythologie nach Bild und Gleichnis der Menschen geschaffen sind«, so Johannes Hirschberger in seiner »Geschichte der Philosophie« (218). »Das ist früheste kritische Religionsphilosophie.«

Die Christen verhalten sich ähnlich wie die Anhänger des goldenen Kalbes. Sie wollen es konkret und malen sich eine ganze himmlische Hierarchie aus. Im Katechismus der katholischen Kirche (Weltkatechismus) von 2003 erfahren sie zum Beispiel, dass Engel »geistige, körperlose Wesen« sind. »Als rein geistige Geschöpfe haben sie Verstand

Der Mensch hat keinen Sinn für den Zufall und deutet sich die Welt.
Im Blattwerk an einer Mauer zu Nürnberg anno 1623 sahen die Menschen
einen »von selbst gewachsenen Löwen«. Sammlung Dr. Helmut Urban

und Willen; sind sie personale ... und unsterbliche ... Wesen.« Im Lichte dessen, was uns die Gehirnforschung über Geist und Bewusstsein lehrt, erscheinen solche Sätze absonderlich. Nicht einmal ein frommer Katholik muss freilich glauben, was in diesem Katechismus steht.

Der Kölner Kardinal Joachim Meisner hat im Herbst 2006 dekretiert, dass in seiner Diözese katholische Kinder in den Schulen nicht an multireligiösen Feiern teilnehmen dürfen. Die jungen Menschen überfordere es, »wenn sie in einer multireligiösen Feier etwa zwischen den unterschiedlichen Gottesbildern differenzieren müssen« (219). »Das ist das Denken der alten Stammesreligionen«, kommentierte dies Heribert Prantl in der *Süddeutschen Zeitung* (220). Dieses findet sich allerdings auch im Protestantismus. Für den obersten Repräsentanten der Evangelischen Kirche in Hessen und Nassau, Kirchenpräsident Peter Steinacker, sind gemeinsame Gebete von Christen und Muslimen »Gotteslästerung« (221).

Der protestantische Theologe Friedrich Wilhelm Graf formuliert es so: »die vieldeutige Transzendenzchiffre ›Gott‹ kann für ganz unterschiedliche Intentionen eingesetzt werden; zur Sakralisierung der Nation, zur Weihe des eigenen Lebensstils, zur Rechtfertigung gruppenspezifischer Werte. Im religiösen Pluriversum der Gegenwart werden viele neue Funktionsgötter verehrt, politisierte Gottesgestalten zur Durchsetzung der je eigenen Interessen und Weltsichten« (222). Solange es Menschen gibt, suchen sie nach Gott. Sie machen sich unterschiedliche Bilder von ihm. Bereits Kinder sollten in der Schule lernen, dass dies Bilder sind. Und das können sie am besten, wenn sie sich damit auseinandersetzen müssen, dass andere Kinder andere Bilder haben.

Papst Benedikt XVI. kämpft im Namen seiner »allein seligmachenden« Kirche gegen den »Relativismus«. Dieses Buch soll Zusammenhänge zeigen, die sich aus den Erkenntnissen nicht ideologisch vorbelasteter Forschung ergeben. Deshalb zitiere ich an dieser Stelle den hoch anerkannten deutschen Ägyptologen Jan Assmann, langjähriger Inhaber des Lehrstuhls an der Universität Heidelberg. Er beklagt die durch Moses in die Welt gekommene »Gewalt im Namen Gottes«. Während allerdings in der Bibel der altisraelische Eingottglaube im wesentlichen »nur literarisch gewaltsam« aufgetreten sei, werde diese Gewalt von Christen und Moslems auch ausgelebt. Assmann verweist auf die friedensfördernde Tatsache, dass »die alten Religionen ihre Götter ineinander übersetzen konnten, weil sie innerweltliche Mächte verkörperten, die auch die anderen kannten und verehrten. Es gab regelrechte Vergleichslisten mit Formeln wie: Astarte = Ischtar = Aphrodite = Venus. Damals trennte die Religion noch nicht, sie war vielmehr ein Medium der Verständigung« (223). Aus dieser Einsicht heraus verlangt Assmann: »Wir müssen von der Vorstellung loskommen, im Besitz einer absoluten, in geoffenbarten Schriften niedergelegten Wahrheit zu sein. Alle Religionen sind gleich weit entfernt von der Wahrheit, die wir nie besitzen, nur anzielen können.«

Ende 2006 ist unter dem Schirm der protestantischen hessischen Landeskirche die »Bibel in gerechter Sprache« erschienen; ein Werk, an dem 52 Übersetzer, darunter 42 Frauen, gearbeitet haben. Unter »gerecht« verstehen die ÜbersetzerInnen insbesondere auch eine »geschlechtergerechte Sprache«. Das heißt, aus Gott dem Herrn wurde »die Ewige« oder »die Lebendige«. Der Teufel bleibt allerdings maskulin, von TeufelInnen ist nicht die Rede. In der Weihnachtsgeschichte des Lukas-Evangeliums heißt es in der Übersetzung Martin Luthers: »Euch ist heute der Heiland geboren, welcher ist Christus der Herr...« Daraus machten die ÜbersetzerInnen, feministisch korrekt: »heute ist euch der Gesalbte der Lebendigen, der Retter geboren worden...«. Und den Satz »das Wort ward Fleisch« im Johannes-Evangelium übersetzten sie: »die Weisheit wurde Materie«. Es handelt sich bei diesem Experiment also nicht um eine »Übersetzung« der Bibel, sondern um eine dem Zeitgeist entsprechende Deutung. Verloren geht dabei nicht nur die Wortgewalt Martin Luthers, der mit seiner Bibelübersetzung die deutsche Hochsprache geschaffen hat. Verloren geht bei aller *Political Correctness* das Gefühl dafür, dass die Bibel in einer patriarchalischen Gesellschaft von Menschen aufgeschrieben wurde, die im Weltbild dieser Zeit verhaftet waren. Sie bedarf also der historisch-kritischen Auslegung und Bewertung. Der Neutestamentler und Altbischof Ulrich Wilckens aus Lübeck nennt den Geist der neuen Bibel-Übersetzung »Häresie« – also Ketzerei und »bekenntniswidrig«; ein altes protestantisches Kampfwort. Indem man den Begriff Vater für Gott vermeide, werde das Wesen des biblischen Gottes mutwillig verändert. Auch Wilckens verwechselt das biblische Bild Gottes mit Gott.

Je konkreter die Aussagen der Theologen über das Wesen Gottes sind, desto leichter geraten sie in Widerspruch zu den oben beschriebenen Beobachtungen der Naturwissenschaftler; jedenfalls wenn man, wie der Autor, davon ausgeht, dass es nur eine Welt gibt, nicht die »geistliche« im Unterschied zur »natürlichen« Welt. Wer die Bibel genau liest, bemerkt, dass hier Menschen in entscheidenden Situationen eben gerade *nicht* Antwort auf ihre Frage »Warum?« finden. Das ganze Buch Hiob im Alten Testament dient der Darstellung, dass jener Hiob, dem großes Unglück wiederfuhr (lauter »Hiobsbotschaften« erreichten ihn) auf sein »Warum?« *keine* Antwort bekam und trotzdem an Gott nicht irre wurde. Selbst von Jesus am Kreuz ist die Frage: »Mein Gott, mein Gott, warum hast du mich verlassen?« überliefert – wie sie bereits im Psalm 22 formuliert wurde; eine Frage ohne Antwort. Das heißt, der Mensch muss sich damit abfinden, weder mit Hilfe seines Verstandes noch als Glaubender entscheidende Fragen beantworten zu können, selbst wenn er sein Leben lang sucht.

Die bescheidenste und mir deshalb besonders sympathische Definition und Antwort auf die Frage nach Gott stammt von dem deutschen evangelischen Theologen Herbert Braun, der formulierte, Gott sei »das Wohin meines Fragens«. Dazu passt, was der Neurowissenschaftler Wolf Singer aus dem bereits oben in Einzelheiten dargestellten Wissen heraus, »wie beschränkt unsere kognitiven Fähigkeiten sind«, so formuliert (102): »Unser Gehirn ist doch gar nicht daraufhin ausgelegt, das Absolute zu erfassen, sondern sich ganz pragmatisch mit Signalen auseinanderzusetzen, die zum Überleben wichtig sind. So ein System ist sicher nicht dazu angetan, die Welt so zu erfassen, wie sie möglicherweise wirklich ist.« Und er ergänzt: »Vielleicht gibt es draußen in der Welt noch Dinge, die, wenn wir sie entdeckten, die Welt so umkrempeln würden, wie es die Quantenphysik mit der klassischen Physik getan hat. Gerade Hirnforscher sind besonders vorsichtig, weil sie wissen, wie beschränkt unsere kognitiven Fähigkeiten sind.«

Ja und Amen

Die christlichen Schäfchen haben aus der jüdischen Liturgie das Wort »Amen« übernommen, übersetzt: »Ja, gewiss!«, die Zustimmungsformel der Gemeinde zu Rede, Gebet und Segen. Das heißt, der Pfarrer erwartet traditionell, dass die Gemeinde, die – jedenfalls in der katholischen Kirche –, wenn es darauf ankommt, ohnedies nicht gefragt wird, »Ja und Amen« sagt. Das ist ein bezeichnender Unterschied: Wissenschaft funktioniert, indem ihre Theorien mit einem »Aber« beantwortet werden –

und sich so langsam ein Fortschritt der Erkenntnis vollzieht. Auf die Predigt des Pfarrers dagegen folgt ganz sicher das »Amen« in der Kirche. In einer Kultur der Schlussworte ist jedoch kein Fortschritt möglich. Fundamentalisten aber kennen nur Schlussworte.

Viele Pfarrer sind begeisterte Prediger, manche haben auch etwas zu sagen. Aber in einer Kultur, die die Gemeinde nur Ja und Amen sagen lässt, entwickeln auch manche Pfarrer das »Zahnarzt-Syndrom«, wie ich es nennen möchte. Wer kennt es nicht? Man sitzt da mit offenem Mund, und der Zahnarzt redet begeistert und zugleich bohrend auf einen ein. Man kann ihm einfach nicht widersprechen.

Das Amen erscheint zum ersten Mal im Alten Testament im Zusammenhang mit der bis heute Menschen bedrängenden Ungewissheit, ob nicht der Partner die Partnerin oder umgekehrt betrogen hat. Im patriarchalischen Alten Israel war nur die männliche Eifersucht ein Problem, das der Priester auf eine besondere Weise zu lösen versuchte. Mit Hilfe nämlich von bitterem Wasser, das die der Untreue Verdächtigte trinken musste, sowie einem Verwünschungsschwur. Für den Fall, dass die Frau den Mann betrogen habe, so musste der Priester sagen, »gehe nun das fluchbringende Wasser in deinen Leib, dass dein Bauch anschwelle und deine Hüfte schwinde! Und die Frau sollte sagen: Amen, Amen!« (224).

Lobes-Lust

Die Bibel ist voller Aufforderungen, Gott zu loben, und voller Hinweise darauf, dass eben dies dort getan wird. In Worten, singend und »lobopfernd«. Was ist das für ein merkwürdiger Gott, der permanent gelobt sein will?

Zum Herrscherkult aller Zeiten gehört das Lob. Das war bei den ägyptischen Pharaonen nicht anders als bei Stalin und Hitler, dem »Größten Feldherrn aller Zeiten« (Gröfaz). In neuerer Zeit nennt man das Personenkult. Den Chef zu loben ist für dessen Mitarbeiter gewiss keine die Karriere bremsende Verhaltensweise. Seit einiger Zeit wissen umgekehrt sogar Chefs, dass es gut für das Betriebsklima ist, Mitarbeiter zu loben, notfalls auch fortzuloben. Anerkennung und also Lob zu finden ist für einen Menschen etwas Lebensnotwendiges. Künstler suchen nicht nur die Anerkennung durch den Applaus auf offener Bühne, sondern verstärken diesen, indem sie ihrerseits ihr Publikum loben. Natürlich erhoffen auch Buchautoren Anerkennung für ihr Werk. Kinder wollen von ihren Eltern nicht nur geliebt, sondern auch gelobt werden. Patienten brauchen Anerkennung durch den Arzt, damit eine Therapie erfolgreich ist.

Letzteres ist freilich nicht immer der Fall, wie schon Sigmund Freud aufgefallen war. Es gibt offenbar Menschen, bei denen »nicht der Genesungswille, sondern das Krankheitsbedürfnis die Oberhand« hat (*Das Ich und das Es*, 1923). Für Freud war die Ursache »ein Schuldgefühl, welches im Kranksein seine Befriedigung findet und auf die Strafe des Leidens nicht verzichten will«. Möglicherweise lässt sich mit diesem Wissen auch das Bedürfnis nach Selbstkasteiung deuten, wie es etwa die *Opus-dei*-Leute pflegen. Umgekehrt gibt es Patienten, die ihren Arzt »vergöttern«. Freud hatte erkannt, dass die Kranken gar nicht den Arzt als Person meinten, sondern ein inneres Bild auf ihn übertragen.

Zurück zum Gotteslob. Es ist also nicht so, dass der Gott der Bibel tatsächlich gelobt werden will. Insofern ist die »Lobes-Lust« Ausdruck eines missverstandenen und, wenn sie erzwungen wird, missbrauchten Glaubens. Der in Bayern berühmte Dienstmann Alois regt sich, als Engel Aloysius posthum in den Himmel aufgenommen (*Ein Münchner im Himmel* von Ludwig Thoma), zurecht darüber auf, dass es die reine Glückseligkeit bedeuten solle, fortwährend zu frohlocken und Halleluja singen zu müssen. Auch wenn als »Weltkulturerbe« wunderbare Lobes-Lieder in unseren Gesangbüchern notiert sind, die sich nur erhalten, wenn sie auch gesungen werden, sollte man sich gelegentlich bewusst machen, was und warum man da singt. Manche Lobes-Worte finden sich heute nur noch im religiösen Kontext. Zum Beispiel »Jauchzen«. Das Wort bedeutete ursprünglich, den Freudenschrei »Juch!« auszustoßen. Freudenschreie werden hierzulande ausgestoßen, wenn im Stadion ein Tor fällt. Aber gejauchzt wird nicht mehr, und »Juch!« oder »Juchhe!« ruft ebenfalls niemand. Auch »Halleluja« ist kein Wort der Umgangssprache – abgesehen von der in Bayern beliebten Variante »'zifix 'luja«.

Wir wissen nicht, was Gott gefällt – auch wenn es theologisch korrekt heißen würde: seine Gebote zu halten. Es gibt auch einen Satz aus dem

König David stellen sich die Christen gerne mit der Harfe und zum Lobe Gottes Psalmen singend vor.

2. Brief des Paulus an die Korinther (225), den alle Einwerber von Kollekten gerne zitieren, in dem behauptet wird: »Einen fröhlichen Geber hat Gott lieb.« Es habe Gott »gefallen«, den XYZ »in die Ewigkeit abzuberufen«, heißt es manchmal auf Beerdigungen – was den darüber ehrlich Trauernden doch ganz und gar nicht gefällt und eine leichtfertige Floskel sein kann. Ein Pfarrer wurde nach Steinhagen versetzt und musste seine erste Beerdigung vornehmen. »Es hat Gott gefallen, einen Steinhäger zu sich zu nehmen«, zitiert ihn Heinz Rühmann im Film *Ich vertraue Dir meine Frau an.*

VII.

Warum der Glaube bedacht werden muss

Der Glaube der Kirchen

Man kann mit dem Glauben unterschiedlich umgehen. Man kann ihn belächeln. Das ist, meine ich, dumm. Denn niemand weiß es wirklich besser. Mancherlei Glauben kann, wie ich gezeigt habe, falsifiziert, also als Aberglaube erklärt werden. Nicht aber der Glaube an die Existenz oder Nichtexistenz eines Schöpfergottes. Mehr als 2000 Jahre lang haben sich Theologen und Philosophen voller Scharfsinn darum bemüht, einen unanfechtbaren Gottesbeweis zu liefern, vergebens. Man kann den Glauben (jeweils der anderen) auch bekämpfen. Die Kirchengeschichte ist bis heute eine Geschichte von Religionskriegen. »Friede zwischen Religionen – Die größte aller Illusionen«, stand auf einem Motivwagen des Düsseldorfer Karnevals am Rosenmontag 2007. Dort waren Hand in Hand ein Mullah, ein Kardinal, ein orthodoxer Jude und ein Hamas-Kämpfer zu sehen.

Man kann den Glauben beschwören, wie dies die katholische Kirche tut. Das aber ist Ausdruck eines magischen Weltbildes. Jesus selbst, wie er in den Evangelien gezeigt wird, hatte in mancherlei Weise das magische Weltverständnis seiner Zeit überwunden. Zum Beispiel, indem er sich von den ideologisch besetzten Begriffen »rein« und »unrein« löste. Er hat sich auch nicht auf einen Thron gesetzt, wie es Könige und Bischöfe bis heute tun. Im Matthäus-Evangelium sagt Jesus zu seinen Jüngern (226): »ihr sollt euch nicht Rabbi nennen lassen ... ihr sollt niemanden unter euch Vater nennen.« Die Kirche dagegen hat ihre Denker und Manager trotzdem alsbald zu Kirchenvätern und sogar zu Heiligen Vätern ernannt und produziert jeweils posthum permanent weiter »Heilige«. Jesus hat einen Unterschied gemacht zwischen dem Altar, auf dem zu seiner Zeit Tiere geopfert wurden, und dem Opfer selbst (227): »Wenn einer schwört, bei dem Altar, das gilt nicht ... Was ist mehr: das Opfer oder der Altar, der das Opfer heilig macht?« Bis heute aber fallen gläubige Katholiken vor jedem Hochaltar auf die Knie. Der österreichische Dichter Ernst Jandl spottete einst:

Ich bekreuzige mich vor jeder Kirche, ich bezwetschige mich vor jedem Obstbaum.

Ich plädiere in diesem Buch dafür, den Glauben zu bedenken. Mir erscheint das Zweifeln oft redlicher als die von Protestanten wie von Katholiken so gerne beschworene »Glaubensfestigkeit«. Man soll, meine ich, den Glauben leben, so wie dies der Apostel Paulus der Gemeinde in Thessalonich (228) riet: »Prüfet aber alles, und das Gute behaltet.« Das ist das Gegenteil von einem Aufruf zur Leichtgläubigkeit. Freilich ist das Prüfen heute eine womöglich schmerzliche Erfahrung. Denn wenn man die Ergebnisse naturwissenschaftlicher Forschung zur Kenntnis nimmt, könnte, wie der Philosoph Thomas Metzinger von der Universität Mainz fürchtet, »der emotionale Druck auf Menschen, die dennoch an ihren traditionellen Weltbildern festhalten wollen, nur schwer erträglich werden« (41). Das Wissen über den Menschen und damit auch darüber, warum der Mensch glaubt, lässt den Philosophen ratlos klagen: »in meinen eher finsteren Minuten frage ich mich, ehrlich gesagt, ob es nicht Theorien über uns selbst geben könnte, die niemand vollständig ertragen kann: Erkenntnisse, die wir in unser Selbstmodell, unser inneres Bild von uns selbst, nicht integrieren können, ohne krank oder zumindest zu Heuchlern zu werden.«

Der schon zitierte katholische Theologe Eberhard Schockenhoff fürchtet, »dass die Symbiose aus Christentum und europäischer Kultur, die unseren Kontinent jahrhundertelang geprägt hat, langsam aber sicher bröckelt.« Eine Konsequenz wird sein, dass entgegen dem Wunsch der Kirchen in Deutschland ein Bezug auf Gott in die Präambel einer europäischen Verfassung eher nicht Eingang finden wird. Der Philosoph Peter Sloterdijk meint ohnedies, in einer Welt, in der sich Medizin, Erziehung, Arbeitswelt, Recht, Wissenschaft und das politische System »ausdifferenziert« hätten, könne die Religion »über die Stufe einer Präambel nicht mehr hinauskommen« (229). Selbst diese Stufe kann sie womöglich nicht einmal mehr erklimmen.

Ende Januar 2007 diskutierte in Wittenberg die Evangelische Kirche in Deutschland (EKD) über Reformen. Eines der Ziele, die in einem »Impulspapier« vorgestellt wurden, ist, die Zahl der sonntäglichen Gottesdienstbesucher von derzeit vier(!) Prozent der Kirchenmitglieder bis zum Jahre 2030 auf zehn Prozent zu steigern. Für den EKD-Vorsitzenden, Bischof Wolfgang Huber, sind der Gottesdienst und die Spiritualität »kirchliche Kernkompetenzen«, auch wenn er einräumt, dass die Kirche die Qualität des Gottesdienstes verbessern müsse. Aufgabe der Kirche sei es, den Glauben zu wecken und zu stärken. Was meint er wohl, einen Kinderglauben oder einen Erwachsenenglauben? Der Leser dieses Buchs wird verstehen, wenn ich frage, *warum* mehr Leute in die Kirche gehen sollen? Beweist nicht das offenkundige Desinteresse der Kirchenmitglieder am Gottesdienst, dass die Kirche hier eben gerade nicht gefragt ist? Die Zahl der evangelischen Schulen soll ebenfalls kontinuierlich steigen. Eine Kirche jedoch, die, wie ich beschrieben habe, die Erkenntnisse der Forschung nicht zur Kenntnis nimmt, hat auch keinen Bildungsauftrag in der Gesellschaft wahrzunehmen. Die Publizistin Heike Schmoll kommentierte den Zukunftskongress von Wittenberg in der *Frankfurter Allgemeine Zeitung* (230) zusammenfassend: »Die Kirche wird zur Funktionärskirche«. Begründung: »Bis auf einige wenige Universitätstheologen fand der Kongress unter Ausschluss der wissenschaftlichen Theologie statt.« Was das heißt, beschrieb Schmoll mit einem Zitat des protestantischen Theologen Friedrich Schleiermacher (1768–1834): »Ist das religiöse Interesse von wissenschaftlichem Geist entblößt, so wird die Beschäftigung, statt ein treues Resultat zu geben, nur der Subjektivität der Person oder ihrer Partei dienen.«

Ich sage, der Glaube wird nicht bedacht. Den evangelischen Kirchen fehlt das Problembewusstsein. Es ist wahr, Frömmigkeit ist »in«, und der Esoterik-Markt boomt. Doch die Suchenden machen ihre spirituellen Erfahrungen außerhalb der Kirche. Die Kirchen laufen dem einfach nur hinterher. Wenige Tage nach dem Ende des »Zukunftskongresses«

teilte die Evangelische Kirche von Westfalen zum Stichwort »Qualität« mit, dass ihre Pfarrer jetzt lernen sollten, wie sie ihre Präsenz verbessern könnten. Ein Gottesdienst hänge wie ein Theaterstück davon ab, »wie überzeugend die Akteure sind«. Es spiele eine große Rolle, wie die Bewegungen, die Gesten und die Sprache des Geistlichen »vor dem Altar, auf der Kanzel oder am offenen Grab« wirkten. »Wir wollen Pfarrern in der gesamten Kirche helfen, die Qualität ihrer Gottesdienste mit Methoden aus der Theater- und Filmwelt zu verbessern«, sagte Gerd Kerl, Leiter des Instituts für Aus-, Fort- und Weiterbildung der westfälischen Kirche (231). Man fragt sich, warum die Kirche nicht gleich Schauspieler einstellt. Ernsthaft gesprochen: Natürlich müssen Pfarrer wie Lehrer oder auch Politiker Atem- und Sprechtechnik lernen, damit sie nicht heiser werden und sich raumfüllend artikulieren können. Die Qualität eines Gottesdienstes hängt freilich in erster Linie davon ab, ob der Pfarrer etwas zu sagen hat.

Ich stimme dem evangelischen Theologen Klaus-Peter Jörns zu, wenn er schreibt (137): »Nur die Bereitschaft, sich mit dem kirchlichen Erbe *inhaltlich* auseinanderzusetzen«, könne das »Profil der Kirche schärfen«. Tatsächlich spricht der Ratsvorsitzende der EKD gerne darüber, das Profil der Kirche schärfen zu wollen. Ich habe den Eindruck, es geht ihm dabei als Berufsethiker vor allem darum, »christliche« Moralvorstellungen durchzusetzen. Das gilt in analoger Weise für die katholische Kirche, wobei deren Moralvorstellungen deutlich enger sind. Alt-Bundeskanzler Helmut Schmidt begründete im Frühjahr 2007 in einem Interview, warum er nunmehr, mit 89 Jahren, »etwas weniger gläubig als früher« sei. Er habe nach seinem Rückzug aus öffentlichen Ämtern Muße gehabt, sich auch in andere große Religionen außerhalb des Christentums zu vertiefen. Viele Regeln, die er dem Christentum zugeschrieben habe, gebe es in anderen Religionen ebenso. »Wenn Sie entdecken, dass es alle möglichen christlichen Regeln genauso für Muslime oder für die Juden gibt, dann werden Sie etwas vorsichtiger mit Ihrem christlichen Bekenntnis« (232). »Heute will mir scheinen, als ob die Vorstellungen von Gott alle von den Menschen ersonnen worden sind, je nachdem, in welchen Kulturen und Verhältnissen sie gelebt haben«, so der Alt-Bundeskanzler.

Was die protestantische »Kernkompetenz« in Sachen Spiritualität betrifft: Die Chance, spirituelle Erfahrungen zu vermitteln ohne im Aberglauben zu versinken, muss sich die Kirche erst noch erarbeiten. Und auch dies kann nicht gelingen, wenn dabei die Beobachtungen der Forschung, insbesondere der Neurowissenschaften, nicht zur Kenntnis genommen werden. Das beliebte Bild von der »einen Welt« müsste, wie ich meine, auch helfen, die Welt der Wissenschaft mit der Welt des Glaubens zusammenzubringen. Stattdessen werden uralte Bilder unreflektiert und unangefochten weiterhin als fromme Überzeugungen präsentiert. So zum Beispiel, wenn auf dem erwähnten Kongress der Theologe Eberhard Jüngel von der Universität Tübingen die Kirche bei ihrer Zukunftsplanung zu Gottvertrauen aufruft. Jüngel verweist auf den biblischen Stammvater Abraham, der voller Gottvertrauen – einen Streit um Weideland mit seinem Vetter Lot vermieden hat (233). Das ist theologisch gewiss völlig korrekt, aber auch so schlicht, wie sich die Kirche ihre Gläubigen wünscht.

Überlegungen und Überzeugungen

»Überzeugungen sind gefährlichere Feinde der Wahrheit als Lügen.« So formulierte es einst Friedrich Nietzsche (*Menschliches, Allzumenschliches*). Das Gegenteil von Überzeugungen sind die Zweifel. Sie machen jedoch dem Menschen Angst. »Wir wollen nicht zweifeln, sondern streben nach Sicherheit.« So formuliert es der bereits erwähnte Psychiater und Psychotherapeut Mario Gmür (159). Allerdings: »Wir sind nicht Herr unserer Überzeugungen.« Wenn wir von »*unserer* Überzeugung sprechen, erliegen wir der Illusion von Eigenständigkeit und Selbstverantwortung. In Wahrheit aber sind wir fremdbestimmt«. Eine Überzeugung sei »ein Machwerk von inneren und äußeren Einflüssen, die uns gewöhnlich nicht bewusst sind«. Dazu gehören, wie oben beschrieben, die frühkindlichen Prägungen aus der Zeit vor der Entstehung des biographischen Gedächtnisses.

Gmür hat ein Buch geschrieben über »Die Unfähigkeit zu zweifeln« (159). Darin zeigt er, dass trotz der Angst, die durch ihn ausgelöst wird, der Zweifel zum Leben gehört und auch die Überzeugungen immer wieder bedacht werden müssen. Andernfalls könne der Mensch krank werden. Gmür spricht hier von »Überzeugungskrankheiten«. Dazu zählt er Sektenabhängigkeit, Fanatismus, Mitläufertum, Antisemitismus, aber auch Schizophrenie.

Der Systematiker der frommen Überzeugungen ist der Berufs-Dogmatiker. Er spielt gewissermaßen auf intellektuelle Weise mit Bauklötzchen. Manchmal bläst der Wind des richtigen Lebens diese um. Papst Benedikt XVI. war als Hochschullehrer gelernter Dogmatiker, was auch die Voraussetzung dafür war, als Präfekt der Glaubenskongregation zu agieren. Christliche Überzeugungstäter sind auch die Missionare.

Die ersten christlichen Missionare waren zwar natürlich Juden wie Jesus selbst. Ohne die Entscheidung des Apostels Paulus, die Botschaft von Jesus auch den Heiden zu vermitteln, wäre das Christentum vermutlich eine jüdische Sekte geblieben. Aber die Juden selbst missionieren nicht. Seit dem Sieg des Kaisers Konstantin gegen seinen Schwager Maxentius, der sich zum Gegenkaiser ausgerufen hatte, anno 312, wird das Christentum zur *religio licita*, zur zugelassenen Religion, und die Mission ist verquickt mit der überlegenen politischen Macht. Christianisierung war jahrhundertelang weitgehend Gewaltpolitik, auch wenn die christlichen Missionare entscheidend zur Alphabetisierung der Völker beitrugen. Mission und Kolonisation gingen von Anfang an eine enge Verbindung ein. Mit der Formulierung »Kolonisieren heißt missionieren« diente im 19. Jahrhundert die Mission dazu, die Unterjochung der fremden Kulturen ideologisch zu rechtfertigen. Heute ist auf evangelischer Seite Mission vor allem eine Angelegenheit der fundamentalistischen Glaubensgemeinschaften. So schreibt Rolf Hille, Vorsitzender des Arbeitskreises für evangelikale Theologie, im Jahre 2002: »Im Rahmen der biblischen Heilsgeschichte ist Mission in der Zeitperiode, in der wir jetzt leben, Gottes Grundanliegen. Die christliche Kirche ist durch den Heiligen Geist und das Wort des auferstandenen Herrn geschaffen. Und er, Christus, hat in seiner Autorität Mission an die oberste Spitze seiner Tagesordnung gestellt« (148).

Auf katholischer Seite ist die Mission unumstritten. Weltweit, so Friedrich Wilhelm Graf, dominiere inzwischen »eine Missionspolitik des harten ›Brandings‹. Viele Akteure folgen Expansionsstrategien, die gezielt Andersgläubige provozieren – um effizienter die eigenen Anhänger zu mobilisieren« (222). Der Vorsitzende der deutschen Bischofskonferenz, Kardinal Karl Lehmann, bezeichnete die Mission Anfang

2007 sogar als »Überlebensfrage« für seine Kirche. Die Evangelische Kirche in Deutschland (EKD) stellte im November 2006 einen Text »Klarheit und gute Nachbarschaft« vor. In dieser sogenannten Handreichung geht es um die Beziehung des Christentums zum Islam. Es heißt darin: »Dialog und Mission schließen sich nicht aus.« Das sehen die muslimischen Organisationen in Deutschland verständlicherweise anders. Ein wirklicher Dialog, zu dem es keine Alternative gebe, könne nur unter gleichberechtigten Partnern stattfinden, so der Islamratsvorsitzende Ali Kizilkaya (234). Der EKD-Ratsvorsitzende Wolfgang Huber dagegen meint, es könne »nicht die Aufgabe der muslimischen Verbände sein, uns vorzuschreiben, wie wir den christlichen Glauben zu verstehen haben« (235). Eben darum geht es mir in diesem Buch: die Notwendigkeit zu zeigen, dass die christlichen Kirchen ihren Glauben besser verstehen und die Konsequenzen neu bedenken müssen.

Die katholische Kirche ruft, wie die evangelische, ihre Gläubigen immer wieder dazu auf, Geld zu spenden, um die soziale Not in aller Welt zu lindern. Auch wenn es in den Spendenaufrufen manchmal anders klingt, für die katholische Kirche jedenfalls ist völlig klar, dass es nicht primär um Hunger und Elend geht. An erster Stelle stehe für sie die Evangelisierung, betonte der Präsident des päpstlichen Hilfswerks *Cor unum*, Erzbischof Paul Josef Cordes, Anfang 2007 (236). Für Cordes ist »caritatives Engagement eine Rückführung zum Glauben«. Darin ist er sich einig mit seinem Papst. Dieser habe mit seiner ersten Enzyklika *Deus caritas est* die Mitarbeiter katholischer Hilfswerke aufgefordert, sich auf die Wurzeln ihres Glaubens zu besinnen. Vermittelt wird dabei offensichtlich ein nicht reflektierter, als nicht hinterfragbar dargestellter christlicher Glaube.

Jesus, auf den sich ja die katholische Kirche auch beruft, hat im Gleichnis vom »barmherzigen Samariter«, wie es das Lukas-Evangelium (237) beschreibt, deutlich gemacht, wie *er* Caritas verstanden hat: Da ist einer unter die Räuber gefallen und ausgeplündert und verletzt auf der Straße liegen geblieben. Nicht die vorbei gekommenen Frommen, ein Priester und ein Levit, haben ihm geholfen, sondern ein »Underdog«, ein Samariter, hat sich um den Verletzten gekümmert. Er hat ihn nicht missioniert, sondern seine Wunden verbunden und ihm auf eigene Kosten eine Unterkunft besorgt.

Der barmherzige Samariter, wie ihn der biblische Jesus schildert, hat den, der unter die Räuber fiel, nicht missioniert, sondern ihm geholfen.

Mission auf intellektuell niedrigstem Niveau ist schick. Missionierung von Leichtgläubigen durch Leichtgläubige. Es geht dabei nicht um Überlegungen, sondern um Überzeugungen. Zunehmend erlebt man selbst im aufgeklärten Deutschland Jugendliche, ja sogar Kinder, die auf der Straße die Leute ansprechen. Auffallend an diesen Kindermissionaren ist ihr penetrantes Lächeln. Sobald sie mit ihrer frommen »Anmache« auf begründende Kritik stoßen, brechen sie das Gespräch ab, denn auf wirkliche Diskussionen sind sie nicht vorbereitet. Eine dieser Gruppierung ist die *Jesus Revolution Army*, 1997 vom ehemaligen evangelischen Osloer Jugendpfarrer Stephan Christiansen und seiner Frau Anne gegründet. Sie gehört zur Bewegung der weltweit agierenden Evangelikalen, die an die Irrtumslosigkeit der Bibel glauben. Ihre angehenden Mitglieder werden mit militärischem Drill in einer streng hierarchischen Organisation trainiert. Wobei sie vor allem die Bibel möglichst weitgehend auswendig lernen müssen. Musik und Tanz gehören wesentlich zur Ausbildung und zum Auftritt in modisch-poppigem (Jesus als Popstar) Gewand. Anhänger dieser und ähnlicher Gruppen sind, so Gmür, »meistens unauffällige, idealistische Menschen, die ihrem Leben einen höheren Sinn verleihen und sich für eine hehre Idee engagieren wollen.« Diese Menschen lebten »in der wahnhaften Vorstellung, zu einer auserwählten Elite zu gehören, die das Heil in die Welt bringen muss«.

Dabei lassen sich Indizien für eine zunehmende Militanz evangelikaler Gruppen (analog zur Militanz islamistischer Vereinigungen) beobachten. Junge Leute werden ebenso in »Jesus-Camps« in Süddakota/USA indoktriniert wie im hessischen Kirchheim in einem Gebets- und Kriegslager (*Worship-and-Warforce-Camp*). Elmar Theveßen und Souad Mekhennet haben für das ZDF (238) dokumentiert, dass die Auftritte rechter Evangelikaler in den USA als Aufklärungsmaterial in der muslimischen Welt über die westlichen »Kreuzritter« genutzt werden.

Die Anhänger der *Jesus Revolution Army*, die missionierend zum Beispiel auch in München auftreten, verstehen sich wie die Evangelikalen in den USA, US-Präsident George W. Bush eingeschlossen, als »Wiedergeborene«. Ihre Mission begreifen die Kinder der »Revolution Army«, nicht anders als der US-Präsident, als »Kampf gegen das Böse«. Davon war oben schon die Rede. Hinzu kommt ein psychologischer Nutzeffekt für den Polarisierer.

Wer gegen das Böse kämpft, zählt sich selbst zu den Guten. Diese Aufspaltung in Gut und Böse erlaube die Projektion alles Bösen auf den Gegner und die Introjektion alles Guten in sich selbst, so Gmür. Aber nicht nur der äußere Gegner, sondern auch das eigene Innere, tabuisierte Gefühle, die eigene Ohnmacht, könne durch diese Spaltung in Schach gehalten werden. Das erklärt, meine ich, warum der Manichäismus seit Jahrtausenden so erfolgreich ist. Die großen Katastrophen der Neuzeit, der Kolonialismus, der Antisemitismus und Rassismus, der Nationalsozialismus, der Ost-West-Konflikt wie die Auseinandersetzungen zwischen westlicher und arabischer Welt sind, so Gmür, »geprägt von solchem Schwarz-Weiß-Denken«. Für den Psychiater sind das »Überzeugungskrankheiten«.

Solcherart »Idealismus« des fraglos Glaubenden bedroht nicht nur individuell die Persönlichkeit, sondern kann sogar gemeingefährlich werden. Auch deshalb meine ich, dass der Glaube bedacht werden muss

– und zwar im Lichte der Erfahrungen der Menschheit mit diesem Glauben immer wieder neu. So sehr ich für die Freiheit des Glaubens plädiere, jegliche Mission aber ist, wie die Lektüre dieses Buchs wohl verständlich macht, meiner Ansicht nach tendenziell ein für dumm Verkaufen der Menschen und sollte international geächtet werden.

Doch das Gegenteil ist der Fall. Papst Benedikt XVI. belehrte bei seinem Bayern-Besuch im Herbst 2006 die Bischöfe, dass die Mission wichtiger sei als Sozialarbeit. Und bei seiner oben schon erwähnten Vorlesung an der Universität Regensburg kritisierte er mit einem mittelalterlichen Zitat zwar den Islam, hatte aber die Erinnerung daran, was die Kirche seinerzeit mit den Kreuzzügen gegen den Islam den Muslimen angetan hatte, völlig ausgeblendet.

Religiöse Heilslehren »vermitteln ein Gefühl von geistiger Ordnung und Klarheit«, weiß Gmür. Dieses zu erfahren ist ein nicht minder starkes Bedürfnis als das, dazuzugehören und Sicherheit im Leben zu finden. Gefühle sind, wie wir wissen, stärker als Überlegungen. Ohnedies leiden die Kirchen, zumal die protestantischen, darunter, ihren Gläubigen weniger positive Gefühle vermitteln zu können, als das insbesondere den charismatischen Sekten gelingt.

Als Kind habe ich in Berlin den US-Heilsprediger Billy Graham erlebt. Am Ende der in kurzen, appellierenden, in Stakkato-Form vorgetragenen Sätze aus dem »Maschinengewehr Gottes«, wie der Evangelisierer sich nennen ließ, verlangte dieser ein Bekenntnis zu Gott, indem er seine Zuhörer aufforderte, sich zu erheben. Das taten denn auch die allermeisten. Ich erinnere mich aber, mit Erstaunen beobachtet zu haben, dass einige wenige Zuhörer sitzen blieben. Ihnen gilt heute mein Respekt. Diese Menschen waren nicht so leicht verführbar.

Die Hoffnung, den Glauben bedenken zu können, scheitert daran, oder stößt zumindest an Grenzen, dass der Glaube sich immer noch auf Weltdeutungen stützt, die aus vorgeschichtlichen Zeiten stammen, auch wenn sie immer wieder angepasst worden sind: die Mythen. Sie sind offensichtlich tief im kollektiven Gedächtnis der Menschheit verhaftet. Sie sind die ersten Antworten, welche die Menschheit auf die Frage nach dem »Warum?« gefunden hat, und deshalb auch ein kaum auslotbarer Schatz. Was so tief unbewusst verankert ist, ist einer kritischen Überprüfung schwer zugänglich. Außerdem haben, wie schon angesprochen, Menschen große Angst davor, Gewissheiten zu verlieren und damit auch Halt in einer unsicheren Welt. Andererseits kann der Mensch gar nicht anders, als Sachverhalte zu bedenken, das heißt, sich jeweils im Lichte neuer Erfahrungen neue Bilder zu machen.

Auch der Theologe Gerd Theißen versucht auf diese Weise aus seiner eigenen »Theorie des Urchristentums« Konsequenzen zu ziehen (123). Er schreibt: »In einem langen historischen Prozess von Versuch und Irrtum hat die Religionsgeschichte religiöse Bilder hervorgebracht, die den apriorischen Bedingungen religiöser Erfahrung adäquat sind.« Und weiter: »Der Mensch hat apriorisch einen Sinn für Ewiges, Unbedingtes und Verantwortung, erfährt sich aber empirisch als vergänglich, bedingt und terminiert und lebt in Spaltung mit sich.« Damit steht Theißen in der Tradition des schon genannten, seinerzeit hochberühmten protestantischen Theologen Friedrich Schleiermacher. Für diesen war Religion das Vermögen, sich durch das »unmittelbare Bewusstsein des Unendlichen (des Universums) in Anschauung und Gefühl« zu verhalten. Glaube war »Sinn und Geschmack fürs Unendliche«. Hundert Jahre nach Schleiermacher sagt Albert Einstein: »Zwei Dinge sind unendlich: das Universum und die menschliche Dummheit. Aber bei dem Universum bin ich mir noch nicht ganz sicher.«

Ich möchte dazu, ganz ohne Ironie, Aussagen stellen, die ein Kosmologe macht, Gerhard Börner vom Max-Planck-Institut für Astrophysik in München-Garching. Er schreibt im Jahre 2006 als Erkenntnis seiner Wissenschaft: »Raum und Zeit entstehen im Urknall und vergehen am Endpunkt des Kollapses großer Massen in den Schwarzen Löchern. ... Eine fundamentale Theorie muss wohl von Vorstellungen ausgehen, die über Raum und Zeit hinausreichen. Wir müssen also auch ins Auge fassen, dass es etwas geben könnte, das nicht in Raum und Zeit existiert, etwas, das unserer Erfahrung unzugänglich ist« (99). Das heißt, unser »Sinn für Ewiges« ist mit dem Befund der Astrophysik konfrontiert, dass Raum und Zeit vergänglich sind, und damit bleibt »die Ewigkeit« der Erfahrung unzugänglich.

Die uralten Vorstellungen der Erschaffung der Welt durch einen Schöpfergott vertragen sich andererseits nach Börner durchaus mit der im 20. Jahrhundert entwickelten kosmologischen Theorie vom »Urknall«, in dem das Universum entstanden ist. Gerhard Börner formuliert es so: »Wenn Gott die Welt geschaffen hat, dann muss er dies laut Urknalltheorie außerhalb von Raum und Zeit getan haben. ... Ein Schöpfungsakt, der Raum und Zeit vorausgeht, kann die gesamte Raumzeit auf einmal entstehen lassen, so dass der historische Ablauf nur unserer in Raum und Zeit eingebundenen Sicht der Dinge entspricht. Für den zeitlosen Schöpfer ist sozusagen die komplette Geschichte gegenwärtig. Die Theologen haben hier die Vorstellung einer ständig weitergehenden Schöpfung, einer ›creatio continuans‹ entwickelt. Ihre Aussagen sind also in bester Harmonie mit den neuesten naturwissenschaftlichen Erkenntnissen.«

Allerdings macht das einfache Urknallmodell keine Aussage über den Anfang, denn der »Moment« des *Big Bang* ist nicht zu begreifen – jedenfalls nicht in der Formelsprache der theoretischen Physik. Sie nennt diesen Ursprung »Singularität«, ein über jedes denkbare Maß einzigartiger Zustand, der jedenfalls bisher unbeschreibbar ist. Der Schweizer Physik-Nobelpreisträger Wolfgang Pauli, streitbarer Diskussionspartner etwa von Werner Heisenberg, starb 1958.

Er kam in den Himmel, so erzählt es Gerhard Börner, *und wollte von seinem Schöpfergott wissen, wie es denn wirklich war mit dem Anfang des Universums.* »*Hier ist eine Tafel, bitte sehr*«, *so Pauli. Der Herrgott tritt an die Tafel und beginnt etwas zögerlich, eine Formel aufzuschreiben. Sofort springt Pauli dazwischen, nimmt einen Schwamm und wischt die Formel weg:* »*Nein, nein, so geht es nicht! Das habe ich schon probiert!*«

Der Mensch kann nicht davon absehen, dass er an Raum und Zeit gebunden ist. Er kann dies aber in der Sprache der Mathematik tun. Wir können uns nicht vorstellen, dass, wie gesagt, die Zeit im Urknall beginnt und dass sie in einem Schwarzen Loch endet. Wir können uns auch nicht vorstellen, dass für ein masseloses Teilchen, etwa das Lichtteilchen (Photon), überhaupt keine Zeit vergeht, selbst wenn es Milliarden Jahre unterwegs war, ehe es von irgendwoher im Universum ins Auge eines Menschen fällt. »Für die Eigenzeit des Teilchens sind Aussendezeitpunkt und Empfangszeit dasselbe« (Börner). Das ergibt sich aus der experimentell in jeder Hinsicht bestätigten Speziellen Relativitätstheorie Albert Einsteins. Wenn, wie ich meine, der Glaube immer wieder neu bedacht werden muss, dann auch jeweils im Lichte der »Bilder«, die sich die Naturwissenschaften als Konsequenz ihrer Beobachtungen machen – auch wenn diese »Bilder« extrem unanschaulich sind, ja jeglicher Vorstellung zuwiderlaufen.

Während ich also dafür plädiere, dass der Glaube jeweils neu reflektiert werden soll, beobachtet der evangelische Theologe Friedrich Wilhelm Graf etwas ganz anderes: »Es gibt in der Kirche einen fatalen Hang zum Anti-Intellektualismus. Eine neue Denkfaulheit. Der anspruchsvolle Gott weicht einem kirchentäglichen Kuschelgott« (113). Eine der Ursachen dafür sei, dass der protestantische Pfarrer heute nicht mehr wie früher »einen bildungsbürgerlichen Hintergrund« habe. Graf hat mit dieser Kritik auch eine andere Sozialpolitik der Kirchen im Auge – in zwei Sätzen so beschrieben: »Armut ist ein Skandal« und »Allein Bildung kann aus der Armut führen«. Das hieße in meiner Interpretation von Graf, nicht »Brot für die Welt«, sondern »Bildung für die Welt«. Damit die ach so leichtgläubigen Menschen sich nicht mehr für dumm verkaufen lassen.

Das Scheitern der Ökumene

Nach dem Zweiten Weltkrieg war unter den Christen das Bedürfnis weit verbreitet, das allen Konfessionen Gemeinsame zu finden und zu betonen. So wurde 1948 der Ökumenische Rat der Kirchen (ÖRK), der »Weltkirchenrat« mit seiner Zentrale in Genf, gegründet, in dem sich Lutheraner, Calvinisten, Reformierte und Anglikaner zusammenfanden, seit 1961 auch die Orthodoxen. Nach dem Zweiten Vatikanischen Konzil, 1965, schickte die römisch-katholische Kirche Beobachter in den Weltkirchenrat. Spätestens seit dem Jahre 2000 ist allgemein bekannt, dass es die römische Kirche mit der Ökumene nicht ernst meint. In der Erklärung *Dominus Jesus* ihrer Glaubenskongregation unter dem damaligen Kardinal Josef Ratzinger bescheinigte der Vatikan den Kirchen der Reformation, sie seien »nicht Kirchen im eigentlichen Sinn«. Diese Einstellung hat Ratzinger nach seiner Wahl zum Papst natürlich nicht geändert. »Das katholische (Amtsverständnis) kommt nicht ohne Diskriminierung aus«, so Friedrich Wilhelm Graf (113).

Ein ernsthaftes theologisches Gespräch mit den Kirchen der Reformation ist für die katholische Kirche wohl tatsächlich nicht möglich.

Denn es setzte das gegenseitige Sich-in-Frage-stellen-Lassen voraus. Ein fundamentalistisch fundierter Glaube lässt sich jedoch nicht in Frage stellen. Denn wie oben erklärt ist der Verstand nicht Herr im Haus. Und von manchem Kirchenfunktionär lässt sich auch heute sagen, was der schon erwähnte Georg Christoph Lichtenberg vor über 200 Jahren so formulierte: »Wenn er seinen Verstand gebrauchen sollte, so war es ihm, als wenn jemand, der beständig seine rechte Hand gebraucht hat, etwas mit der linken tun soll.« Mir geht es mit diesem Buch, wie bereits gesagt, überhaupt nicht darum, dem Einzelnen seinen Glauben auszureden oder sein Denkvermögen anzuzweifeln. Mir geht es vielmehr um den Diskurs derer, die den jeweiligen Stand der Forschung kennen. Dieser Diskurs findet zwischen den fundamentalistischen und den der Aufklärung verpflichteten Religionsgemeinschaften nicht statt. Ja, er ist dann gar nicht möglich, wenn eine Seite glaubt, allein die Wahrheit zu kennen. Ihr kann es doch nur darum gehen, andere von eben dieser Wahrheit zu überzeugen, nicht aber, diese anzuzweifeln.

Papst Benedikt XVI. fordert zur »Ehrfurcht vor dem Heiligen« in allen Religionen auf. Das ist immerhin besser, als jeweils die anderen zu verteufeln. Aber es greift zurück auf ein archaisches Weltverständnis. Die Vorstellung zweier Welten, der heiligen und der profanen, stammt aus Zeiten, als der Mensch Mächte und Antriebe der Welt nicht erklären konnte und deshalb wirkmächtige Gottheiten erfand, etwa den Gewittergott, die Göttin der Erotik und so weiter. Mit zunehmendem Verständnis für die Zusammenhänge starben diese Götter, sie wurden nicht mehr als Hilfskonstruktionen benötigt.

Im ältesten Evangelium, dem des Markus, steht ein Satz, der gewiss nicht historisch ist, aber zur Zeit seiner Entstehung von hoher symbolischer Bedeutung war. Nach Jesu Tod, so heißt es dort, passierte etwas Besonderes: »der Vorhang im Tempel zerriss in zwei Stücke von oben an bis unten aus« (239). Dieser Vorhang trennte das »Allerheiligste« von der Gemeinde. Nun gab es diese Trennung nicht mehr. Das Allerheiligste ist allen zugänglich. Das jedenfalls will der Verfasser des Evangeliums den Juden und den Heiden sagen. Den Heiden insofern, als ein heidnischer »Hauptmann« als Zeuge für diesen Vorfall genannt wird, »der dabeistand«. Als das Markus-Evangelium geschrieben wurde, war nach heutigem Wissen der Theologen bereits der Tempel in Jerusalem

Nachdem Jesus am Kreuz gestorben war, zerriss der Vorhang im Tempel, die Trennung von heilig und profan wurde aufgehoben. Das hielt nicht lange an. Heute wirkt das Heilige konfessionstrennend.

von den Römern zerstört worden. Auch die jüdischen Theologen konnten damit Abschied nehmen von dem an den Tempel gebundenen Opferkult. Die symbolische Unterscheidung zwischen dem Heiligem und dem Profanem ist im Verlauf der Kirchengeschichte ganz schnell wieder eingeführt worden. Bis heute ist die katholische Kirche eine Institution, die diese archaische Zweiteilung der Welt pflegt – ohne dies zu reflektieren. Das ist freilich ein eher neurowissenschaftlich und tiefenpsychologisch zu deutender Vorgang.

Das Bild des Heiligen ist offensichtlich tief im kollektiven Gedächtnis der Menschheit verankert. Überdies ist die Heiligenverehrung Teil der religiösen Riten, die zur lieben Gewohnheit wurden, ohne hinterfragt zu werden. Dabei ist es schon bemerkenswert, dass Jesus seine Jünger beten lehrte, indem er sie Gott ganz schlicht mit »Vater!« anreden hieß. Der (von Kirchenrechts wegen kinderlose) Papst dagegen lässt sich »Heiliger Vater« nennen. Juden, Christen und Moslems haben »Heilige Kriege« geführt und rufen sie immer noch aus, etwa im »Heiligen Land«. Nein, das Bild des »Heiligen« verlangt nicht nach Ehrfurcht, sondern ist höchst fragwürdig geworden.

Vor mehr als einem halben Jahrhundert hat, wie schon kurz angesprochen, der evangelische Theologe, Musiker, Urwaldarzt und Friedensnobelpreisträger Albert Schweitzer die Menschheit zur »Ehrfurcht vor dem Leben« aufgerufen. Ehrfurcht vor dem Leben ist eine Geisteshaltung, die als Begründung für die Menschenrechte ebenso dienen kann wie für die Menschheitsaufgabe »Bewahrung der Schöpfung«, die zum Beispiel auch den nichtmenschlichen Mitbewohnern unseres Planeten Lebensrecht einräumt. Das zwingt dazu, die alttestamentarische Verheißung »Seid fruchtbar und mehret euch« zeitgemäß zu deuten und zu einer rationalen Bevölkerungsplanung zu kommen. Am Bild des Heiligen festzuhalten bedeutet dagegen, sich auf Systeme nicht falsifizierbarer Annahmen, insbesondere in Form »heiliger« Gebote und Verbote einzulassen.

Der neue Papst wirbt um die orthodoxen Christen und um die Moslems. »Eine Art Bollwerk gegen die säkulare Welt soll aufgebaut werden«, so formuliert es der protestantische Theologe Udo Schnelle von der Universität Halle-Wittenberg (240). Da wären die Fundamentalisten unter sich. Weil der Papst aus Deutschland komme, so Graf, »weiß er, dass das, was in Deutschland Ökumene heißt, bloß ein nationales, germanisches Problem ist« (116). Allein in der Bundesrepublik seien Katholizismus und Protestantismus mit je einem Drittel der Bevölkerung gleich starke Konfessionen. »Warum sollte dies einen Papst noch interessieren, der seine Bündnispartner nun einmal in den orthodoxen Christentümern sucht?«

Tatsächlich warnte Benedikt XVI. beim Nationalkonvent 2006 der katholischen Kirche in Verona, es drohe eine »neue Welle der Aufklärung und des Laizismus«. Eine solcherart geprägte westliche Kultur sei unfähig, einen Dialog mit religiös geprägten Kulturen wie dem Islam zu führen (241). Und nach seinem Treffen mit dem Patriarchen Bartholomaios I. von Konstantinopel, dem Ehrenoberhaupt von 300 Millionen orthodoxen Christen, am 30.11.2006 in Istanbul, beklagten beide »das verstärkte Auftreten von Säkularismus, Relativismus und Nihilismus besonders in der westlichen Welt«. »In Europa müssen wir ... unsere Kräfte vereinen; um die Wurzeln, Überlieferungen und christlichen Werte zu bewahren« (242). Freilich, den »Stuhl Petri« möchte der »Stellvertreter Christi« doch auch gerne von den Orthodoxen anerkannt wissen, weshalb Benedikt unmissverständlich die Bedeutung des päpstlichen Primats, seiner Vorrangstellung also, betonte (243). Wenn es um Machtfragen geht, hat auch die Ökumene unter Fundamentalisten ihre Grenzen.

Dies alles bestätigt meine These, dass das theologische Gespräch zwischen Aufklärung und Fundamentalismus sinnlos wäre. Denn der Fundamentalismus repräsentiert die archaische Unterwelt in unserem Kopf, die stärker ist als die Herrschaft des Verstandes. Der Weg des Papstes muss auf den Widerstand jener Menschen stoßen, die sich der Aufklärung verpflichtet fühlen. Und das geschieht bereits.

Josef Ratzinger ist sichtbar geprägt vom gegenreformatorischen und antiaufklärerischen ländlichen bayerischen Katholizismus seiner Kindheit und Jugend. Welche Probleme der Papst mit der Aufklärung hat, zeigt die Analyse seiner bereits erwähnten Regensburger Rede im September 2006. Kurt Flasch, emeritierter Philosophie-Professor der Universität Bochum, ist aufgefallen, dass Benedikt gewissermaßen den Leuchtturm der Aufklärung in Deutschland, Immanuel Kant, schlicht falsch zitiert hat. Dieser schrieb seinerzeit in der Vorrede zu seiner *Kri-*

tik der reinen Vernunft: »Ich musste das Wissen aufheben, um zum Glauben Platz zu bekommen.« Der Papst machte daraus: »Ich musste das Denken beiseite schaffen, um zum Glauben Platz zu bekommen.« Flasch (244): »Dieses deftige ›beiseite schaffen‹ ist schon nicht ganz dasselbe wie das ›aufheben‹ Kants. Aber der schlichteste Kantleser muss protestieren, weil der Papst die bei Kant klar getrennten Ausdrücke ›Denken‹ und ›Wissen‹ verwechselt und nicht erklärt, dass ›Wissen‹ hier nur die alte rationalistische Metaphysik meint und dass ›Glauben‹ gerade nicht den ›Kirchenglauben‹ bedeutet, sondern den ›Vernunftglauben‹. Dass Kant das ›Denken beiseite schaffen‹ wollte, ist eine ebenso üble Nachrede, wie von Mohammed zu behaupten, er habe nichts Neues gebracht.«

Immanuel Kants *Kritik der reinen Vernunft* stand übrigens auf dem Index der verbotenen Bücher (*Index librorum prohibitorum*) der katholischen Kirche. Offiziell durfte etwa ein frommer katholischer Student wie Josef Ratzinger das Buch nur mit besonderer Erlaubnis lesen. Dieser Index wurde erst 1966 abgeschafft, dem Jahr, in dem Ratzinger einen Lehrstuhl für Katholische Dogmatik an der Universität Tübingen erhielt. Da hielt er es freilich, kritisiert von den unruhigen Studenten, nur bis 1969 aus, »flüchtete« dann aber an die Universität Regensburg. Dorthin kehrte er anno 2006 als Papst zurück, um jene merkwürdige Vorlesung zu halten. Dabei ging es allerdings nicht um akademische Betrachtungen der Zeitläufte, die lediglich etwas ungeschickt formuliert waren.

Es geht Benedikt mit seinen unscharfen Formulierungen über Vernunft und Glaube und seinem Werben um die Fundamentalisten anderer Glaubensgemeinschaften vielmehr um die Macht. Dem italienischen Philosophen an der Universität La Sapienza in Rom und Publizisten Paolo Flores d'Arcais ist das Denken Joseph Ratzingers sehr vertraut. Gemeinsam haben sie vor Ratzingers Wahl zum Papst das Buch *Gibt es Gott?* geschrieben (245). Im April 2007 analysierte d'Arcais das Kalkül des Papstes, eine Religion der wirklichen Aufklärung, der sozusagen richtig verstandenen Vernunft zu repräsentieren. In einem Gastbeitrag für die *Süddeutsche Zeitung* (246) resümierte er, »wenn die Doktrin der römischen Kirche und ihres Papstes eine Wahrheit konstituiert, die nicht nur auf dem Glauben, sondern auf der Vernunft aufbaut, so folgt daraus der Anspruch, dass Parlamente und Regierungen keine Gesetze erlassen dürfen, die in Konflikt mit dieser Doktrin stehen – weil das dann Gesetze wären, welche der ›Natur des Menschen‹ widersprechen würden.« Paolo Flores d'Arcais bezieht sich dabei auf den Kampf der katholischen Kirche gegen Scheidung, Empfängnisverhütung, Homosexualität sowie die Stammzellforschung. Der Philosoph meint: »Der Kern dieser Strategie ist jedoch zum Scheitern verurteilt, die gemeinsame Front der Religionen gegen die Aufklärung des autonomen Menschen wird keinen Erfolg haben. … Aber die Schäden, die diese neue heilige katholisch-islamische Allianz (und wachsende Teile des Judentums sowie des Protestantismus in Nord- und Südamerika eingeschlossen) in ihrer *pars destruens* gegen die Demokratien verursacht, sind gewaltig.«

Der Weltkirchenrat ist hier kein Gegengewicht, sondern Spielball dieser Entwicklung. Historisch gesehen, hat er sich gemeinsam mit den orthodoxen Kirchen in den Zeiten des Kalten Kriegs um den Erhalt des Friedens auf der Welt bemüht. Das Antirassismus-Programm des ÖRK hat entscheidend zum Ende des Apartheid-Regimes in Südafrika beigetragen. Allerdings hatte der Weltkirchenrat nach dem Zusammenbruch der Sowjetunion keinen merklichen Einfluss auf die serbische orthodoxe Kirche, die als Stütze des Regimes den Krieg und Bürgerkrieg im ehemaligen Jugoslawien förderte und ideologisch begründete.

Die orthodoxen Kirchen kennen weder Reformation noch Aufklärung, haben also deshalb, wie bereits deutlich gemacht, noch immer ein sehr fundamentalistisches Weltbild. Dazu gehört, dass die Erkenntnisse Charles Darwins über die Evolution des Lebens in der Kirche nicht angekommen sind. Der Moskauer Patriarch Alexej II. formuliert es so: »Wenn jemand glauben möchte, dass er vom Affen abstammt, so mag er das glauben, aber dann soll er diese Ansichten nicht anderen aufzwingen« (247). Mit dieser Polemik, wie sie im 19. Jahrhundert auch in Deutschland verbreitet war, bezieht sich der Patriarch auf den Biologieunterricht. Er liegt damit auf derselben Linie wie George W. Bush.

Frauenordination, Abendmahlsgemeinschaft und Sexualethik der westlichen Kirchen sind den »Rechtgläubigen« des Ostens ein Gräuel. Deshalb ist im Jahre 2002 die evangelische Bischöfin von Hannover, Margot Käßmann, aus dem Zentralausschuss des Weltkirchenrats ausgetreten, in dem sie über lange Zeit aktiv war. Sie habe zur Kenntnis nehmen müssen, so Käßmann, dass die orthodoxen Kirchen den Weltrat lähmten. »Ich sehe es als Affront, wenn orthodoxe Bischöfe erklären, dass meine Kirche eigentlich gar keine Kirche sei. Und ich lasse unsere Kirche nicht unter Häresieverdacht stellen, weil ich als Frau ein leitendes Amt innehabe« (248).

Daran wird sich freilich voraussichtlich ebenso wenig ändern wie an der Einstellung der protestantischen Fundamentalisten, die weltweit auf dem Vormarsch sind. Margot Käßmann meint, »auch wenn es anstrengender ist, als sich dem großen Gefühl hinzugeben«, sei der einzelne gerufen, sich mit dem Glauben auseinanderzusetzen. Sie wisse, dass »in dieser unübersichtlich gewordenen Welt die Versuchung groß ist, die Komplexität des Lebens zu reduzieren, auch in der evangelischen Kirche.« Die Bischöfin verweist zum Beleg für ihre Forderung auf die deutsche Geschichte: »Es hat sich der Glaube bewährt, der kritisches Nachdenken einschließt. Es haben nur die kritischen Geister der Nazi-Ideologie widerstanden« (249). Fazit Margot Käßmanns beim ökumenischen Treffen im Februar 2007 in Wittenberg: Es sei nicht gelungen, »in Europa ein überzeugendes Signal zu setzen, durch das die Menschen erkennen: Die Kirchen sind die entscheidende Stimme für Gerechtigkeit, Frieden und Bewahrung der Schöpfung« (250).

Mit Fundamentalisten kann man nur innerhalb deren eigenen Glaubenssystems diskutieren, das sie nicht in Frage stellen. Eine solche Diskussion aber ist, wie gesagt, sinnlos. Diese Erfahrung kann jedermann machen, wenn er versucht, mit den beiden Zeugen Jehovas (sie treten immer im Doppelpack auf, wobei sie sich auf eine Weisung Jesu an die Apostel berufen) ernsthaft zu diskutieren, wenn sie das nächste Mal an der Haustüre läuten. Sinnvoll und notwendig allerdings ist es, die Kinder von Fundamentalisten vor Indoktrination durch die eigene Familie zu schützen. Deshalb ist es so gefährlich, wenn Eltern auch in Deutschland erfolgreich verhindern können, dass ihre schulpflichtigen Kinder zur Schule gehen. Das gilt für muslimische Kinder ebenso wie für die Sprösslinge christlicher Fundamentalisten.

Alte Rituale, neu gedeutet

Der historische Jesus hat offenbar niemanden getauft, ist aber nach dem biblischen Bericht von Johannes dem Täufer, ebenfalls einem Wanderprediger, getauft worden. Rituelle Waschungen spielen bis heute im Orient, im Islam, aber auch im Hinduismus, eine besondere Rolle. Millionen gläubiger Hindus steigen in die Fluten am Zusammenfluss von Ganges, Yamuna und Saraswati, um sich von ihren Sünden zu reinigen. Das Wasser ist extrem schmutzig, was aber für den Gläubigen irrelevant ist. Neuerdings hatte sich mit rituellen Waschungen sogar die deutsche Sozialgerichtsbarkeit zu beschäftigen. Das Sozialgericht Dortmund entschied im November 2006, dass die fünfmal täglich praktizierten rituellen Waschungen einer pflegebedürftigen muslimischen Gläubigen nicht zum Pflegebedarf gehören, für den die Krankenkasse aufzukommen habe. Das Grundrecht auf ungestörte Religionsausübung umfasse keinen Anspruch auf Gewährung finanzieller Mittel zur Praktizierung des Glaubens (251). Aber zurück zum historischen Jesus und seinem Vorläufer Johannes.

Johannes erwartete das alsbaldige Hereinbrechen des Reiches Gottes und glaubte, die symbolische Taufe könne die Menschen rechtzeitig vorher von ihren Sünden reinwaschen. Dahinter steckte auch ein Politikum: »Wenn alle Juden sich noch einmal taufen lassen müssen, ist das ganze Land von Unreinheit bedroht«, so Theißen (123). Gemeint sind mit dieser Vorstellung von Unreinheit zahlreiche Handlungen der römischen Machthaber in Israel, die zu Lebzeiten Johannes des Täufers von den frommen Juden als Verletzung ihrer strengen Reinheitsgebote verstanden werden mussten. Zum Beispiel hat Herodes Antipas im Jahre 19 in Tiberias eine neue Hauptstadt anlegen lassen – auf einem traditionell als unrein geltenden und besonderem Schutz unterliegenden jüdischen Friedhof. Der gleichzeitig regierende Pontius Pilatus versuchte, militärische Standarten mit dem Bild oder Monogramm des Kaisers nach Jerusalem zu bringen. Diese Verletzung des Bilderverbots rief so heftige Proteste hervor, dass Pilatus einen Rückzieher machen musste. Das Thema Verletzung der Reinheitsgebote durch die römischen Besatzer spielte also in jenen Jahren eine besondere Rolle. Schließlich soll die Taufe Jesu aber auch als eine theologische Aussage verstanden werden. Der Verfasser des Markus-Evangeliums lässt bei der Taufe Jesu durch Johannes eine Stimme vom Himmel sagen: »Du bist mein geliebter Sohn« (252), was in Verbindung mit seiner Geistzeugung demonstriert: Jesus ist Gottes Sohn.

Für das Christentum, das sich in einem mühsamen Prozess vom jüdischen Ritual der Beschneidung löste, war die Taufe der Initiationsritus. Mit dem Satz im Markus-Evangelium: »Wer da glaubt und getauft wird, der wird selig werden ...« (253), der freilich erst im 2. Jahrhundert dem ursprünglichen Evangelium hinzugefügt wurde, wird die Taufe zu einem für die Christen extrem bedeutungsschweren Akt und gleichzeitig – bis heute – der Beleg dafür, dazuzugehören. Die Geschichte christlicher Mission ist freilich auch eine Geschichte von Zwangstaufen oder alternativ Ermordung der Heiden – unter den germanischen Stämmen Europas wie vor allem in Lateinamerika. Im Habsburger k.u.k.-Reich haben sich noch im 19. Jahrhundert viele Juden taufen lassen, weil sie ihre beruflichen Chancen verbessern wollten, was sogar eine zeitlang ein Geldgeschenk einbrachte. Von der Selbstironie, mit der man diesen formalen Akt ansah, handeln viele jiddische Witze aus dieser Zeit. Zum Beispiel der:

Schapiro junior hat sich taufen lassen. Eines Tages trifft der Rabbiner Schapiro senior und macht dem alten Herrn Vorwürfe: Was wirst du sagen, wenn eines Tages Gott dich fragt, warum du zugelassen hast, dass dein Sohn sich taufen lässt? Darauf Schapiro senior: Ich werde antworten: »Und dein Herr Sohn?«

Die christlichen theologischen Bauklötzchen-Spieler haben nun im Laufe der zwei Jahrtausende, die seither vergangen sind, allerlei Spekulationen angestellt. Zum Beispiel: Was passiert mit den ungetauft gestorbenen Kindern? Werden sie nicht selig? Eine Frage, die bis heute den Vatikan beschäftigt. Die 1969 gegründete internationale Theologenkommission, ein offizielles Beratergremium, hatte in der Tat nichts besseres zu tun, als sich im Oktober 2006 mit der Frage zu beschäftigen, welches Schicksal die ungetauft verstorbenen Kinder erwarte. Papst Johannes Paul II. hatte das Gremium anno 2004 mit einer Stellungnahme beauftragt. Nach mittelalterlicher Vorstellung gibt es für diese Kinder einen eigenen Bereich außerhalb von Himmel, Hölle und Fegefeuer, eine Art Vorhölle, Limbus genannt. Die Klärung dieser Frage sei für viele Eltern von enormer Bedeutung, behauptet der Wuppertaler

W DIESER IST MEIN LIEBER SOHN AN DEM ICH WOHLGEFALLEN H

Jesus selbst hat niemanden getauft, wurde aber selbst getauft, wie der Evangelist Markus
beschreibt. Für Christen ist die Taufe der Initiationsritus, den die verschiedenen
Konfessionen seit kurzem zumeist gegenseitig anerkennen.

Bibelwissenschaftler Thomas Söding, ein Mitglied der Kommission (254). Anfang 2007 empfahl dann die Kommission, die Idee des Limbus als eines Zwischenraums der Nichterlösung für gestorbene ungetaufte Kinder zu verwerfen. Das Gremium schloss sich damit einer Auffassung an, die Kardinal Ratzinger bereits vor seiner Wahl zum Papst ebenfalls vertreten hatte (255).

Was sagt uns das im Zusammenhang dieses Buches? Die Bilder und Konstruktionen, die der Mensch sich macht, bekommen ein Eigenleben – und wer sich nicht mehr bewusst macht, wie sie entstanden sind, wird leicht für dumm verkauft.

Allerdings haben Rituale auch eine die Gemeinschaft stabilisierende Wirkung. Und selbstverständlich kann man etwa das Ritual der Taufe auch anders, lebensfreundlicher deuten, wie das heute jedenfalls in Deutschland normalerweise auch geschieht.

Das zweite Ritual neben der Taufe war bereits für die urchristlichen Gemeinden das Abendmahl. Ich habe beschrieben, wie dieses für fromme Christen aller Konfessionen wichtige, gemeinschaftsbildende Ritual als Machtinstrument missbraucht wird. Und dass hier der menschenfeindliche archaische Opferkult eine Fortsetzung findet. Auf evangelischer Seite wird heute zumindest der Gedanke theologisch bedacht, »Abschied vom Verständnis der Hinrichtung Jesu als Sühneopfer und von dessen sakramentaler Nutzung in einer Opfermahlfeier« zu nehmen (136). Der mehrfach erwähnte protestantische Theologe Klaus-Peter Jörns hat zusammen mit Gemeinden in Berlin und in Oberbayern eine neue, lebensfreundlichere Liturgie erarbeitet und erprobt, »ohne Sühnopfer- und Erwählungsvorstellungen« und zugleich in Übereinstimmung mit den modernen theologischen Erkenntnissen (137).

Jörns nimmt als Theologe »Abschied von der Vorstellung, die Bibel sei unabhängig von den Regeln menschlicher Wahrnehmung entstanden«; eine Erkenntnis, die von allen seriösen Naturwissenschaftlern geteilt wird, wie ich in diesem Buch an zahlreichen Beispielen erläutert habe. Wenn dies allgemein akzeptiert wird, erlaubt es gerade auch den frommen Christen einen kritischen Umgang mit der Bibel, der sie freier, also weniger abhängig von Zwangsvorstellungen, machen kann. Der Rang der Bibel als bis heute unvermindert wichtigstes Buch der

Menschheitsgeschichte wird damit erst recht klar. Allerdings relativieren sich viele Deutungen nach 2000 Jahre langem Nachdenken über das »Buch der Bücher« und seine Entstehungsgeschichte.

Christen und Nichtchristen

Im Januar 2007 hat der Bayerische Verfassungsgerichtshof bestätigt, dass an bayerischen Schulen muslimische Lehrerinnen kein Kopftuch tragen dürfen, wohl aber katholische Ordensfrauen ihre Tracht. Der bayerische evangelische Landesbischof Johannes Friedrich sagte dazu, das Kopftuch sei nicht nur Ausdruck einer Religion, sondern in einem bestimmten religiös-kulturellem Umfeld auch ein Zeichen »der Minderwertigkeit der Frau«. Dies widerspreche dem christlichen Menschenbild, nach dem Männer und Frauen die gleichen Rechte hätten (256). Es ist wahr, dass im Islam die Frauen gegenüber den Männern weit weniger Rechte haben. Aber auch in der katholischen Kirche ist das so. Frauen dürfen bekanntlich nicht Priesterinnen werden. Und erst seit wenigen Jahrzehnten können auch evangelische Frauen als Pfarrerinnen ordiniert werden. Das Verbot war ein Anachronismus, der sich in Bayern besonders lange gehalten hat.

Der Islam ist eine Religion, die für die Gläubigen Unterwerfung unter den Willen Allahs bedeutet, so wie die allermeisten Frommen diesen Willen verstehen. Der Koran wird von ihnen nicht als eine Sammlung auslegungsbedürftiger Texte verstanden, sondern als wörtlich zu akzeptierende Offenbarung Gottes. Ich habe in diesem Buch gezeigt, dass viele christliche Gemeinschaften die Bibel und die Lehren ihrer Interpreten genauso verstehen. Die Auseinandersetzung mit dem Islam sollte dazu führen, zunächst die eigenen Glaubenssysteme in Frage zu stellen. Es gibt weise islamische Theologen, die den Koran ähnlich kritisch hinterfragen, wie dies auch christliche Theologen mit der Bibel tun. Sie lassen den Zweifel zu, ohne den Glauben zu verlieren. Soweit ich das zu erkennen vermag, sind solche aufgeklärten muslimischen Theologen eine kleine Minderheit in ihren Glaubensgemeinschaften.

Anders als in muslimischen Ländern herrscht im Abendland Glaubensfreiheit. Das ist ein hohes Gut. Während der Abfall vom Koran unter strenggläubigen Muslimen als ein todeswürdiges Verbrechen gilt, sind in Deutschland vom Sommer 2004 bis Sommer 2005 etwa 4000 Menschen zum Islam konvertiert. Insgesamt leben unter den drei Millionen Muslimen in der Bundesrepublik etwa 20 000 zum Islam konvertierte Deutsche (257). Diese Glaubensfreiheit kann missbraucht werden. In Koranschulen in Europa wird anscheinend ein archaisches Weltbild vermittelt. Das wird zunehmend kritisiert. Doch wie ist das in den öffentlichen Schulen hierzulande? Welches Weltbild vermittelt der Religionsunterricht, wenn der Lehrer ein christlicher Fundamentalist ist? Und wie ist er selbst dahin gekommen? Was etwa wird den angehenden Religionslehrern an manchen Hochschulen beigebracht? Der katholische Theologe und Kirchenkritiker Eugen Drewermann verlangt eben deshalb eine staatliche Überwachung der umstrittenen katholischen Organisation *Opus Dei* (258), die in Potsdam eine Schule betreiben will.

Offenbar können in staatlich zugelassenen christlichen Privatschulen Kreationisten Biologieunterricht geben. Und zunehmend können Eltern, wie ich beschrieben habe, verhindern, dass ihre Kinder in der Schule sexuell aufgeklärt werden. Die wichtige Diskussion über eine Integration von Muslimen in die christlich-abendländische Gesellschaft kann die eigene Rückständigkeit offenbar werden lassen. Ich plädiere am Ende dieses Buchs für eine offensive Auseinandersetzung mit dem eigenen christlichen Fundamentalismus. Die Kirchen selbst sind dazu offensichtlich nicht in der Lage, wohl aber wären es ihre Theologen.

»Für dumm verkauft« werden die allzu leichtgläubigen Menschen im Lande nicht nur in Glaubensfragen, sondern überall dort, wo sie am Nachdenken gehindert werden. Die Mechanismen sind jedoch immer die gleichen. Mit massivem Werbeaufwand wird im öffentlich-rechtlichen Fernsehen der Zuschauer dazu animiert, sein Geld zum Fenster hinauszuwerfen, und das gleich jede Woche, mit einem Mega-Los der ARD-Fernsehlotterie. Hier wird dem spielfreudigen Zuschauer nicht nur die Hoffnung vermittelt, er könne Millionär werden, sondern die Gewissheit suggeriert, jedenfalls etwas Gutes zu tun, indem er anderen zu einem »Platz an der Sonne« verhilft. Dass der Mensch, wie beschrieben, keinen Sinn für den Zufall hat, ist für das Lotteriegeschäft eine Voraussetzung. Und auch für den frommen Fundamentalismus.

Trotzdem glauben?

Der Mensch kann gar nicht anders als zu glauben. Er kann nicht anders, als sich ein Weltbild zu machen, das über sein Wissen hinausgeht. Auch wer glaubt, dass es keinen Gott gibt, glaubt. Und es gibt andererseits mancherlei »Glauben«, der sich in seiner Dummheit von »Unglauben« nicht unterscheidet. Es gibt Menschen, die können ebenso un-bedingt lieben wie sie andererseits auch un-bedingt glauben. Sie sind glücklich und müssen keine Fragen stellen. Das sind beneidenswerte Ausnahmeerscheinungen. Denn auch das Fragen liegt in der Natur des Menschen.

Es gibt aber auch die Tendenz, Fragen nicht zu erlauben, Zweifel gar nicht erst aufkommen zu lassen. Ich habe in diesem Buch gezeigt, wie Glaubenssysteme eben dahin tendieren. Jedes totalitäre System basiert auf der Intoleranz. Weil die christlichen Kirchen Europas nach blutigen Auseinandersetzungen am Ende zur Toleranz verdammt sind, weil sie die Aufklärung nicht verhindern konnten und zum Teil sogar gefördert haben, sind sie nun gezwungen, sich in Frage stellen zu lassen. Das passierte, historisch gesehen, in Schüben: Mit der Reformation und, was die katholische Kirche angeht, zum Beispiel mit dem Zweiten vatikanischen Konzil. Systeme neigen dazu, bewahrend, das heißt konservativ zu sein. Insofern stellen in den einzelnen Glaubensgemeinschaften einzelne Menschen Fragen, die Systeme als solche lassen sich aber nur schwer in Frage stellen – es sei denn, es kommt zu einem plötzlichen Erwachen. Dann sind ganz leicht Änderungen möglich, die allerdings die Systeme in »Gegenreformationen« zurückzunehmen suchen. Das gilt für die katholische Kirche mit den Bestrebungen, wieder hinter das Zweite Vatikanum zurückzufallen. Das gilt genauso für weltliche Systeme; etwa den Rückfall der Sozialen Marktwirtschaft in den Turbokapitalismus nach dem Ende des real existierenden Sozialismus als Widerpart. Oder für die Bildungsreform in Deutschland zu Regierungszeiten eines Willy Brandt und den Rückfall in den gegenwärtigen Bildungsföderalismus eines Edmund Stoiber und Kollegen. Der deutsche Kardinal Walter Kasper sieht das als »positive Seite des institutionellen Aspekts der Religion und der Kirche ... Sie kanalisiert charismatische Aufbrüche und stellt sie damit sozusagen auf Dauer« (229). Ich habe zu zeigen versucht, dass da »auf Dauer« etwas schief läuft, weil die Kirchen sich von Erblasten nicht befreien wollen.

Der Mensch kann zwar zweifeln, aber er hält den Zweifel nicht lange aus ohne zu verzweifeln. Und die Mahner und Zweifler in allen Systemen werden schnell als Miesmacher abgestempelt. Kassandra war nicht beliebt, abgesehen davon, dass man ihr, obwohl sie recht hatte, keinen Glauben schenkte. Denn statt zu zweifeln möchte man doch viel lieber Gewissheit haben. Und Glaubensgewissheit gar sorgt anscheinend für klare Verhältnisse, sogar über den Tod hinaus.

In allen Systemen gibt es Dissidenten, Aussteiger, die freilich selten zu Reformatoren werden. Meistens ist es ein stilles Aussteigen. Die Kirchen in Europa erleben seit vielen Jahren das leise Verschwinden der Gläubigen. Aber das ist kein religionsspezifisches Phänomen. Die Schulmedizin erfährt, dass die Patienten, dort, wo der Arzt ihnen nicht helfen kann, zum Heilpraktiker gehen. Man verhält sich sozusagen marktgerecht und wechselt zur Konkurrenz. Oder man bemerkt, dass man manche Krücke gar nicht benötigt.

Warum also trotzdem glauben? Wenn der Mensch sich Glaubens-Bilder macht, weil er gar nicht anders kann, dann sollen es, meine ich, solche sein, die dem Leben dienen. Mit dem von Jesus vor 2000 Jahren vermittelten Bild Gottes als eines sie liebenden Vaters können die Menschen – trotz aller Perversionen seiner Botschaft – auch heute Sinn in ihrem Leben finden.

Ein Resümee

Ich habe in diesem Buch versucht, Fragen nachzugehen, die auch meine eigenen sind. Denn auch mir selbst ist es wichtig, trotz aller Zweifel den Glauben bewahren zu können. Die Kirchen haben auf diese Fragen erkennbar keine Antworten, sie stellen sie nicht einmal. Ihre Repräsentanten reden vom jeweiligen Profil, das es zu schärfen gelte. Das ist ein Begriff aus der Werbebranche – und richtig, speziell für Autoreifen! Wenn man das Fundament des christlichen Glaubens ankratzt, wie ich das in diesem Buch tue, und zwar mit dem Wissen der Theologen und zugleich dem Wissen über die Welt und den Menschen, das uns die modernen Naturwissenschaften in jüngster Zeit vermitteln, dann zeigt sich, wie fragil dieses Fundament ist. Natürlich ist das Denkgebäude imposant, das die Kirchen darauf errichtet haben. Doch für den Zweifel haben sie darin kaum Raum gelassen. Nicht nur die biblischen Texte sind, wenn man sie auf ihre historische Wahrheit hin untersucht, in vielerlei Hinsicht fragwürdig. Dies schreibe ich in dem Wissen, dass wir »die Wahrheit« nicht kennen können, vielmehr mit vielerlei Wahrheiten zu tun haben; den unterschiedlichen Wahrheiten etwa, wie etwas gemeint ist und wie es andererseits verstanden wird. Die Interpretation der alten Texte in dem neuen Wissen darüber, wie gemeinhin der Mensch sich die Welt deutet, geht den Christen an die Substanz. Man hat den Eindruck, dass die Kirchen eben deshalb nicht daran rühren wollen, denn »was ich nicht weiß ...« Andernfalls müssten sie sich mit dem eigenen Fundamentalismus auseinandersetzen, und was bliebe dann von der Struktur etwa der katholischen Kirche übrig? Und wie könnte man die Evangelikalen dann als Christen der Reformation und der Aufklärung bezeichnen?

Der Mensch hat in seiner biologischen Evolution nicht nur die Talente entwickelt, zu überleben, und in seiner kulturellen Evolution nicht nur die Fähigkeit erworben, sich und die Welt zu vernichten. Er hat bereits in seiner biologischen Entwicklung – ungleich stärker als andere

Primaten – die Begabung gewonnen, andere Menschen sowohl zu verstehen, als auch mit ihnen mitzufühlen. Diese Entdeckung der Gehirnforschung sollte eine Chance dafür sein, dass Natur- und Geisteswissenschaftler gemeinsam den Menschen begreifen lernen. Und dies, obgleich mittlerweile Beobachtungen der Neurowissenschaftler manche geisteswissenschaftliche Theorie der Welt widerlegen. Weil der Mensch verführbar bleibt, verführbar etwa durch eingängige Weltdeutungen, kann auch sein Glaube missbraucht werden.

Die destruktive Seite des Glaubens gewinnt im Kampf gegen das »Böse« wieder die Oberhand. »Nicht das, *was* jemand glaubt, entscheidet darüber, ob er destruktiv werden wird oder nicht, sondern *wie* er glaubt; nicht *was* er liest, sondern *wie* er liest – sei es die hebräische Bibel, die christliche Bibel oder den Koran.« So sieht es der britische Psychiater und Psychoanalytiker Ronald Britton (38). Deshalb, meine ich, ist ein unaufgeklärter Glaube so gefährlich. Einige wenige Theologen bemühen sich, in dem Wissen darum, wie die Welt im Kopf entsteht, auch die altehrwürdigen Glaubenslehren neu zu bedenken. Dieser Prozess des Infragestellens muss weitergehen, mit offenem Ausgang, wenn die Theologie als Wissenschaft noch eine Zukunft haben soll. Die Kirchen nehmen, wie ich an vielerlei Beispielen gezeigt habe, an diesem Prozess bisher nicht teil. Sie artikulieren sich vorzugsweise zu Fragen von Macht und Moral, was manchmal auf das Gleiche hinausläuft. Sie sind deshalb hoch gefährdet, weil die Intellektuellen sie verlassen und die Fundamentalisten sich darin breit machen. Ich habe das beschrieben, weil ich meine, dass eine Kirche der Reformation und der Aufklärung beziehungsweise des 2. Vatikanischen Konzils wichtig in dieser gefährdeten Welt wäre. Weil sie die Chance hätte, den Menschen zu helfen, Sinn in ihrem Leben zu finden, ohne sich für dumm verkaufen zu lassen und ohne destruktiv zu werden. Nur wer zu zweifeln wagt, kann auch seinen Glauben begründen. Und nur wer seinen Glauben begründen kann, kann ihn auch bewahren.

Literaturverzeichnis

1. 1.Kor. 14, 34–35 [Anmerkung: Ich zitiere hier und im Folgenden aus der »Lutherbibel« in der revidierten Fassung von 1984, herausgegeben von der EKD und dem Bund der Evangelischen Kirchen in der DDR.]
2. *KNA* 30.1.2007
3. *epd* 5.12.2006
4. *KNA* 5.3.2007
5. *dpa* 31.12.2006
6. Martin Urban, *Wie der Mensch sich orientiert*, Eichborn Berlin, 2004
7. *Der Spiegel* 9, 2006
8. *Die Zeit* 20.12.2006
9. *Spektrum der Wissenschaft* 3, 2007
10. *SZ* 11./12.2.2006
11. Ronald Wright, *Eine kurze Geschichte des Fortschritts*, Rowohlt, Reinbek, 2006
12. Klaus Schmidt, *Sie bauten die ersten Tempel*, C.H. Beck, München, 2006 und *Der Spiegel* 23, 2006
13. Rüdiger Proske, *Zum Mond und weiter*, Bastei-Verlag, Bergisch Gladbach, 1965
14. *Reuters* 30.11.3006
15. *dpa* 31.7.2006
16. *Science*, Bd. 314, S. 1560, 2006, *SZ* 8.12.2006
17. 1. Mose 11
18. *SZ* 19.5.2006
19. *Max Planck Forschung* 2/2005
20. *Der Spiegel* 15, 2006
21. *Psychologie heute* März 2007
22. Erhard Scheibe, *Die Philosophie der Physiker*, C.H. Beck, München, 2006
23. Römer 7, 18–19
24. *SZ* 6.9.2006
25. *Der Spiegel* 15, 2006
26. *SZ* 6.3.2007
27. *W&V* 6.5.2005
28. *Der Spiegel* 48, 2006
29. *SZ* 7.2.2007
30. *Die Zeit* 2.11.06
31. *Die Zeit* 9.11.2006
32. Alvin Toffler, *Der Zukunftsschock*, Scherz Verlag, Bern München Wien, 1970

33. *Promotion Business* 1, 2007
34. *KNA* 1.2.2007
35. *epd* 13.3.2007
36. *Die Zeit* 5.1.2005
37. *Wirtschaftswoche* 27.11.2006
38. *Psychologie heute* April 2007
39. *Gehirn&Geist* 11, 2006
40. *Science* Vol. 310, 7. Oktober 2005
41. Carsten Könneker, Hg., *Wer erklärt den Menschen?*, Fischer Verlag, Frankfurt a. M., 2006
42. *Gehirn&Geist* 3, 2007
43. *Expedition ins Gehirn*, eine 3-teilige Reihe von Petra Höfer und Freddie Röckenhaus, im Auftrag von Radio Bremen, produziert von colourFIELD und der ARD
44. *Spektrum der Wissenschaft* Oktober 2006
45. *Die Zeit* 17.7.2003
46. Gerhard Roth, persönliche Bemerkung
47. *Die Zeit* 17.7.2003
48. *epd* 3.1.2007
49. *Der Spiegel* 15, 2006
50. *Spektrum der Wissenschaft* Dossier 2, 2006
51. *Nature Neuroscience*, Oktober 2005, zitiert nach *Max Planck Forschung* 4, 2005
52. *FAS* 24.4.2005
53. *Science*, Bd. 312, S. 1967, 2006 und *SZ* 30.6.2006
54. *Die Zeit* 23.2.2006
55. *SZ* 10.11.06
56. *Der Spiegel* 52, 2004
57. Wolf Singer, Vortrag vom 25.10.2006 in der Max-Planck-Gesellschaft, München
58. *Psychologie heute*, Januar 2006
59. *Gehirn&Geist* 7, 2004
60. *Gehirn&Geist* 2, 2004
61. *SZ* 9./10.9.2006
62. *FR* 21.11.2006
63. *Der Spiegel* 15, 2006
64. *Gehirn&Geist*, 4, 2003
65. *Reuters* 24.1.2007
66. *Spektrum der Wissenschaft* 1, 2007
67. *Gehirn&Geist* 3, 2002
68. *SZ online* 11.7.2006
69. *SZ* 3.2.2005
70. *Gehirn&Geist* 3, 2005
71. *FAS* 27.8.2006
72. *Gehirn&Geist* 5, 2003

73. *W&V Spezial* 8.3.2002

74. *chrismon plus* 1.10.2003

75. *Psychologie heute* Oktober 2004

76. Aphorismen für Leo Baeck, zitiert nach Albert Einstein, *Mein Weltbild*, Ullstein Buch Nr. 65, Berlin, 1955

77. Nachruf auf Ernst Mach, *Physikalische Zeitschrift* Nr. XVII, April 1916

78. Martin Urban, *Wie die Welt im Kopf entsteht*, Eichborn Berlin, 2002

79. *epd* 19.1.2007

80. 1. Mose 6,4

81. *NZZ* 25.11.2005

82 *SZ* 22.11.2006

83. *FAS* 8.10.2006

84. *SZ* 5./6.2.2005

85. *SZ* 2.2.2005

86. *SZ* 5./6.2.2005

87. *SZ* 5./6./7.1.2007

88. *SZ* 17.1.2007

89. *Psychologie heute* Dezember 2006

90. Paul Watzlawick, *Wie wirklich ist die Wirklichkeit*, Piper, München, 1976

91. *Der Spiegel* 18, 2006

92. Richard P. Feynman, *Absolut vernünftige Abweichungen vom ausgetretenen Pfad, Briefe eines Lebens*, Piper Verlag München, 2006

93. *Bild der Wissenschaft* 12,2005

94. Friedrich-Wilhelm Marquardt, *Das christliche Bekenntnis zu Jesus, dem Juden*, Bd. 2, Ed. Christian Kaiser, Gütersloher Verlagshaus, Gütersloh, 1991

95. *FAZ* 27.8.2005

96. *SZ* 1.9.2005

97. *Von Göttern und Designern – ein Glaubenskrieg erreicht Europa*, eine Dokumentation von Peter Moers und Frank Papenbroock, Arte, 19.9.2006

98. Henning Genz, *War es ein Gott? Zufall, Notwendigkeit und Kreativität in der Entwicklung des Universums*, Carl Hanser Verlag, München, 2006

99. Gerhard Börner, *Schöpfung ohne Schöpfer? Das Wunder des Universums*, dva, München, 2006

100. *SZ* 1./2.7.1972

101. Bernd-Olaf Küppers, Vortrag 14.7.2005, ökumenische Sommerakademie Kremsmünster

102. Wolf Singer, Interview *SZ online*, 25.4.2006

103. Eric Kandel, *Auf der Suche nach dem Gedächtnis, Die Entstehung einer neuen Wissenschaft des Geistes*, Siedler Verlag, München, 2006

104. *FAZ* 15.11.2006

105. Hans Küng, *Der Anfang aller Dinge, Naturwissenschaft und Religion*, Piper Verlag, München, 2005

106. *Gehirn&Geist* 7–8, 2006

107. *Der Spiegel* 21, 2006

108. Vortrag Kardinal Schönborn im Wiener Stephansdom am 13.11.2005

109. *KNA* 12.9.06

110. *KNA* 28.1.2007

111. Rede an die deutschen Bischöfe, *KNA* 10.11.2006

112. Rede an die Schweizer Bischöfe, *KNA* 8.11.2006

113. *Die Zeit* 20.12.2006

114. Wolf Singer, *Selbsterfahrung und neurobiologische Fremdbeschreibung*, Beitrag in: Hans-Rainer Duncker, Hg., *Beiträge zu einer aktuellen Anthropologie*, Franz Steiner Verlag, Stuttgart, 2006

115. *Gehirn&Geist* 10, 2006

116. *SZ* 6.12.2006

117. *FAZ* 8.1.2004

118. Ayaan Hirsi Ali, *Mein Leben, meine Freiheit*, Piper Verlag, München, 2006

119. *KNA* 21.2. 2007

120. *SZ online* 23.2.2007

121. *SZ* 23.2.2007

122. Paul Hoffmann, *Das Erbe Jesu und die Macht in der Kirche*, Topos-Taschenbücher, Bd. 213, Matthias Grünewald-Verlag, Mainz, 1992

123. Gerd Theißen, *Die Religion der ersten Christen, Eine Theorie des Urchristentums*, Ed. Chr. Kaiser, Gütersloher Verlagshaus, Gütersloh, 2000

124. *SZ* 30.1.2007

125. *Kafka* 5, 2002

126. Klaus-Peter Jörns, persönlicher Hinweis

127. Mt. 10, 34 ff

128. Lukas 12, 49

129. Mt. 26, 52

130. *FAZ* 23.12.2006

131. Mt. 28, 17

132. *Publik-Forum* 6, 2005

133. Römer 6, 23

134. Römer 5, 18

135. Gespräch mit Martin Urban, Sommer 2005

136. Klaus-Peter Jörns, *Notwendige Abschiede, Auf dem Weg zu einem glaubwürdigen Christentum*, Gütersloher Verlagshaus, Gütersloh, 2004

137. Klaus-Peter Jörns, *Lebensgaben Gottes feiern, Abschied vom Sühnopfermahl: eine neue Liturgie*, Gütersloher Verlagshaus, Gütersloh, 2007

138. Gerd Theißen, *Der Sinn des Abendmahls*, 2004, zitiert nach Klaus-Peter Jörns, 136

139. *Die Zeit* 6.7.2006

140. *Die Welt* 24.10.2005

141. Burton L. Mack, *Wer schrieb das Neue Testament?*, C.H. Beck, München, 2004

142. *SZ* 23.11.2005

143. *Die Welt* 24.10.2005

144. *SZ* 13.2.2007

145. Mk. 3, 21

146. 2. Korinther 5, 16

147. Mt. 5, 9

148. *Evangelikale Theologie*, Mitteilungen 8, 2002

149. Peter Hahne, *Schluss mit lustig*, Johannis-Verlag, Lahr, 2004

150. *epd* 23.1.2007

151. *SZ* 30.8.2006

152. Walter J. Hollenweger, *Der Klapperstorch und die Theologie*, Metanoia-Verlag, Kind-hausen, 2003

153. *SZ* 22./23.7. 2006

154. *medium magazin* 12, 2006

155. *Die Welt* 20.12.2006

156. *Der Spiegel* 43, 2006

157. 1. Kor. 9, 5

158. 1. Mose 38, 9f

159. Mario Gmür, *Die Unfähigkeit zu zweifeln, Welche Überzeugungen wir haben und wann sie pathologisch werden*, Klett-Cotta, Stuttgart, 2006

160. *dpa* 30.5.2005

161. *epd* 28.9.06

162. *KNA* 11.12.2006

163. *Spiegel spezial* 9, 2006, Weltmacht Religion

164. *SZ* 19.2.2007

165. *Die Zeit* 9.11.06

166. *dpa* 11.12.2006

167. *Der Spiegel* 43, 2006

168. *Max Planck Forschung* 3, 2006

169. *epd* 7.2.2007

170. *Der Spiegel* 46, 2006

171. *Der Spiegel* 2, 2006

172. *epd* 13.3.2007

173. *KNA*, 23.3.2006

174. *KNA* 5.2.2007

175. *Die Zeit* 26.1.2006

176. Zitate aus der Dokumentation *Das Ende des Trampelpfads* des Münchner Journalisten Martin Meggle, persönliche Mitteilung

177. *L'Espresso* 3.7.2006

178. *SZ* 1.9.2006

179. *SZ* 31.8.2005

180. *SZ* 6.6.05

181. *KNA* 15. 11. 2005

182. *epd* 4.6.06

183. *FAZ* 19.2.2007

184. Gal. 2, 1–9

185. *KNA* 5.1.2007

186. Apg. 5, 29

187. *KNA* 31.1.2007

188. *SZ* 21.6.2006

189. *SZ* 8.2.2006

190. *SZ* 28.7.2005

191. 3. Mose 17, 11

192. Apg. 15, 20

193. Mk. 7, 15

194. Mt. 16, 19

195. Georg Büchmann, *Geflügelte Worte*, dtv, München, 1967

196. *SZ* 17.10.2006

197. *SZ* 1./2.4.2006

198. *The Lancet*, Bd. 366, S. 211, 2005

199. *SZ* 22.2.2007

200. 2. Mose 30, 23

201. Walter M. Gallmeier, Vorwort zu Caryle Hirshberg, Marc Jan Barasch, *Unerwartete Genesung*, Droemer Knaur, München, 1995

202. *epd* 22.2.2007

203. *SZ* 1.6.2006

204. Mt.6, 5–6

205. *SZ* 13./14.5.2006

206. 3. Mose 21, 20

207. Mt. 5, 44

208. David Mark Mantell, *Familie und Aggression, Zur Einübung von Gewalt und Gewaltlosigkeit*, S. Fischer Verlag, Frankfurt a. M., 1972

209. *NZZ am Sonntag* 19.11.2006

210. 3. Mose 16, 21–22

211. Jesaja 53, 6

212. Joh. 1, 29

213. *KNA* 13.12.2006

214. Mt. 16, 18–19

215. Georg Denzler, *Das Papsttum*, Verlag C.H. Beck, München, 2. Aufl. 2004

216. 2. Mose 32, 1

217. 2. Mose 32, 4

218. Johannes Hirschberger, *Geschichte der Philosophie*, Verlag Herder, Freiburg i. Br., 12. Aufl. 1980

219. *KNA* 8.12.2006

220. *SZ* 9./10.2006
221. *epd* 22.2.2007
222. *SZ* 8.2.2007
223. *Der Spiegel* 52, 2006
224. 4. Mose 5, 22
225. 2. Kor. 9, 7
226. Mt. 23, 8–9
227. Mt. 23, 18–19
228. 1. Thess. 5, 21
229. *Die Zeit* 8.2.2007
230. *FAZ* 3.2.2007
231. *epd* 27.2.2007
232. *KNA* 21.2.2007
233. *epd* 27.1.2007
234. *ddp* 31.1.2007
235. *Der Spiegel* 6, 2007
236. *KNA* 27.1.2007
237. Lk. 10, 30–37
238. Elmar Theveßen und Souad Mekhennet, *Der große Graben*, ZDF, 8.3.2007
239. Mk. 15, 38–39
240. *FAZ* 5.10.2006
241. *SZ* 21./22.10.06
242. Dokumentation *KNA* 30.11.2006
243. *epd* 30.11.2006
244. *SZ* 18.10.06
245. Paolo Flores d'Arcais, Joseph Ratzinger, *Gibt es Gott?*, Verlag Klaus Wagenbach, Berlin, 2006
246. *SZ* 12.4.2007
247. *epd* 8.3.2007
248. *SZ* 23.2.2006
249. *SZ* 25.5.2005
250. *KNA* 18.2.2007
251. *ddp* 21.11.06
252. Mk.1, 11
253. Mk. 16, 16
254. *KNA* 6.10.06
255. *Die Welt* 23.4.2007
256. *epd* 15.1.2007
257. *epd* 21.1.2007
258. *epd* 17.1.2007

Namensregister

Martin Urban

Warum der Mensch glaubt

Auf der Suche nach dem Sinn.
256 Seiten mit 37 Abbildungen.
Piper Taschenbuch

Anhand der neuesten wissenschaftlichen Erkenntnisse aus Gehirnforschung, Psychologie und Religionswissenschaften zeigt Martin Urban, dass das Bedürfnis, die Welt zu beobachten und ihr einen Sinn zu geben, biologische Ursachen hat. Welche Rolle dabei Vernunft und Verstand spielen und warum das Wissen über die Natur des Glaubens dessen Bedeutung nicht mindert, darauf gibt er Antworten. Sein Buch ist ein Plädoyer für eine Verbindung von spiritueller Sinnsuche und aufgeklärtem Geist.

»Die kurzweilige und ernsthafte Art, wie Martin Urban dem Leser Wissenschaft vermittelt, sucht seinesgleichen.«
Die Welt

Felix R. Paturi

Die letzten Rätsel der Wissenschaft

368 Seiten mit 8 Abbildungen.
Piper Taschenbuch

Ist das Weltall endlich? Gab es die Sintflut wirklich? Und was hat es mit den geheimnisvollen Erdzeichen im peruanischen Hochland auf sich? Der Fortschritt in den Wissenschaften ist unaufhaltsam – und doch sind bis heute zahlreiche Fragen unbeantwortet geblieben. Unterhaltsam, leicht verständlich und sehr kompetent vermittelt Felix R. Paturi einen atemberaubenden Einblick in die letzten Mysterien der Wissenschaft und zeigt uns die Welt aus überraschenden Blickwinkeln.

»Paturi schreibt präzise, anschaulich und elegant – und er argumentiert mit einer Logik, die unbestechlich ist. Ein brillantes Buch.«
Ostthüringer Zeitung

PIPER

PIPER

Marte Cormann
Heike Gabernig

Brauchen starke Frauen Gott?

Karrierefrauen über Gottvertrauen und Gottlosigkeit. 224 Seiten mit 21 Fotos. Piper Taschenbuch

Heute lassen Frauen sich nicht mehr die Sterne vom Himmel holen, sie greifen selbst danach. Sie bestimmen selbstbewußt ihr eigenes Schicksal und das anderer Menschen – als Regierungs- und Konzernchefinnen, Astronautinnen, Nobelpreisträgerinnen. Ist die starke Frau von heute eine gott- und glaubenslose Frau? Machen nur Frauen Karriere, die religiös bindungslos sind? Oder bringen es gerade Frauen, die im Glauben einen Halt haben, zu Spitzenpositionen? Die Autorinnen wollten es wissen und haben Frauen interviewt, die eine erfolgreiche Karriere gemacht haben in Politik, Wissenschaft und Kultur, bei Film und Fernsehen und im Showbusineß. Über ihr Verhältnis zu Gott und zum Jenseits geben hier prominente Frauen Auskunft, und dabei ist ein überraschend breites Spektrum von Einstellungen und Haltungen entstanden.

Nahed Selim

Nehmt den Männern den Koran!

Für eine weibliche Interpretation des Islam. Aus dem Niederländischen von Anna Berger und Jonathan Krämer. 336 Seiten. Piper Taschenbuch

Im Namen des Islam werden Muslimas in aller Welt mißbraucht, eingeschüchtert und zum Schweigen gebracht – gerechtfertigt durch die von männlichen Theologen vollzogene Auslegung des Koran. Doch Nahed Selim, selbst gläubige Muslima, räumt mit den jahrhundertelangen Fehlinterpretationen auf, und zeigt einen anderen Islam: eine Religion, die Männer und Frauen gleichberechtigt sieht und eine Verbindung von Glaube und Moderne eröffnet.

»Auch muslimische Frauen haben das Recht, zu bestimmen, was sie glauben wollen. Nahed Selim beweist, daß die Auslegung des Koran Männersache war – und daß das nicht so bleiben darf.«
Ayaan Hirsi Ali

05/1183/02/L

05/2180/02/R

Kalendergeschichten
für Gläubige und Ketzer

Albert Christian Sellner
Immerwährender Päpstekalender
424 Seiten · gebunden/Schutzumschlag
€ 24,90 (D) · sFr 42,50 · € 25,60 (A)
ISBN 978-3-8218-4753-5

»Albert Christian Sellners *Immerwährender Päpstekalender*
ist weder ein fromm-verklärte Lobhudelei noch eine
wissenschaftliche Abhandlung, sondern er bündelt auf
höchst unterhaltsame Weise Schlaglichter und Spiegel-
bilder einer fast 2000-jährigen illustren Gesellschaft auf
dem Stuhl Petri. Das Buch ist eine amüsant-informative
›legenda aurea‹ der Tiaraträger mit Anekdoten und
Facetten, die keineswegs immer nur erbaulich sind.« *WDR*

»Andächtig werden möchte man hier vor dem Witz und
Fleiß, mit dem Sellner verstaubte Schätze als immer neue
Trouvaillen hervorzuzaubern versteht.« *Welt*

 **Eichborn**

Kaiserstraße 66
60329 Frankfurt/Main
Tel. 069/25 60 03-0
Fax 069/25 60 03-30
www.eichborn.de